李威儀——編著

小出 治
卡比力江・吾買爾——共同著作人

江南志
張紘聞
陳雅君
方迺中
邱鈺庭
廖婉君
陳鴻檳——編輯委員

城鄉重建規劃與管理

從九二一震災開始的災後應變方案
與復原重建做法

目錄 Contents

序　章

李戚儀

傷痛，是人類心靈進化的最大動力。

在傷痛的當下，人們會深切地自省、會激發潛藏的愛心、會堅定奮進的決心。然而，我們應該避免自己傷痛的感覺，很快地被世俗的繁華覆蓋、被僥倖與怠惰淹沒。

回顧九二一大地震發生的當下，有多少人心傷難抑、有多少人發願要出盡一己之力，企求人間無災無難。然而，大部份的受災地區民眾，在震災之後的第二個禮拜，就彷彿突然變得精明似的：從災後認定是自己罪孽深重才遭逢天災，因而願意拋開私利為兒孫謀求永世太平的生活環境，轉變成轉述所謂專家們「九二一地震強度是兩百年週期的重大天災」，而自認為這或許代表這輩子、乃至預想得到的子孫們，都再也碰不上這樣慘重的災害了。於是，震災重建過程中，仍有許多民眾汲汲於私利的計較，罔顧社區鄰居們殷殷期盼回家的意願，有許多民眾為了維護自己的建築利益，抗拒都市計畫的變更或建築設計的規範。而承擔重建重責大任的各級單位、相關人員，則也在一團混亂的狀況下，且戰且走地逐步完成了雖不完美但解決了實務需求的重建任務。無論如何，九二一大地震帶給台灣上下最大的影響，在於台灣人都意識到，不容再次忽視都市防災的重要性，也在於體現了台灣人內心深處，所具有的堅定的愛。

回溯九二一大地震，從緊急應變到復原重建的各階段，都呈現出重大意義：

1. 災害發生時，體現了台灣人在面對重大災難時，具備善良且有高度人飢己飢的同胞愛情懷，這種超乎自我、願意付出的愛，更成為一種持續性付出的習性；無論在南亞海嘯、四川汶川大地震或日本三一一大地震發生後，台灣人都傾力投入，出錢出力地期望能夠拯人於水火之中。

2. 在救援行動期，不僅從混亂中整合出作業程序，也為日後的災後緊急應變作業體系，建立了基礎，更促使各層級政府發展出能應對本身災害緊急應變救援，進而支援其他市鄉、甚至其他國家的緊急救援搜救隊。

3. 九二一震災的應變安置階段及復原重建階段，等同對於台灣當時行政作業體系的總體檢；在九二一重建暫行條例的授權下，針對土地產權、使用、審查、管理乃至於金融、法令等所衍生的問題，都訂定配套措施，逐一解決對應；對於有利於安置及重建工作進行的相關事項，則訂定各類實施或執行要點、作業要點、管理要點與補助要點，讓災後復原工作得以逐步順利推動。檢視上述特別法及其相關子法、配套應用於實際措施的辦法與行政命令，除可藉以還原災後應變、重建等各階段所面對的問題外，更可成

為檢視現行相關法令規定等的適切性與效率性的最佳工具；如能妥善檢討應用，實為提升行政效能的最好參考。

近年來，全球災害頻發的狀況，讓都市防災、應變的研究者及實務工作者，產生更大的警醒；然而，如何廣泛探討都市防災的基礎課題、緊急應變救援的技術、以及復原重建的適當做法，實為防災規劃專業者們應共同致力之處。2016 年 1 月 23 日，筆者在台灣科技大學陳希舜前校長的帶領下，出席了在中國四川大學舉辦的「兩岸四地防災減災暨永續發展大學聯盟研討會」，共同發起組成聯盟的學校包含台灣大學、台灣科技大學、澳門大學、澳門科技大學、香港理工大學、香港賽馬會災難防護應變教研中心、北京師範大學與四川大學，在會中提出兩岸四地防災減災暨永續發展大學聯盟發起倡議書，朝向五大目標努力：

1. 搭建高水平、跨學科、多領域融合的兩岸四地高校合作交流平台；

2. 實現資源和信息共享；

3. 探索具有前瞻性、應用性的學科發展方向；

4. 鼓勵學生創新創業，促進複合型人才培養；

5. 加強校際合作、校企合作，進一步將經驗向社會推廣。

在眾多學者專家的專題發表啟發下，對於防災減災專業領域的發展，讓人有了更深刻的體認；而更令人興奮的，在這次研討會中，筆者巧遇四川大學災後重建與管理學院的小出治與卡比力江．吾買爾兩位教授，由於都係出東京大學同門，三人因此率先實現倡議書所稱搭建合作平台與加強校際合作的目標。

自此，2016-2017 期間，四川大學小出、卡比力江研究室與台灣科技大學建築系 APAUD 研究室，經過多次互訪及訪視兩地災後重建的案例、並多次舉行共同 Seminar 及研討會；在這個過程中，進行交流的雙方，合意就 1999 年台灣九二一大地震與 2008 年四川汶川大地震的災害應變與復原重建經驗，

進行初步的整理與探討，期望藉此發掘災害管理的通則與差異處，並在知識確立與經驗交流的基礎上，逐步建構災害應變管理與災後重建的適當機制。進而開啟真正彼此尊重、彼此關愛的人性情懷。

由於台灣與中國的案例之間，存在著自然環境條件、社會發展條件、人文、法治、經濟、思想、制度等的差異，本書原嘗試以相對應章節的方式，進行初步的資料整理與分析，並據以做為相互參考借鏡的基礎資料；然而，受限於中國對於出版物的管理與兩地共同作業的困難，雖然 APAUD 研究室在尊重中國審查制度的前提下，授權小出、卡比力江研究室得以依據當地出版品審批的規定，進行中國版必要的文字用語調整，但對於台灣版出版及印刷需要的檔案及內容的提供與修訂，存在著難以立即克服的問題。為此，本書原計畫除在整體災後重建實施過程的檢討，以各案獨立評價進行，以避免在不同背景下檢討差異而形成各說各話的亂象外，關於本書的實體內容，就川大負責中國部份，本書僅就簡體字直接轉換為正統漢字、及用詞用語符合台灣的習慣外，不做任何實質內容的調整。

然而為了有效掌握出版的實際需要，最後決定除本書第一章維持與川大共同寫作完成，其中除第一節第 4 小節、第二節第 1 小節係 APAUD 研究室獨立完成，第一節第 5 小節、第二節第 2 小節採用川大原稿外，其餘第一章的內容，是由川大團隊完成初稿，並由筆者做最後的定稿；此外，終章的案例評析分別維持 APAUD 與川大寫就的原稿外，關於九二一震災與汶川大地震的實質內容，則區分為兩冊，本書先就九二一震災的重建規劃與管理單獨出版，至於川大負責的汶川地震的部份，則提供川大更充裕的時間，待內容調整完竣後，再以別冊的方式補足。本書另對於台灣與中國在專業用詞與一般用語的差異，由 APAUD 研究室嘗試進行初步彙整與比對，除了藉由有效的交流，增進彼此的深層理解與真實溝通外，對於彼此經驗的實質整合，亦期望在此基礎下，開啟明確對話與共同研究的契機。

避免傷痛或消弭傷痛，是人性的光輝，也是人類應有的美德。

藉由傷痛的經驗，累積免於傷痛的知識與作為，是人類應有的智慧。

在這天然災害已經嚴重衝擊著日常生活的時代，致力於減災、備災、應災的努力，已經令人捉襟見肘。

我們衷心期待災害能不降臨、我們衷心期待災害產生的傷痛，都能幻化為致力於避免災害的決心。我們更期望人類不會去製造任何人為的傷痛，讓我們在當下、讓我們子孫在未來，都能感受人與人之間的愛與世界的美好。

第一章 災害管理規劃理念與發展趨勢

1 天然災害的定義與特徵

　　大英百科全書將天然災害定義為：「由於自然環境的急遽變動，造成人類社會無法妥善對應而衍生的災害」。因此，當致災因素的變化超過一定的臨界值或強度時，就會在短時間內產生環境的異常變化或極端化，因而導致嚴重的負面衝擊，此謂之天然災害。廣為人知的天然災害包含：地震、洪水、颱風、冰雹等，這些天然災害易使人猝不及防，因而常造成死亡事件和巨大的經濟損失。

　　由於各國的區域特性與氣候型態之差異，對於天然災害的考量因素不同，故亦有各自的分類方法，茲就台灣、中國、日本之天然災害的分類方式進行概要說明：

(1) 台灣天然災害的分類方式

　　台灣自 2000 年 7 月 19 日即由總統發佈施行「災害防救法」，界定天然災害包含：風災、水災、震災（含土壤液化）、旱災、寒害、土石流災害、火山災害等。2000 年 3 月由交通部中央氣象局編印天然災害災防問答集中，則依據其災害特點、災害管理及防災系統的不同，將天然災害分為以下七類：①氣象災害：颱風、梅雨、雷擊、強風、焚風、豪雨、寒流、霜害、冰雹及旱災等；②海象災害：暴潮、瘋狗浪、巨浪、海水倒灌和海平面上升等；③洪水災害：山洪爆發、河水氾濫、淹水等；④地質災害：山崩、地滑、土石流、塌陷、火山噴發、地層下陷、土地沙漠化、土壤流失及土壤鹽化等；⑤地震災害（由地震引起的各種災害以及由地震誘發的各種衍生災害）：土壤液化、噴沙冒水、河流、水庫潰堤等；⑥農業災害：農作物病蟲害、農業氣象災害及農業環境災害等；⑦森林災害：森林病蟲害、森林火災等。

(2) 中國天然災害的分類方式

中國在國家地震局、國家氣象局、國家海洋局、水利部、地礦部、農業部、林業部等部門的支援下，自 1988 年起展開天然災害的綜合研究，2009 年由中國科學技術委員會、國家計畫委員會、國家經濟貿易委員會天然災害綜合研究組出版「中國天然災害綜合研究的進展」一書，將天然災害分為七大類：①氣象災害：洪水、熱帶氣旋、乾旱等；②海洋災害：風暴潮、赤潮等；③洪澇災害：山洪、風暴潮等；④地質災害：山體崩塌、滑坡、泥石流、地面塌陷等；⑤地震災害：構造地震、塌陷地震等；⑥農作物生物災害：農作物病害、農作物蟲害、農作物草害、鼠害等；⑦森林生物災害和森林火災：森林病害、森林蟲害、森林鼠害等。

(3) 日本天然災害的分類方式

　　日本依據「受災者生活重建支援法」，界定天然災害包含：暴風、豪雨、大雪、洪水、海水倒灌、地震、海嘯、火山爆發及其他異常自然現象所衍生的災害。從產生天然災害發生的原因，可分為①地形災害：山崩、地滑、地層下陷；②氣象災害：颱風、霜雪災害、寒害等；③其他，其中洪水、海水倒灌、海嘯等產生，常是複合因素所形成。

　　進一步探究，「災害」係指由於自然的、人為的或自然與人為共同的原因所引發，對人類生存和社會發展造成損害的各種現象。以成因的不同，災害常區分為為人為災害與天然災害兩類。人為災害，又稱社會災害，即人類社會內部由於人的主觀原因和社會行為失調或失控而產生危害人類自身利益的社會現象。天然災害則是自然界中物質運動和變化的結果，對人類生存和發展帶來損害的自然現象[1]；該天然災害包括乾旱、洪水、颱風、冰雹、暴風雪、沙塵暴等氣象災害，火山、地震災害，山體崩塌、滑坡、泥石流等地質災害，風暴潮、海嘯等海洋災害，森林草原火災和重大生物災害等。

　　天然災害是人類文明進步與社會可持續發展所面臨的重大威脅。尤其近十年來，各類重大天然災害在全球各地更加頻繁地發生，影響日益嚴重，造成

1　周雲等，防災減災工程學 . 中國建築工業出版社出版，2007.

的損失巨大。總體上看，天然災害有以下特點：

（1）重複性。指一定區域內引發一定強度範圍的某種天然災害的自然過程之重現機率。此處所稱的一定區域內，可泛指地震帶的某一段、江河流域的某一段，也可能是相鄰的地區。比如，2008 年中國四川汶川 8.0 級地震發生後，2013 年在中國四川雅安又發生 7.0 級地震，就是天然災害重複性的代表性案例。正因為天然災害具有重現的特點，我們才必須「經一事長一智」，不斷提高同一領域防災減災的能力，儘量減少天然災害再次發生所造成的損失。

（2）週期性。指天然災害活動頻率具有時間上的集中性和層次性。以地震災害為例，某一時空範圍在一段時間內地震活動表現相對活躍，隨後一段時間則相對平靜，如此強弱起伏，相互交替，學者們根據這種現象提出了地震週期的概念。掌握天然災害活動的週期性，有利於我們把握天然災害發展的規律，從而更有效、更科學地防災減災。

（3）鏈結性。指不同的天然災害之間可能存在的因果關係，即一種災害可能成為誘發另一種災害的原因。例如，火山活動可能導致火山爆發、地震、冰雪融化、土石流、大氣污染等一系列災害；暴雨可能引發洪水，進而可能引起山坡地崩塌，坡地滑動則可以誘發土石流；地震可能導致山坡地崩塌、山洪暴發等衍生災害。災害鏈往往是不確定的，在不同的自然環境中產生的現象也不同，比如暴雨在山坡地和平原中引發的災害鏈就不盡相同。災害鏈的存在，使許多天然災害變得更加難以控制，增加了救災的難度，也使得跨部門協調成為災害救援成敗的關鍵因素。

（4）社會性。天然災害與人類活動相互影響、密切相關。一方面，天然災害可能對人類的生命健康、生產生活、社會穩定帶來不利的影響。另一方面，人類活動也是重要的致災因素和減災動力。當前，人類對自然的破壞已經非常嚴重，加劇和誘發了一系列天然災害。人類亟需增強防災減災的意識和能力，減少對自然資源的盲目開發和對自然環境的恣意破壞，才能把天然災害的危害性降到最低。[2]

---

2 王曉玲，我國天然災害治理研究，中國政法大學，2014.

2 全球主要天然災害

2.1 全球主要天然災害種類與典型案例

　　全球主要的天然災害種類有：地震、洪水、乾旱、暴風、熱帶氣旋、滑坡、海嘯、火山噴發、蟲害、熱浪、火災、雪崩、寒害及流行病等。其中，破壞力較嚴重的天然災害是洪水、熱帶氣旋、乾旱和地震；影響力較顯著的天然災害是洪水、熱帶氣旋和乾旱；造成人員傷亡慘重的天然災害是洪水、熱帶氣旋、地震、流行病、滑坡、暴風和火山噴發等。綜合來看，洪水、熱帶氣旋、乾旱和地震是全球最嚴重的天然災害，也是防災減災工作的重中之重。

　　近年來，全球典型的重大天然災害案例，可概括簡述如下：

(1) 印度洋海嘯（India Ocean Tsunami）又稱為南亞大海嘯

　　2004 年 12 月 26 日，印尼蘇門答臘島附近海域發生強烈地震並引發海嘯，波及印尼、泰國、緬甸、馬來西亞、孟加拉國、印度、斯里蘭卡、馬爾地大、索馬里、塞席爾、肯亞等東南亞、南亞和東非十幾個國家，造成了重大人員傷亡和財產損失。此次誘發海嘯的地震是近 40 年來全世界最強烈的地震之一，地震引發的海嘯也是印度洋有史以來最為嚴重的一次。海嘯災難共造成約 23 萬人死亡或失蹤，其中包括數千名外國遊客，經濟損失超過 100 億美元。受災最重的印尼有近 17 萬人死亡或失蹤，其中亞齊省死亡人數達 12 萬，另有 20 萬人流離失所。

(2) 卡崔娜颶風（Hurricane Katrina）

　　2005 年 8 月 29 日，五級颶風「卡崔娜」（Katrina）襲擊美國東南部，導致嚴重的人命及財產損失。「卡崔娜」颶風造成 1800 多人死亡、住宅損毀超過 20 多萬戶、數百萬人無家可歸、緊急安置超過 80 萬人，並造成超過千億美元的財產損失。美國東南部名城紐奧良幾乎遭到「滅頂之災」，該市 80% 的區域被洪水淹沒，災區總面積約 30 萬平方公里。一連串的災害損失數字，

使這場颶風被稱為「美國歷史上最嚴重的災害」。

(3) 喀什米爾大地震（Kashmir Earthquake）

2005 年 10 月 8 日，巴基斯坦控制的喀什米爾地區發生芮氏 7.6 級強烈地震並波及鄰近的阿富汗和印控喀什米爾地區。其中，巴基斯坦受災最為嚴重，死亡人數超過 7.3 萬，9000 多人失蹤，10 多萬人受傷，其中近 7 萬人重傷。地震還在巴基斯坦造成 60 萬座各類建築物的倒塌，350 萬人無家可歸。

(4) 特強氣旋風暴錫德（Very Severe Cyclonic Storm Sidr）

2007 年 11 月 15 日，「錫德」(Sidr) 氣旋風暴侵襲孟加拉國南部，造成數千人死亡。由於孟加拉的人口密度非常大，每平方英里達 2639 人，因此，這個南亞國家不管發生什麼樣的天然災害，都可能造成重大人員傷亡。

(5) 特強氣旋風暴納吉斯（Very Severe Cyclonic Storm Nargis）

2008 年 5 月 2 日至 3 日，特強氣旋風暴「納吉斯」（Nargis）襲擊緬甸。據新華社報導，這次災難造成約 8.45 萬人喪生，5.38 萬人失蹤，1.94 萬人受傷，735 萬人受災。災害造成的經濟損失達 40 多億美元。

(6) 汶川大地震（Sichuan Earthquake）

2008 年 5 月 12 日 14 時 28 分 01 秒，中國四川省汶川縣映秀鎮（31.06°N，103.4°E）發生芮氏 8.0 級強烈地震，震源深度 14 公里，地震面波震級（Surface Wave Magnitude）達 8.2Ms，矩震級（Moment Magnitude）達 8.3Mw，造成四川、甘肅、陝西、重慶、雲南等省（直轄市）的 417 個縣、4656 個鄉鎮、47789 個村莊受災，受災總面積達 43 萬 km2，共造成 87149 人遇難或失蹤，778.91 萬間房屋倒塌，2459 萬間房屋損毀，直接經濟損失 8451.4 億元人民幣。

(7) 海地大地震（Haiti Earthquake）

2010 年 1 月 12 日,芮氏 7.0 級大地震襲擊了加勒比島國海地。震央距首都太子港僅僅 16 公里,這個國家的核心地區幾成一片廢墟,25 萬人在這場駭人的災難中喪生。災難發生前,海地便已被國際輿論稱作「命懸一線」的國家,洪水、森林砍伐、饑餓、腐敗等問題導致當地民不聊生。此次大地震讓這個國家的基礎設施幾近崩潰,雖然災後國際社會承諾向海地提供援助,但霍亂、暴力等問題仍屢見不鮮,使災民生活舉步維艱。

(8) 冰島火山爆發(eruptions of Eyjafjallajokull)

冰島艾雅法拉火山 2010 年 3 月 20 日、4 月 14 日兩次的爆發雖未造成任何人員傷亡,但它給世界造成的影響甚鉅。火山噴出的蒸氣裏挾著碎石傾瀉而出,體積龐大的火山灰幾乎阻擋了歐洲所有重要航空樞紐的飛行路徑。由於擔心火山灰滲入飛機引擎威脅航空安全,歐盟史無前例地連續 6 天停飛 23 個國家的所有起降航班,超過 10 萬個航班被取消,近 800 萬人遭遇出行難,而飽受「漫漫回家路」的艱辛歷程之苦。

(9) 東日本大地震(Tōhoku earthquake and tsunami)

2011 年 3 月 11 日,當地時間 14 時 46 分,日本東北部海域發生芮氏 9.0 級強烈地震並引發海嘯,造成重大人員傷亡和財產損失。地震震央位於宮城縣以東太平洋海域,震源深度 20 公里。東京有強烈震感。地震引發的海嘯影響到太平洋沿岸的大部分地區,並造成日本福島第一核電站 1 ～ 4 號機組發生核洩漏事故。4 月 1 日,日本內閣會議決定將此次地震稱為「東日本大地震」。截至當地時間 2011 年 4 月 12 日 19 時,東日本大地震及其引發的海嘯已確認造成 13232 人死亡、14554 人失蹤 [3]。

2.2 全球天然災害分級與分佈

天然災害造成的損失和影響與當地的經濟和社會發展程度、人口數量、防災措施等因素密切相關。一般情況下,天然災害對經濟脆弱、人口密集和防

---

3 恢復重建規劃政策研究——以汶川地震為例. 卡比力江 · 吾買爾, 2016

災措施較差的國家和地區造成的破壞，比經濟發達、人口稀少和防災措施得宜的國家和地區造成的破壞更為嚴重。根據災害造成的後果，重大天然災害通常採用以下標準分級：類型Ⅰ，即破壞巨大的災害，指破壞達到或超過國民生產總值（GNP）1％的災害；類型Ⅱ，即產生重大影響的災害，指影響超過總人口1％的災害；類型Ⅲ，即造成人員傷亡慘重的災害，指死亡人數超過100人的災害。近年來，上述三種類型的重大天然災害發生頻率均在增長，尤以造成人員傷亡慘重的天然災害發生頻率增長最快。

此外，天然災害類型及其影響存在明顯的地區性差異，茲簡要說明如下。

亞洲：東亞地區的重大天然災害種類較多，其中，洪水是對社會和經濟危害最嚴重的災害；影響人口最多的災害則有洪水（占50％以上）、熱帶氣旋和乾旱，而造成人員傷亡最多的是洪水、熱帶氣旋、地震、滑坡和暴風等。南亞地區是天然災害危害最嚴重的地區之一，造成人員傷亡慘重的重大災害頻繁發生；在破壞力巨大的災害和產生重大影響的災害中，洪水發生的頻率占一半左右，其次是熱帶氣旋、乾旱、地震、流行病和暴風。而洪水、熱帶氣旋和流行病造成人員傷亡的情況最嚴重，其次是暴風、地震、滑坡、寒潮和熱流等。在東南亞和澳洲地區，對社會和經濟產生巨大破壞和重大影響的災害發生較少，洪水、地震、滑坡和乾旱是造成人員傷亡情況最嚴重的災害，其次是火山噴發和流行病、海嘯等。

非洲：在西非地區，乾旱和流行病的危害最嚴重。此外，產生重大社會影響的災害還有洪水、饑荒和暴風等，對人員造成重大傷亡的災害還有地震、火山噴發等。在東非地區，乾旱是對社會經濟危害最嚴重的災害，其次是洪水和饑荒，而流行病是經常造成人員傷亡最嚴重的災害。在南部非洲地區，重大災害對人員的影響最大，熱帶氣旋、洪水和乾旱是破壞力巨大的災害種類；在產生重大影響的災害中，乾旱占主要地位（達到該類災害的50％以上），其次是熱帶氣旋、洪水和饑荒；在造成人員傷亡最慘重的災害中，流行病、洪水、乾旱和熱帶氣旋發生最多，其次是滑坡、饑荒等。在中東和北非地區，洪水、地震對社會和經濟的破壞最重，對人員影響最大的則是洪水、地震和乾旱，其中地震是造成人員傷亡最嚴重的災害，其次是洪水、暴風和流行病。

美洲：在北美地區，極少發生產生重大影響的災害，其中，地震、颶風和乾旱可能對社會和經濟產生巨大破壞，而熱浪、暴風、熱帶氣旋、洪水和地震等災害會造成嚴重的人員傷亡。在加勒比海地區，熱帶氣旋是對該地區經濟和社會破壞最大、影響人口最廣泛和造成人員傷亡最多的災害，其次是洪水、乾旱和暴風。在中美洲地區，洪水、地震和熱帶氣旋是影響最嚴重的天然災害，海嘯和火山噴發也會造成嚴重危害。在南美地區，洪水是對社會和經濟破壞最嚴重的災害，其次是乾旱、地震和流行病。

　　歐洲：儘管歐洲地區的重大天然災害對社會和經濟的影響相對較小，但造成嚴重的人員傷亡的災害也經常發生。其中，地震對社會和經濟危害最大，洪水和地震影響的人數最多，造成的人員傷亡也最多，其次是滑坡、乾旱和火災。

　　太平洋地區：在這一區域，熱帶氣旋是對社會和經濟危害最嚴重、影響人員最多的災害（達到同類災害的 70％以上），其次是洪水災害。 在對人員造成嚴重傷亡的災害中，熱帶氣旋、洪水、火山噴發、暴風、地震、海嘯的危害最嚴重[4]。

2.3 二十世紀全球天然災害的影響和特徵

　　第二次世界大戰結束以後，全球經濟持續快速發展，科技進步日新月異，各國各領域合作不斷加深，世界文明到達了前所未有的新境界。同時，也面臨人口劇增、資源匱乏、戰爭動亂和天然災害等嚴重影響社會經濟發展的威脅和挑戰。

　　據國際緊急災害資料庫 EM-DAT（Emergency Events Database）統計資料，20 世紀內，全球每年有 20-50％的人口遭受到乾旱、地震、洪水、風暴、滑坡、土石流、山崩等地質災害的威脅，其中洪水、風暴、地震在災害總量中佔有較大比重，成為最主要的災害類型。天然災害對社會經濟的破壞常造成人口傷亡，危害人類生命安全；而破壞產業活動及基礎設施，則造成經濟損失；破壞土地、水、森林植被等自然資源，則阻礙人類社會的永續發展；而災害

4　鄭遠長，全球天然災害概述，中國減災，2000.

亦激化社會矛盾,影響社會穩定等多個方面。

　　天然災害頻發對人類的正常生活與社會經濟的有序發展造成了巨大的影響與衝擊。近百年來,全球發生單次死亡超過千人的天然災害達數千起、單次死亡超過萬人的天然災害亦達數百起。特別是自 1960 年代以後,受災害影響的人數逐年上升,在 1991-2010 期間更達到了峰值(見圖 1, 2, 4)。受災害影響人數的統計,包括需要轉移和疏散的人員、受傷、受影響及無家可歸人員 [5]。

　　同時,天然災害所造成的財產損失也急劇增長,自 1900 年以來天然災害造成財產損失超過 1000 億美元的年份共有 9 年,其中有 5 年在 1990 年之後(見圖 3, 4)。人員、財產損失激增不僅是極端氣候與自然條件變化的反映,更與這一時期人口的迅速增長、快速城市化、財產與資源的集聚有更強的關聯性,凸顯出天然災害對全球社會經濟可持續發展具有與日俱增的威脅。

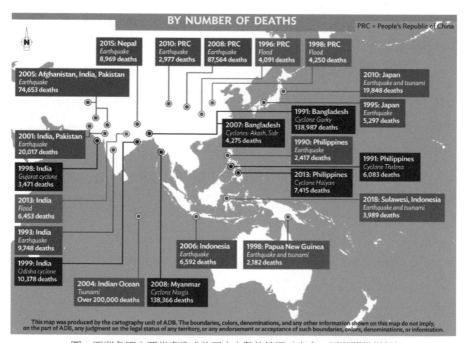

圖 1 亞洲各國主要災害造成的死亡人數的情況(出自:亞洲開發銀行)

5　唐彥東,災害經濟學 清華大學出版社,2011.

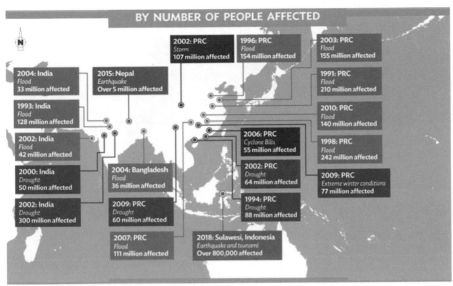

圖 2 亞洲各國主要災害影響人數的情況（出自：亞洲開發銀行）

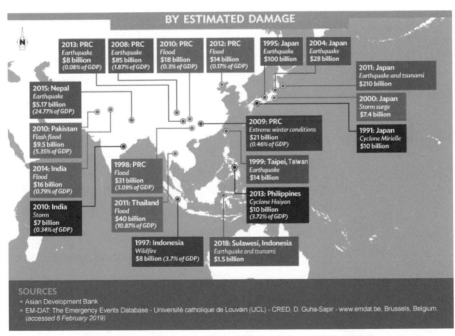

圖 3 亞洲各國主要災害估計損失的情況（出自：亞洲開發銀行）

圖 4 全球災害中受影響人數與財產損失的變化趨勢（出自：國家災害防救科技中心）

歸納起來，20 世紀的全球天然災害具有如下顯著特點：

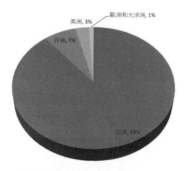

圖 5 各大洲重大天然受災比率
（整理自：EM-DAT）

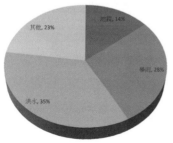

圖 6 亞洲地區受災類型比率
（整理自：EM-DAT）

(1) 類型多樣，發生數量激增，涵蓋區域廣闊，呈現「全球化」趨勢。隨著天然災害規模的不斷擴大，天然災害不再是一個國家、一個地區單獨的問題，而是已經與整個人類的生存發展息息相關。各國的不合理發展所造成的嚴峻環境問題及能源枯竭，也加劇了災害對人類社會的威脅。

(2) 災害造成的損失日益嚴重。隨著世界經濟的迅速發展與城市化進程的加快，越來越多的人口及社會財富集中在城市，而與此同時，相互依賴的社會網路關係使得城市的抗災能力越發脆弱，這也加劇了天然災害帶來的財產損失的嚴峻程度。

(3) 災害的發生同時具有頻繁性、週期性、突發性與不確定性。突發性重大天然災害的出現

會對社會經濟的發展造成巨大的威脅：2004 年印度洋海嘯造成 23 萬人死亡或失蹤，直接經濟損失超過 100 億美元；2005 年「卡特里納」颶風造成美國東南部 1800 多人死亡，財產損失達上千億美元；而 2008 年汶川大地震造成直接受災人口達 4625.6 萬人，直接經濟損失達 8523.09 億人民幣。

(4) 災害發生的區域分佈不均衡。從全球範圍看，亞洲地區由於其獨特的地理位置、人口特點、氣象條件，是受天然災害影響最嚴重的地區（見圖 5）。而亞洲的天然災害中，洪水、暴雨及地震佔據了主要比重（見圖 6）。美洲地區一般較少發生產生重大影響的災害，然而地震和乾旱對社會經濟的破壞明顯，熱帶氣旋、暴風及洪水會造成嚴重的人員傷亡。歐洲地區重大天然災害對於社會及經濟的影響相對較小，但造成嚴重人員傷亡的災害也經常發生，其中地震造成的經濟危害最明顯而洪水帶來的人員傷亡人數最多。非洲地區以乾旱和流行病的傳播最為典型。

(5) 天然災害造成的損失一定程度上可以減輕。儘管我們無法控制天然災害的發生，但是隨著社會經濟及科技領域的不斷進步，對於災害的有效預測和災情控制已經成為可能。由圖 7 可以看出，全球天然災害所造成的死亡人數不斷減少，印證了科學的規劃與控制體系也增強了整個社會對於災情的防禦能力。因此我們有理由相信，伴隨著正確、可持續的發展方式與科學、有效的防控機制，天然災害的負面影響可以被逐步減輕。

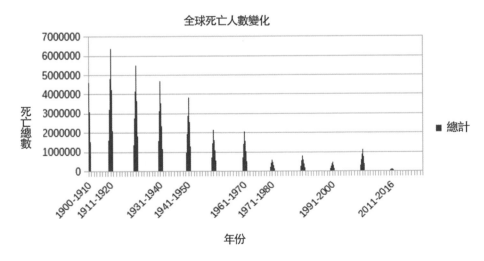

圖 7 全球受災害影響死亡人數的變化（出自：EM-DAT）

3 亞洲地區的天然災害

3.1 亞洲地區天然災害的發展趨勢

亞洲開發銀行 2013 年的報告顯示，亞太地區是全球天然災害受災地區範圍最廣、災情最嚴重且社會經濟受影響最嚴重的地區。亞洲地區的天然災害對社會經濟的影響程度是非洲的 4 倍、歐洲的 25 倍。1990 年以來，亞洲地區的天然災害造成的損失達到 9270 億美元，占全球天然災害造成的經濟社會損失的 38%，而同時期亞洲地區的 GDP 產出僅為全球的 1/4。而從氣候變化的應變脆弱度也發現，亞洲地區的達卡、曼谷、馬尼拉、雅加達、胡志明市、仰光、加爾各答等城市處於天然災害「極度危險」狀態。

尤其近年來，全球暖化導致天然災害發生的頻率、嚴重度以及波及範圍持續上升。例如，1980 年亞洲地區發生洪水災害近 50 起，2000 年則達到了 150 起，災害數量增加了 3 倍；從 1980 至 2008 年，五級（含）以上暴風雨的發生概率增加了 3 倍；從 1970 年至 2010 年，地質災害、生物災害、氣候災害、水文災害以及氣象災害均呈上漲趨勢，其中，水文災害與地質災害的增長幅度較大[6]。水文與氣象災害，主要包括暴雨、洪水災害，是亞洲地區近年來發生率上升的主要災害；地質災害主要包括地震、海嘯以及火山噴發，其影響程度非常嚴重，但發生次數的曲線較為平穩（參見表 1 及圖 8）。災害流行病學研究中心的國際災難資料也顯示，亞洲地區天然災害發生的數量在過去 60 年間增加了 6 倍。

表 1 水文氣象災害與地質災害的發生頻率與造成死亡數量的變化

災害類型	發生頻率（次）			死亡人數（人）		
	1980-1989	1990-1999	2000-2009	1980-1989	1990-1999	2000-2009
水文氣象災害	502	781	1,215	85,537	242,539	203,303
地質災害	115	167	210	11,597	96,859	447,724
合計	617	948	1,425	97,134	339,398	651,027

（整理自：亞洲開發銀行）

---

6 The Rise of Natural Disasters in Asia and the Pacific. 亞洲發展銀行，2013.

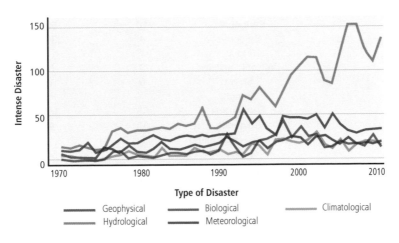

圖 8 亞洲地區災害類型與發生次數變化趨勢圖（出自：亞洲開發銀行）

　　EM-DAT 世界災害資料庫資料顯示（見下跨頁表 2），亞洲地區天然災害類型繁多，如乾旱、地震、極端氣溫、洪水、滑坡、泥石流、暴風雨、火山噴發、森林大火以及傳染病等，且從 1900 年至 2016 年，災害數量種類與數量呈持續增多的趨勢。1900 年至 1910 年，災害種類僅為乾旱、地震、傳染病、火山活動、暴風雨 5 種，總數僅有 25 起。1971 年至 1980 年，災害種類增加到 11 種，災害數量猛增到 478 起。此後，災害種類與數量持續快速增長，在 2001 年至 2010 年間災害數量多達 1829 起，災害造成的損失也相應地大幅增加。

3.2 亞洲地區天然災害的主要特徵

　　總體上看，亞洲地區天然災害有以下特徵：

(1) 由於複雜多樣的生態、氣候、地質等多方面原因，亞洲地區天然災害類型多樣，受災範圍大，受災人群廣，造成嚴重的生命與財產損失，嚴重影響了亞洲地區社會經濟發展。

表 2 亞洲地區災害種類、受災人數以及財產損失的變化

亞洲典型天然災害影響（1900-2010）

年份	災害數量	災害種類	災害數量	總計	死亡人數	總計	
1900-1910	6	Drought	1	25	1250000	4180111	
		Earthquake	10		52025		
		Epidemic	4		2860040		
		Flood	1		11012		
		Volcanic activity	3		5655		
		Storm	6		1379		
1971-1980	11	Drought		478	81	743511	
		Earthquake	65		335474		
		Epidemic	33		4680		
		Extreme temperature	9		1024		
		Flood	124		54869		
		Insect infestation	3				
		Landslide	25		1608		
		Mass movement(dry)	1		50		
		Storm	167		345425		
		Volcanic activity	8		300		
		Wildfire	19				
1981-1990	11	Drought	26	816	2294	170186	
		Earthquake	103		53108		
		Epidemic	49		19043		
		Extreme temperature	25		2919		
		Flood	246		44174		
		Insect infestation	2				
		Landslide	50		2988		
		Mass movement(dry)	9		946		
		Storm	267		44240		
		Volcanic activity	20		262		
		Wildfire	19		212		
1991-2000	11	Drought	42	1338	2800	186466	
		Earthquake	161		95600		
		Epidemic	135		16497		
		Extreme temperature	42		6381		
		Flood	415		57262		
		Insect infestation	5				
		Landslide	92		5976		
		Mass movement(dry)	9		579		
		Storm	389				
		Volcanic activity	21		896		
		Wildfire	27		475		
2001-2010	11	Drought	52	1829	191	684758	
		Earthquake	205		451250		
		Epidemic	136		10365		
		Extreme temperature	62		9460		
		Flood	733		43402		
		Insect infestation	1				
		Landslide	144		8701		
		Mass movement(dry)	3		66		
		Storm	451		160921		
		Volcanic activity	22		331		
		Wildfire	20		71		

（資料來源：EM-DAT）

影響人數	總計	財產損（$）	總計
			20000
		20000	
228674985		381200	
2340072		722755	
2170371			
23500254		5088448	
	530865921	925	10497945
84448		100000	
62435746		4170938	
127745		22679	
30000		11000	
483688542		1006887	
27115108		13055927	
1408079			
30217		144000	
479739879		24238232	
	1144148381		57637832
2615474		40341	
148878495		18587255	
558683		343190	
113904		222000	
274251282		20707865	
24360124		149929236	
3019134			
745442		980000	
1476898393		153400276	
200	1993646394		404613221
1706666		1537790	
6584			
208166328		66331066	
1385858		230488	
3106383		11496500	
666837602		13829760	
79132784		159251819	
1245978			
80366445		22403010	
1074179528		108558646	
	2275968571		398569410
3733179		1195785	
369888788		93041596	
557505		4794	
26762		284000	

(2) 亞洲地區天然災害發生的頻率與種類呈現增長的態勢，受災面積也逐漸擴大，災害損失出現了重大攀升。

(3) 亞洲地區天然災害已是常態，而各國經濟社會發展不均衡，因此相應的災前預警防範、災中減災賑濟、災後重建、災害管理發展程度參差不齊。

3.3 亞洲地區天然災害多發頻發的原因

(1) 氣候因素。隨著全球暖化的趨勢繼續延續，熱浪、暴雨、洪水、乾旱等災情更加猖獗；海平面上升，滑坡、土石流、洪水、火災以及傳播疾病的蚊蟲叮咬更加普遍。同時，亞洲地區的氣候類型十分複雜，不僅大陸性氣候強烈，季風性氣候典型，而且氣候帶及氣候類型多樣。

(2) 地理因素。亞洲大陸東臨太平洋，處於太平洋板塊與歐亞板塊交界上，在亞洲大陸東側海底形成一系列弧形列島、海底山脈和深海溝帶。南瀕印度洋，是夏季西南季風必經之地。北接北冰洋，沿海每年大部分時間冰封。亞洲在各大洲中不僅地勢最高，而且起伏很大，地形分異變化明顯，既有東西延伸的經向自然帶，也有南北循序更替比較明顯的緯向自然帶，還具有各種不同的垂直自然帶結構。多樣複雜的自然地理環境，導致洪水、熱帶氣旋、地震、火山噴發、滑坡、海嘯等天然災害的發生頻率相對偏高。

(3) 社會因素。亞洲國家多是發展中國家，經濟相對落後，醫療衛生仍不盡完善，防災減災體系還不健全，容易暴發流行疾病，從而導致其嚴重影響社會經濟發展、落後的社會經濟條件不足以抵禦新一輪天然災害的惡性循環。同時，亞洲地區人口稠密，內陸災害驅使數百萬人群被迫遷往近岸低窪地帶，從而更容易遭受洪水、海嘯等災害的威脅。

4 台灣的天然災害

台灣因地理環境特殊，位處於環太平洋地震帶及亞熱帶季風區，造成颱風、豪雨、土石流、地震等各類天然災害事件頻繁。依據台灣「災害防救法」第

二條第 1 款所定之「天然災害」,係指風災、水災、震災(含土壤液化)、旱災、寒害、土石流災害等。至於台灣災害頻繁的主要原因、天然災害損失分析概要及天然災害類型,則依據行政院災害防救白皮書[7],簡要歸納說明於下。

4.1 台灣地區災害頻繁的主要原因

4.1.1 自然環境的敏感性高

台灣位處太平洋西岸弧狀列嶼中,在地體構造上屬於歐亞大陸板塊與菲律賓海板塊的交界處,經常引致台灣頻繁的地震活動,平均每年發生有感地震可達數百次。依經濟部中央地質調查所 2012 年公佈之活動斷層資料顯示,台灣本島內共有 33 條活動斷層,其中活動性較高的第一類活動斷層有 20 條,第二類活動斷層有 13 條(參見圖 9),且多條斷層已引發重大地震災害,如 1999 年 921 集集大地震等,就是第一類的車籠埔斷層錯動所致。

以氣候因素而言,台灣屬於溫帶與熱帶間的亞熱帶季風區,天氣型態複雜而多變,又位於西太平洋颱風路徑要衝,因此每年常遭受颱風侵襲而形成洪水及土石流等天然災害,如 2004 年敏督利颱風造成的 72 水災、2005 年的 0612 豪雨災害、2009 年莫拉克颱風、2010 年凡那比颱風以及 2015 年蘇迪勒颱風所造成的風災等。近來,因極端氣候與環境變遷引致災害的問題有越來越嚴重之趨勢,其中,降雨強度與總降雨量以及乾旱等災害性天氣的影響強度增加,而因豐枯雨量降雨極端,對於地形屬山高水急,且地質脆弱、表土鬆軟的台灣,就經常造成淹水及土石流的災害,致使因應天然災害脆弱度的不利情況升高。

4.1.2 社會的易致災風險增加

都市化現象以及人類活動所引發的災害是全面性的影響,過度都市化之顯著現象為人口集中,在生活空間需求及經濟發展前提下土地開發頻繁,許多高危險潛勢的山坡、河谷、沖積平原、溪流兩側都已成為人口集中的地區,

---

7 依 2010 年 8 月 4 日修正公布之災害防救法第 17 條第 3 項規定:「行政院每年應將災害防救白皮書送交立法院」,以揭露國家災害防救基本政策、災害防救機制、標準作業流程、災害防救預算配置及未來願景與規劃。

一旦發生地震、淹水等天然災害，將使受災程度升高，其次，因都市人口過度集居，造成生態與公共設施的不堪負荷，如垃圾淤塞下水道、填平水道和魚塘以興建房舍、超抽地下水等均使致災風險升高。而台灣全國的都市化地區，都可歸屬此社會性易致災風險高的地區。

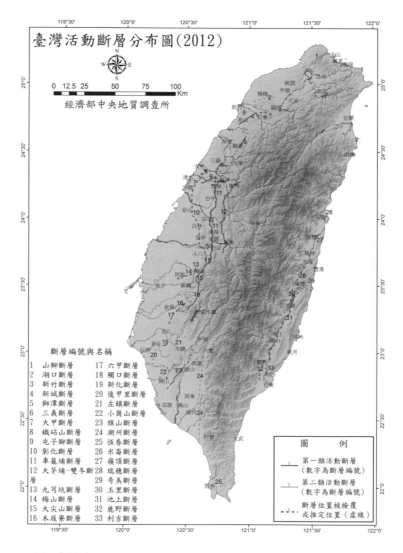

圖 9 台灣活動斷層分布圖 （資料來源：經濟部中央地質調查所，2012）

4.2 天然災害損失分析概要

　　台灣之自然環境的災害敏感性升高及社會的易致災風險增加，使台灣被列為全球天然災害潛勢最高的區域之一，除受颱風、洪水、土石流、坡地崩坍、地震等各類天然災害的侵襲，極端事件及複合性災害發生頻率亦與時俱增，致整體社會受災的風險偏高。根據中央氣象局 1985 ～ 2017 的統計，因氣象因素影響而造成的直接財務損失，平均每年約達新台幣 190 億元，其中約 82% 的損失係由颱風災害所造成、由梅雨所導致者為 12.3%、而寒害及乾旱分別造成約 4.7% 及約 0.7% 的損失，而其他氣象因素如強風、龍捲風、冰雹及海水倒灌等造成的損失共約佔 0.1%，顯見颱風及梅雨對台灣造成的災害損失最為嚴重（參見圖 10 ）。

　　1995 至 2010 年期間，氣象災害損失類別則以農業的損失最為嚴重，占總體損失的 49％，水利設施損失占 25％次之，公路損失占 14％居第三位，漁業損失占 7%居第四位（參見圖 11 ）。

　　台灣每年皆飽受天然災害的影響，除直接的經濟損失外，所導致的人員傷亡、財物損失方面，亦極為嚴重。根據內政部消防署的天然災害公告資料，自 1958 年至 2019 年間，共發生 361 起較為嚴重的天然災害，其中包含颱風 239 次、水患 61 次、地震 30 次、風災 4 次、山洪暴發（八掌溪事件）1 次、其他天然災害 7 次，共造成 7,058 人死亡、1,720 人失蹤、30,451 人受傷，以及 545,915 間房屋倒塌（含全倒與半倒）。

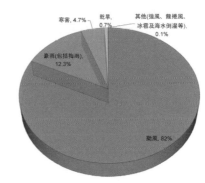

圖 10 台灣歷年氣象災害構成圖 (1985~2016)
資料來源：中央氣象局歷年氣象災害資料庫
製圖：台灣科技大學 APAUD 研究室

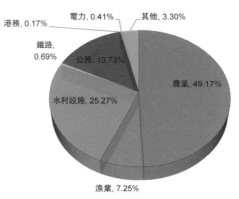

圖 11 台灣各行業受天然災害經濟損失構成圖 (1985~2010)
資料來源：中央氣象局歷年氣象災害資料庫
製圖：台灣科技大學 APAUD 研究室

在所有天然災害中，雖然颱風所造成的累計傷亡人數最多（19,832 人），並導致 344,544 間房屋全倒與半倒，高居所有天然災害災損總計之第一位；但以每次颱風造成傷亡的平均人數 82.97 人，相較於災損總數居次的地震所造成的每次傷亡人數平均值為 553.76 人，有著顯著的差異。由此可見，台灣的天然災害類型，以颱風、水災、地震為主要災害，其中颱風形成災害的頻率最高，但造成單次損害的嚴重程度，則以地震居首（參見表 3）。

表 3 1958-2019 台灣天然災害人員的傷亡與損害統計表

種類	次數	傷亡人數					房屋倒塌			
		死亡	失蹤	受傷	合計	平均值（人／次）	全倒	半倒	合計	平均值（數／次）
颱風	239	3,278	1,186	15,368	19,832	82.97	120,567	223,977	344,544	1,441.60
地震	30	2,726	29	13,858	16,613	553.76	65,256	86,152	151,408	5,046.93
水患	61	891	466	1,085	2,442	40.03	29,658	19,583	49,241	807.22
水災	19	84	23	35	142	7.47	261	267	528	27.78
風災	4	0	0	8	8	2	4	175	179	44.75
山洪爆發	1	4	0	0	4	4	0	0	0	0
其他	7	75	16	97	188	26.85	15	0	15	2.14
總計	361	7,058	1,720	30,451	39,229		215,761	330,154	545,915	

資料來源：內政部消防署／製表：台灣科技大學 APAUD 研究室

4.3 台灣天然災害類型

由前述 1958 年至 2019 年間的天然災害資料累計分析，台灣平均每年發生 5.7 起有災損的天然災害，平均每起天然災害造成 108 人傷亡、5 人失蹤、1,512 間房屋倒塌（含全倒與半倒）。而威脅台灣最頻繁的天然災害：颱風，除挾帶破壞性的暴風外，亦經常伴隨大量的豪雨。從歷年資料累計分析，平均每年有 4 次颱風災害，每次造成 79 人傷亡、5 人失蹤、1,440 間房屋倒塌（含全倒與半倒）。其中以 2009 年的莫拉克颱風是造成最多的傷亡（2,198 人）與失蹤人數（60 人）的颱風災害。

然而台灣的天然災害經常發展為複合性災害。颱風與強降雨，經常造成土石流、崩塌、堤防潰堤、淹水、交通橋樑中斷、河道淤砂、水庫淤積等眾多

災害類型，且易衍生二次災害。伴隨著颱風季與梅雨季而來的豪雨，常在短時間內降下巨大的雨量，再加上民間山坡地的大量開發與使用，致水土保持不佳，土壤涵養水分能力不足，容易釀成水災與水患。雖然平均每年只發生1.3 次，卻帶來嚴重災情，平均每次造成 40 人傷亡、10 人失蹤、959 間房屋全倒或半倒。

　　至今最嚴重的水災發生于 2009 年莫拉克颱風引發之 88 水災，該次颱風所帶來驚人破紀錄之降雨量，其 24 小時最大累積降雨量高達 1,583 毫米，48 小時 2,361 毫米，72 小時 2,542 毫米，其中 24 小時與 48 小時累積降雨量更逼進世界極端值（參見表 4），台灣全境 9% 的土地面積，累積降雨量都高達2,000 毫米，造成坡地崩塌等複合型災害，重創台灣中南部各縣市（死亡、受傷及失蹤 2,258 人、淹水受災戶數高達 304,354 戶），總經濟損失約新台幣1,000 億元。

表 4 莫拉克颱風最大累積雨量與台灣歷年排名前 10 名比較

排序	24 小時最大累積雨量（毫米）				48 小時最大累積雨量（毫米）			
	歷史事件		莫拉克雨量	雨量站站名	歷史事件		莫拉克雨量	雨量站站名
	名稱	雨量			名稱	雨量		
1	賀伯	1,748.5	1,623.5	阿里山	賀伯	1,986.5	2,361.0	阿里山
2	賀伯	1,345.0	1,583.5	石盤龍	海棠	1,879.5	2,217.0	尾寮山
3	卡絲	1,274.5	1,572.0	奮起湖	海棠	1,715.0	2,162.0	奮起湖
4	海棠	1,254.5	1,448.5	南天池	賀伯	1,645.5	2,108.0	石盤龍
5	納莉	1,185.0	1,414.0	尾寮山	海棠	1,644.0	2,041.0	南天池
6	卡絲	1,180.0	1,378.5	馬頭山	海棠	1,589.5	2,009.5	溪南
7	艾利	1,154.0	1,340.5	溪南	艾利	1,537.0	1,988.5	馬頭山
8	賀伯	1,067.5	1,272.0	小關山	海棠	1,525.0	1,971.5	上德文
9	海棠	1,065.5	1,231.0	復興	海棠	1,522.0	1,887.0	小關山
10	納莉	1,063.0	1,215.0	瀨頭	敏督利	1,511.5	1,812.5	瀨頭

資料來源：國家災害防救科技中心／製表：依據 2011 年災害防救文件第一章 - 災害環境變遷與趨勢，由台灣科技大學 APAUD 研究室重制

　　地震亦為台灣重大天然災害之一。由於地震災害多為突發性，重大地震所帶來的生命財產損失更顯嚴重。發生次數最多的一年是在 1999 年，主要是受到 921 集集地震之影響，該年共計發生了 49,928 次地震，其中有感地震達

3,233 次之多，而最為嚴重的 921 集集地震更造成 13,720 人傷亡，29 人失蹤，105,479 間房屋倒塌（含全倒與半倒），經濟損失高達 3,647 億。

根據 2019 年行政院災害防救白皮書附錄 -2010 年災害相關統計分析，節錄交通部中央氣象局的觀測公告近 10 年間地震規模統計，台灣之地震年平均發生次數高達 34,572 次，其中有感地震年平均次數 1014 次，規模 6 以上的地震年平均 3 次，可説世界上地震極度頻繁的地區（參見表 5）。

表 5 2009~2018 年期間交通部中央氣象局地震規模統計表

年 規模	2009	2010	2011	2012	2013	2014	2015	2016	2017	2018	平均／年
7 ≦ M	0	0	0	0	0	0	0	0	0	0	0
6 ≦ M<7	4	2	0	3	4	1	4	4	1	2	3
5 ≦ M<6	21	32	15	21	19	22	26	27	19	32	23
4 ≦ M<5	184	133	147	151	152	138	208	172	127	267	168
3 ≦ M<4	1,583	1,253	1,347	1,106	1,183	1,068	1,386	1,376	1,122	1,487	1,291
2 ≦ M<3	9,220	8,814	8,505	7,115	8,458	7,478	9,670	8,735	7,370	8,586	8,395
1 ≦ M<2	9,029	12,496	11,333	18,782	27,590	21,308	26,094	28,716	19,355	20,804	19,551
M<1	318	543	448	4,195	8,104	6,747	7,448	9,885	6,611	7,107	5,141
合計	20,359	23,273	21,795	31,373	45,510	36,762	44,836	48,915	34,605	38,285	34,572
有感次數	795	754	776	1,012	1,272	975	908	1,538	882	1,077	1,014
發佈次數	154	153	172	214	166	154	100	112	60	139	142

單位：次（本表「M」用以表示地震規模），資料來源：中央氣象局／製表：依據 2015 年災害防救白皮書附錄 - 災害相關統計分析，由台灣科技大學 APAUD 研究室重製

綜上所述，在全球氣候變遷，導致極端氣候現象頻發的態勢下，台灣的天然災害亦屬層出不窮，且有愈來愈頻仍之趨勢。從八七水災（1959）、921 集集大地震（1999）、莫拉克颱風（2009）等天然災害皆造成生命及財產極大的損失。根據中央氣象局 2015 年 8 月編印「天然災害防災問答集」一書，綜合颱風和豪雨造成台灣的天然災害損失就達 96%，由此可見颱風及豪雨所導致之災害損失對台灣地區的經建成長之危害及衝擊是相當的嚴重。面對近年來極端降雨的現象，雖然天然災害造成傷亡與經濟損失在所難免，但台灣該如何避免整體環境的脆弱性升高，及對應災害自我調整能力薄弱的狀況，則是必須嚴肅面對的課題。

因此，在災害的規模、幅度擴大與頻率增加的狀況下，台灣更應加強水土保持、自然保育之工作，強化土地分區使用，善待環境。再者，藉由現今監控技術與資訊傳播發達之優勢，提升全國民眾對各種天然災害有更深入的瞭解，並建立基本的防災準備概念，以充實防災常識，增進防災應變能力來降低災害的損害；另一方面，政府在規劃與制訂相關防災政策與策略時，必須充分考量天然災害所造成的社會經濟影響，以及對社會大眾的衝擊，以作為天然災害風險管理策略研究分析與規劃之基礎，有效達到防災與減災之目標，減少未來天然災害的災情與損失。

5 中國的天然災害

中國是世界上天然災害最嚴重的國家之一，災害種類多、發生頻率高、分佈地域廣、造成損失大。特別是進入 20 世紀 90 年代以來，天然災害造成的經濟損失呈明顯上升趨勢，已經成為影響經濟發展和社會安定的重要因素。

5.1 中國天然災害損失情況

中國天然災害損失嚴重並呈增長趨勢。一般年份，中國全國受災害影響的人口約 2 億人，其中死亡數千人，需轉移安置約 300 萬人，農作物受災面積 4,000 多萬公頃，倒塌房屋 300 萬間左右。隨著國民經濟持續高速發展、生產規模擴大和社會財富的積累，而減災建設不能滿足經濟快速發展的需要，天然災害造成的損失呈上升趨勢。按 1990 年物價推算，天然災害造成的年均直接經濟損失為：50 年代 480 億元人民幣、60 年代 570 億元人民幣、70 年代 590 億元人民幣、80 年代 690 億元人民幣、進入 90 年代以後，年均都已經超過 1,000 億元人民幣。

5.2 中國天然災害主要類型

大氣圈和水圈災害。主要包括洪水、乾旱、颱風、風暴潮、沙塵暴以及大風、冰雹、暴風雪、低溫凍害，巨浪、海嘯、赤潮、海冰、海岸侵蝕等。平

均每年洪水災害的受災面積為 1,000 多萬公頃，成災面積在 500 萬公頃以上，同時主要集中在夏秋兩季；平均每年乾旱的受災面積 2,000 多萬公頃，成災面積約 1,000 萬公頃，災害多發生在春秋兩季；每年登陸颱風約 7 個，主要集中在東南沿海一帶；風暴潮是對中國威脅最大的海洋災害，據史料記載，歷史上最嚴重的一次風暴潮發生在 1696 年，曾奪去 10 多萬人的生命；沙塵暴、冰雹、暴風雪、低溫凍害等其他災害損失也相當嚴重。

地質、地震災害。主要包括地震、崩塌、滑坡、泥石流、地面沉降、塌陷、荒漠化等。中國是地震多發國家，1949 年以來，因地震死亡近 30 萬人，傷殘近百萬人，倒塌房屋 1,000 多萬間；全國崩塌、滑坡、泥石流災害點有 41 萬多處，每年因災死亡近千人；全國荒漠化土地面積 262 萬平方公里，土地沙化面積以每年 2,460 平方公里的速度擴展，水土流失面積超過 180 萬平方公里。

生物災害。全國主要農作物病蟲鼠害達 1,400 餘種，每年損失糧食約 5,000 萬噸，棉花 100 多萬噸；草原和森林病蟲鼠害每年發生面積分別超過 2,000 萬公頃和 800 萬公頃。

森林和草原火災。1950 年以來，全國平均每年發生森林火災 1.6 萬餘起，受災面積近百萬公頃。受火災威脅的草原達 2 億多公頃，其中火災發生頻繁的近 1 億公頃 [8]。

5.3 中國天然災害類區劃分

中國天然災害種類多、發生頻率高、季節性強，同時呈現出明顯的地區差異。根據中國天然災害的特點以及災害管理的實際情況，將全國分為分為三類地區。

第一類地區：有 7 個省、自治區，主要分佈在西部，少數在北部。此類地區天然災害直接經濟損失的絕對值較小，但由於經濟欠發達，直接經濟損失率即災害直接經濟損失與當地生產總值之比例較大。

---

8 劉樂英：我國農村防災減災政策研究，安徽大學，2011.

第二類地區：有 16 個省、自治區、直轄市，大部分分佈在中部，少數在東北、華北、西南等地。此類地區經濟發展、天然災害直接經濟損失和抗災能力為中等水準，北部受極地反氣旋影響較大，南部為亞熱帶多雨區，是中國大江大河的中游地區，人口密度中等或較大。主要災害是乾旱、洪水、地震、凍害、風雹、農業病蟲害，其次為滑坡、泥石流和森林天然災害，對農業、工業、交通運輸業影響較大。

　　第三類地區：有 8 個省、直轄市，主要分佈在東部沿海地區。此類地區天然災害造成的直接經濟損失的絕對值較大，但由於經濟較發達，直接經濟損失率為中等或較小，抗災能力較強，受副熱帶高壓與熱帶氣旋影響最大，是中國大江大河的下游地區，人口密度大。主要災害是洪水、乾旱、颱風、風暴潮，其次為地震、冰雹、地面沉降，對工業、農業、交通運輸業和城市基礎設施都有影響[9]。

9　國務院關於批轉《中華人民共和國減災規劃（1998-2010 年）》的通知，國務院，1998.

第二節　減災理論與實務發展

1 台灣對應防災及災後重建的規劃理念

1.1 台灣災後重建規劃的實務與發展

　　台灣的災害管理，揭櫫於 2011 年災害防救白皮書，依減災、整備、應變、復原重建四個階段，建立其環環相扣的關係，相關的實施政策及內容則概述如下：

　　(1) 減災：透過政策管理、各種因應措施，防止災害之發生或減輕災害之影響。

　　(2) 整備：災害來臨前的準備，使相關人員、單位具有足夠的能力，熟悉運作程序、減少災時損失。

　　(3) 應變：災害發生時的因應措施，需有急迫性之行動，依事先擬定之災害應變計畫，動員救災人力並啟動緊急醫療救護系統，於第一時間搶救人民生命及財產，並迅速疏散、收容與撤離災民。

　　(4) 復原重建：復原重建行動為快速重建公共建設、配合民間狀況及需求進行相關重建工作，讓社會與經濟恢復正常運作之長期實施政策及內容，並配合減災行動使災害後恢復至災害前或比災前更佳狀態的各種對策。

　　本書以 1999 年 921 大地震與 2009 年莫拉克風災兩代表性案例之重建模式經驗的回顧，解析台灣對於災後積極推動健全防救災體系的緊急應變與復原重建規劃的過程。

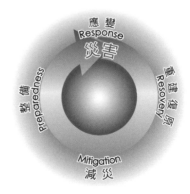

圖 12 台灣災害管理：減災、整備、應變、復原重建四個階段分析
資料來源：2011 年災害防救文件

(一)1999 年 921 大地震災後重建規劃

1999 年 921 地震發生後，其災後應變與重建大致可分為三個階段：救援時期（地震發生後至 1999 年 9 月底），主要進行災民安置，由政府提供相關設施，收容需要暫時安置的災民；其二為安置時期（1999 年 9 月底至 2000 年 1 月），政府結合民間團體以發放租金、提供臨時住宅及優惠承購國宅等方式供災民擇一進行後續的安置；繼而在 2000 年 1 月底之後進入重建復興時期，主要措施包括有個別住宅重建、社區重建及建設公共住宅（邵佩君，2003）。然而當大規模地震發生後，往往建築物的破壞、人員傷亡及交通混亂隨即產生，最大的災害常出現在災後 3~5 小時的期間。由於人員的恐慌及散亂的自發性避難及救災行動，災難將容易造成擴大的傷亡，而無效率的救援活動，則有造成增加災害損失的風險。

依據 1999 年台北市實質環境防災機能之研究報告[10]，結合災後行動與都市防災空間系統規劃的架構，提出災後的六個時序：發震期、混亂期、避難行動期、避難救援期、避難生活期及殘留重建期。所產生的現象和對應行動，歸納分析各時期所衍生之防救災機能需求及其對應的防災空間系統與空間類型。並從都市環境現況篩檢出可做為防災空間的相關環境資源，經由避難及救援所需實行的行動及該行動所需對應的場所，將防災空間系統區分為避難、道路、消防、醫療、物資及警察等六大空間系統。其中，避難空間系統及道路空間系統之完善，是減輕災情的最大關鍵。而災後一週內，防災六大空間系統所對應之所有空間將成為進行災後之避難、安置及救援作業的必要場所（參見圖 13）。因此，整體防災空間系統之完備，將使救援及緊急應變作業，得以順利推動。

921 震災整體重建工作於 2005 年陸續完成。回顧當時政府在災後的緊急應變政策，於 1999 年 9 月 25 日頒佈緊急命令、11 月 9 日行政院頒佈「災後重建計畫工作綱領」，2000 年 2 月間立法通過「九二一震災重建暫行條例」，作為衛接緊急命令、推動災後重建計畫工作綱領、實現災後重建白皮書的重要法律，行政院經建會並於 2000 年 5 月完成「災後重建政策白皮書」。至於震災重建工作相關重要歷程，則詳見表 6。自地震發生，緊急命令頒佈、

---

10 李威儀、何明錦，台北市實質環境防災機能之研究．國家科學委員會專題研究計畫成果報告.1999.9

成立重建推動委員會、頒佈重建計畫工作綱領、制定重建政策白皮書等，乃至於「行政院九二一重建推動委員會」正式掛牌運作，到卸牌並廢止九二一震災重建暫行條例，共歷時近六年五個月。

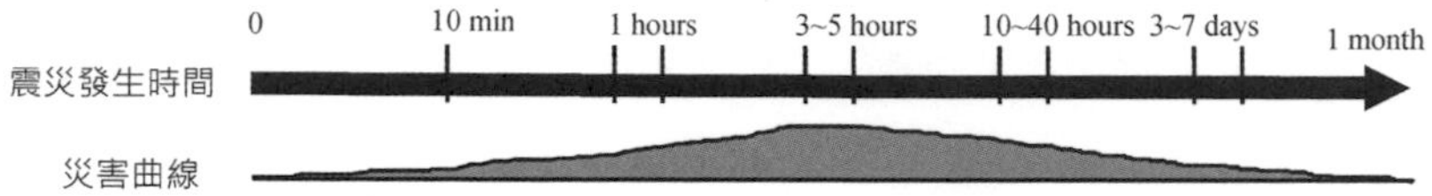

震災發生時間	0	10 min	1 hours	3~5 hours	10~40 hours	3~7 days	1 month

時序	發震期	混亂期	避難行動期	避難救援期	避難生活期	殘留重整期
現象	.建築物倒塌 .起火 .人員傷亡 .交通混亂	.火災發生 .機能癱瘓 .建築物倒塌 .緊急對策	.延燒擴大 .危險因素產生 .避難行動 .資訊混亂	.都市全面 .火災發生 .人心恐慌 .避難地集中 .人員傷亡	.市區大火救災 .物資缺乏 .救護行動 .移往避難地	.重整行動 .社會混亂
對應行動	.初期滅火 .狀況掌握	.緊急對策 .消防行動	.避難行動 .救急救助	待援行為 .救護行動	.滯留生活 .物資供給	.重整行動 .生活恢復

空間系統	空間類型	災情研判 自發避難	避難及救援之緊急應變	應變救援	災區清理	災區復建
避難	緊急避難場所		★○	○		
	臨時避難場所		★○	○	○	
	臨時收容場所			○▲	○▲	□
	中長期收容場所			○▲	○▲	▲□
道路	緊急避難道路	★	★			
	消防及避難道路	★	★○	★○	○	□
	輸送、救援道路	★	○			
	緊急道路	★	★○	○▲	○	□
消防	指揮所		○	○	○	
	臨時觀哨所			○		
醫療	臨時醫療場所		○	○▲	○▲	
	中長期收容場所			○▲	○▲	▲
物資	接收場所		○	○		
	發放場所		○	○	○	
警察	指揮中心	★	○	○		□
	情報收集場所		○	○	○	

圖例：(主要行為‧活動及作業) ★避難 ○ 救援 ▲ 安置 □ 復原

圖例：（主要行為‧活動及作業）★避難 ○ 救援 ▲ 安置 □ 復原

圖 13 災害現象與對應行為、防災空間之時序列分析圖

資料來源：李威儀、何明錦，台北市實質環境防災機能之研究，國家科學委員會專題研究計畫成果報告 ,1999.9

表 6　921 大地震重建工作重要歷程表

時間		主要事件及政府作為
1999	9/21	上午 1 時 47 分 15.9 秒地震發生
	9/25	頒佈緊急命令
	9/27	行政院成立「九二一震災災後重建推動委員會」
	11/9	行政院頒布「災後重建計畫工作綱領」
2000	2/3	立法院通過「九二一震災重建暫行條例」
	3/24	緊急命令因有效期六個月屆滿而結束
	5/15	行政院制定「災後重建政策白皮書」
	6/1	「行政院九二一震災災後重建推動委員會」正式掛牌運作
2005	2/4	九二一震災災後重建推動委員會、九二一震災重建暫行條例延長 1 年
2006	2/4	九二一震災災後重建推動委員會卸牌、九二一震災重建暫行條例廢止，宣告重建工作完成階段性任務

資料來源：大規模震災災前都市重建計畫之規劃，內政部建築研究所委託研究報告，2010.12

　　依據憲法第四十三條 [11]，國家面臨重大災害時，應依規定發佈緊急命令，因此，921 地震發生四天後，總統於 1999 年 9 月 25 日發佈緊急命令，施行期限為六個月，並作為災後各項緊急應變與重建措施之依據。政府在最短時間內迅速推動災後重建工作，重建政策是基於「災後重建計畫工作綱領」與「災後重建政策白皮書」為指導原則，依據「九二一震災重建暫行條例」規定，使用特別預算等經費推動重建工作。至此，重建推動委員會成為重建工作的主體，而九二一震災重建暫行條例、災後重建計畫工作綱領及災後重建政策白皮書成為推動九二一災後重建工作的鐵三角（參見圖 14）。

　　災後重建計畫工作綱領除揭櫫重建目標與基本原則

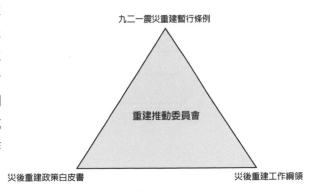

圖 14　推動災後重建工作鐵三角示意圖
資料來源：內政部建築研究所、鍾起岱，2003

11　中華民國憲法 (1947 年 1 月 1 日) 第四十三條：國家遇有天然災害、癘疫，或國家財政經濟上有重大變故，須為急速處分時，總統於立法院休會期間，得經行政院會議之決議，依緊急命令法，發布緊急命令，為必要之處置。但須於發布命令後一個月內提交立法院追認。如立法院不同意時，該緊急命令立即失效。

外，並訂定重建的架構，包括訂定必要的前置作業、確定各重建計畫的類型與適用範圍及配合措施，並在執行與管考中，訂定編制內容、編報流程及時程、各部會的分工、計畫審議核定的程序及配合措施等，以建立共識，利於重建計畫之研擬與推動（參見圖 15）。

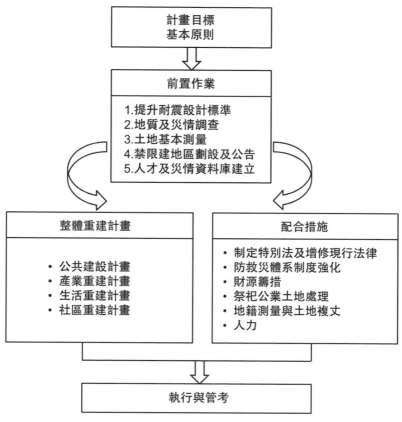

圖 15 災後重建計畫工作綱領體系流程圖
資料來源：災後重建計畫工作綱領，1999

（二）2009 年莫拉克風災災後重建計畫

2009 年 8 月 6 日至 8 月 10 日莫拉克颱風侵襲台灣，造成的災情較 50 年前（1959 年）「八七水災」更加嚴重；由於極端氣候引發強降雨，帶來規模極

大且複合型之災害，導致曾文、南化及烏山頭水庫集水區產生大量沖蝕及崩塌，水庫的淤積，對南部地區供水穩定影響甚鉅。依中央氣象局統計資料，3 天創下總累積雨量為 2884 毫米，相當於一年平均雨量，及 48 小時最大累積雨量 2,361 毫米，都為台灣歷年之冠。此次風災造成 703 人死亡與失蹤，1,555 人受傷，房屋毀損不堪居住 1,766 戶；農林漁牧產業、觀光設施、工商業等產業損失 279.4 億元。淹水總面積達 83,220 公頃，淹水 50cm 以上戶數共 140,424 戶，再加上坡地與河川災害戶，合計全台受災戶數共計 146,739 戶，受災人數共計 510,668 人。

為加速災後重建工作推動，行政院於災後 7 天立即成立莫拉克颱風災後重建推動委員會 [12]。立法院亦迅速通過了特別條例及 1,165 億元的特別預算，由於立法部門及行政部門與全國各界充分配合，後續重建工作得以迅速展開。「莫拉克颱風災後重建特別條例」擬定後，立法院隨即於 2009 年 8 月 27 日三讀通過，並經總統於同年 8 月 28 日公佈，依據條例第 5 條：「中央各目的事業主管機關應於本條例施行後提出災後重建計畫，重建計畫內容應包括家園重建、設施重建、產業重建、生活重建、文化重建，並應遵循國土保育與復育原則辦理。」

重建推動委員會分別於同年 9 月 6 日第 3 次委員會通過經建會研提「以國土保育為先之區域重建綱要計畫」，11 月 25 日第 8 次委員會通過「莫拉克颱風災後基礎建設重建方案」、2009 年 12 月 30 日第 9 次委員會通過經建會彙整的「莫拉克颱風災後重建區產業重建計畫」以及內政部彙整的「莫拉克颱風災後家園重建計畫」，至此，災後重建四大計畫皆已完成。莫拉克風災重建工作之重要歷程，始於 2009 年 8 月 8 日上修累積雨量達 2500 毫米，通報南部各縣市、南投縣及台東縣政府，對高危險地區執行疏散撤離；8 月 9 日成立莫拉克颱風救援中心；8 月 15 日成立「行政院莫拉克颱風災後重建推動委員會」；8 月 27 日立法院通過莫拉克颱風災後重建特別條例，繼而在同年 12 月 30 日前，陸續完成相關的重建計畫（詳見表 7）。

---

12 行政院莫拉克颱風災後重建推動委員會係由行政部門、專家學者及民間團體、災區縣（市）首長、災民代表、原住民代表等計 37 人擔任委員，兩年多來共召開 27 次委員會議及 40 次工作小組會議，商討各項重要決策，經由產官學、中央、地方政府、原住民及災民代表共同參與的決策機制，重建過程中的多元意見，得以參採整合。

表 7 莫拉克風災重建工作重要歷程表

日期		主要事件及政府作為
2009	8/8	中央災害應變中心依據中央氣象局預報累積雨量上修達 2500 公釐，通報南部各縣市、南投縣、台東縣政府對高危險潛勢地區執行疏散撤離
	8/9	成立莫拉克颱風救災中心
	8/15	行政院依據「災害防救法」成立「行政院莫拉克颱風災後重建推動委員會」
	8/27	立法院通過莫拉克颱風災後重建特別條例，重組重建推動委員會
	9/6	經建會研提「以國土保育為先之區域重建綱要計畫」
	9/7	發佈「莫拉克颱風災區生活重建服務中心實施辦法」
	9/12	行政院莫拉克颱風災後重建推動委員會掛牌成立
	9/15	行政院頒布「行政院莫拉克颱風災後重建推動委員會暫行組織規程」及其辦事細則、編組表
	11/25	行政院莫拉克颱風災後重建推動委員會通過「莫拉克颱風災後基礎建設重建方案」
	12/30	行政院莫拉克颱風災後重建推動委員會通過「莫拉克颱風災後重建區產業重建計畫」、「莫拉克颱風災後家園重建計畫」

資料來源：內政部建築研究所委託研究報告，2010.12

　　實際規劃及重建作業過程，除由經建會確立區域重建綱要計畫外，在中央政府的分工作業下，同時進行基礎設施重建、包括生活及文化的家園重建及產業重建等部門重建計畫，並落實於地區重建計畫中。在中央、地方協力一起推動，各部會彼此互相溝通討論、凝聚共識後，提出可執行之重建計畫，並由行政院莫拉克颱風災後重建推動委員會確實協調，因而得以落實各災區的地區重建計畫（參見圖 16）。

（三）災後重建發展趨勢

　　綜觀台灣大規模災害 921 大地震及莫拉克風災的重建歷程，可歸納出 921 大地震重建主要以災後重建計畫工作綱領及災後重建政策白皮書為指導，並整合於九二一震災重建暫行條例，以作為訂定後續執行辦法與制定相關準則的法令為依據。而莫拉克風災重建則以國土保育為先之區域重建綱要計畫、基礎建設重建方案、重建區產業重建計畫及家園重建計畫等四大計畫為基礎，據以訂定相關執行辦法（參見圖 17）。政府針對兩災後重建所擬訂之政策方向與採取之重建策略，皆著眼於透過地方、社區自主意願的形成，促成社區內既有資源和網絡攜手合作，激發社區居民參與重建。其中，莫拉克風災後，農委會水土保持局也針對災區進行培育計畫，企圖透過社區培力的過

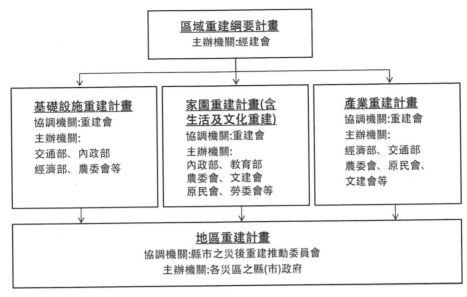

図 16 莫拉克颱風災災後重建計畫架構圖
資料來源：國土保育為先之區域重建綱要計畫，2009

程，來協助居民進行災後調適和未來防災的工作，協助重災區及一般災區社區重建，進而透過陪伴與諮詢輔導機制輔導在地組織發展，協助受災社區建構再生發展願景，就是非常典型的實施案例。

1.2 台灣參與式永續發展模式

台灣九二一地震的發生，其災情的嚴重性涵蓋了所有層面，包括民眾生命財產的損失、居住環境的破壞、道路橋樑的中斷、人民生活失序、衛生環境的不良及災後人民心靈的創傷等，引發許多社會問題及社會福利需求，在在考驗政府危機處理的能力及作為。總體而論，震災災後重建包括地震發生初期的緊急應變救援、災民安置與社會救助，以及隨之而來的公共工程修護、災區產業振興及社區生活重建等諸多議題；政府在「災後重建計畫工作綱領」及「九二一震災重建暫行條例」的規範下，採行由下而上的計畫作業，從公共建設、產業振興、生活重建、住宅重建及大地工程等五大方向，積極展開重建工作；同時藉由民間參與生活重建與社區總體營造，統合物力資源及人力資源，對於整體重建工作產生莫大助益。

由於各個社區的原有資源、震災災情及重建需求各自不同，在地社區成員實質參與重建，才能使重建工作的推動，發揮各得其所的最大效益；同時，為因應地區的差異性而對應所衍生的各種需求，政府以開放的態度，容許地方分別依據災後需解決的事項，提供不同發展模式來解決民眾的問題，並藉此逐步建立震災後重建的標準作業模式：即經由社區重建相關公共議題之探討、落實民眾參與、繼而凝聚社區共識、尋求確立社區發展方向，最後共同建立理想的生活空間。更加難能可貴者，九二一震災啟發了政府與民間重新重視環境的永續和諧關係，並了解到重建區的社區總體營造的重要課題是以創意持續尋求居民、社會、文化、生態景觀的共同和諧發展。此亦呼應「災後重建計畫工作綱領」的計畫目標第二項所宣示「建立社區營造的新意識」，而社區總體營造的精神與策略是政府推動社區重建計畫、生活重建計畫、產業重建計畫及公共建設計畫的共同目標，政府各部門推動的各項重建計畫亦廣泛運用社區總體營造專業者的深刻參與。

「九二一重建會」於2001年編製「重建須知手冊」，其中指出實施「社區總體營造」的環境對象，包括重建區風景線、農村聚落、原住民聚落、老街更新、形象商圈、集合住宅社區等的社區重建及生活重建。而可參與的人員則包括各地區之學校、廟宇、重要產業業者、以及震災時參與救災之民間組織、各級政府之實際救災參與者，均可成為社區總體營造之主力。在社區居民組織動員完成，形成組織後，便成為公部門可以對話之窗口。行政部門之資源均應用在與居民組織充分溝通，經過整合之後，據以提出的明確可行規劃建設方案。

地震發生
1999年9月21日
2001 2003 200

921震災重建暫行條例
921震災重建就業服務職訓及臨時工作津貼請領辦
921震災重建雇用災民獎
921震災社區重建基金收支保管及運
921震災震損公寓融資額度及利息
921震災社區開
社會福利建服務

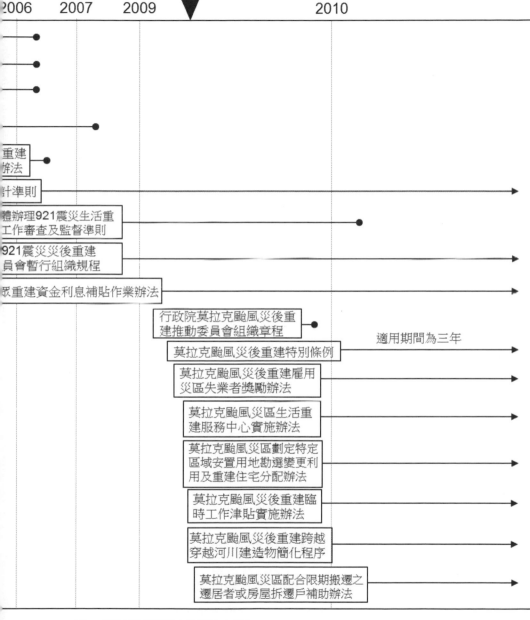

圖 17 災後重建相關法令時間軸示意圖
資料來源：內政部建築研究所

「災後重建計畫工作綱領」將整體重建計畫分為生活重建計畫、產業重建計畫、公共建設重建計畫和社區重建計畫，而社區重建計畫統合成包含了前三項重建計畫（參見圖18）。生活重建計畫和社區重建計畫稱得上是整體重建計畫的最基本、最核心計畫，此兩項計畫直接且深遠影響每一個災民的日常生活。重建的基本目標，是使災民不只從震災損害中復原其既有生活，更期望能

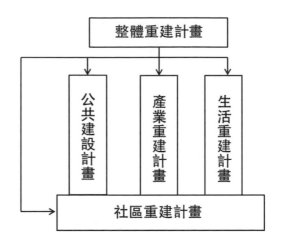

圖 18 九二一災後重建計畫體系
資料來源：九二一震災災後重建實錄第七篇

提昇其生活，是以生活重建計畫和社區重建計畫就是最直接落實此重建目標的兩大計畫。因此，「九二一震災重建暫行條例」第二章社區重建之條文內容都是直接針對社區重建、生活重建，並成為社區重建、生活重建所需採取的特殊措施之法源依據。「九二一災後重建計畫工作綱領」直指重建計畫的基本原則首重「以人為本，以生活為核心，重建新家園」。其後經建會發布的「災後重建計畫政策白皮書」直指「生活重建為首要工作」，並且重申「災後重建最基本的原則，就是以人為本，以生活為核心，重建新家園」。[13] 至於實際重建工作的推動狀況，則在社區重建與集合住宅更新重建中，展現出民眾參與及社區總體營造的價值與意義。

（一）受災地區社區重建

生活重建與社區總體營造的共同特色就是民間的積極參與。因此，鼓勵受災地區的民間組織與個人參與災後生活重建，已是國際間災後重建的普遍策略。依據「災後重建計畫工作綱領」之規劃，生活重建計畫是由中央主導，民間支援，地方配合；而社區重建計畫由地方主導，民間參與，中央支援。

---

13 經建會，《災後重建政策白皮書》（台北：經建會，2000），頁7。

「九二一災後重建計畫工作綱領」對於生活重建計畫更是直接明示：「鼓勵民間參與：有關心靈重建、學校教學及學生輔導、社會救助及福利服務等項目，鼓勵民間企業、個人、宗教及其他民間團體從事重建工作」。九二一震災的救災和安置時期，眾多民間團體和個人，包括國際救援團隊、國內專業組織、宗教團體、志工團體和個別人士紛紛主動參與生活重建，對於奠定災後重建的基礎，產生非常重要的貢獻。而其他受災輕微或是局部受災的縣市，在災後初期，也由各法人或團體認養重建區，協助重建區進行重建，並提供重建區學童安置輔導。

「九二一震災重建暫行條例」是因應重建特殊需求而制定，而具有特定適用期限、對象與範圍的特別法，給予政府推動重建計畫時對重建區民眾與環境採取特殊措施的法源依據。其中第五條規定各級重建委員會之組成，災民代表都不得少於五人，就是重視災民實際需求與落實民眾參與的具體展現。而第二章（第六條～第三十七條）「災區社區重建」則呈顯了社區重建在災後重建中的重要性。此外，在行政程序簡化（第四章）、經費運用（第七十條）及對災民法律協助（第七十二條～第七十四條之一），都展現以災民為本位的考量。（參見表 8）

（二）受災集合住宅更新重建方案

集合式住宅重建的困難之一，在於產權共有，所有權人難以達成共識，以致重建工作難以推動。為解決此一問題，都市更新條例便成為集合式住宅或社區辦理重建工作的重要工具。為使地方政府、專業團體與受災戶對於更新法令的認識與具有辦理更新重建的能力，政府積極輔導受災集合式住宅社區成立更新會，並透過專業團隊之協助，達成順利重建的目的。

表 8 九二一震災重建暫行條例」社區重建專章及積極協助災民之條文重點

條文序號	條文重點	備註
第五條	為推動災後重建工作，由行政院設置行政院九二一震災災後重建推動委員會，以行政院院長為召集人，召集中央相關部會、災區地方政府及災民代表負責重建事項之協調、審核、決策、推動及監督。其組織及運作由行政院定之。但災民代表不得少於五人。	明確闡釋重視民間及社區參與
	直轄市、縣（市）、鄉（鎮、市）、村里及社區得設置各該地區九二一震災災後重建推動委員會，負責規劃、協調推動震災重建事項，其組織及運作由內政部會商行政院農業委員會、原住民委員會定之。但災民代表不得少於五人。	
	前二項重建事項包括生活重建、產業重建、公共建設、社區重建等工作。	
	村里及社區重建推動委員會得聘請專家、學者參與規劃、諮詢。	
第六～二十條之一	地籍與地權處理、都市地區之重建、非都市地區之重建	產權及社區重建之硬體重建衍生的議題與行政配合措施
第二十九～三十一	文化資產之重建	
第三十二～三十七	重建用地配合措施	
第五十五～六十七	行政程序之執行與簡化	
第七十條	行政院設置社區重建更新基金及運用規定，多與社區及生活重建有關。	社區及生活重建之經費應用
第七十二條～第七十四之一	協助災區居民因震災致建築物毀損而受損害者有關民事訴訟相關事宜。	社區重建衍生的法律議題

資料來源：依據「九二一震災重建暫行條例」編製

　　九二一大地震超過 10 萬戶之房屋毀損中，集合住宅因震損而拆除者，至少達 128 棟[14]。從這 128 棟集合住宅之重建資料的彙整結果[15]：採自力更新重建，並籌組更新會立案者有 94 棟，佔 74.8%，原地原面積重建與易地重建者各 5 棟，各佔 3.91%，委託實施者或建商買回者有 11 棟，佔 8.59%，無意願重建或僅有重建意願但未落實重建者（含僅進入籌組更新會階段者）有 13 棟，佔 10.16%（參見圖 19）。截至 2010 年，採自力更新並已完成重建者有 67 棟（參見表 9）。可見自力更新是 921 災後集合住宅重建中，採用最多的重建工具。

　　在上述啟動更新程序的集合住宅案件中，台北縣新莊市（現在的新北市新

---

14 謝志誠，集合住宅自力更新重建之民間經驗社區發展季刊 131 期，2010.9，p.225
15 彙整表不包括連棟住宅式之街廓社區，如南投市富貴、中山街、內新、草屯鎮 新光、新厝、新豐、新興、新庄、中寮鄉永平更新單元 1-6、八杞仙、魚池鄉五 爺城、大里市仁化社區、石岡鄉井仔腳社區、豐原市聯合新村等。

莊區）「博士的家」(137 戶) 社區，是採都市更新成功重建的代表案例。「博士的家」在九二一震災時倒塌，造成 45 人死亡、28 人輕重傷；推動更新重建時，雖然震災當時有不少人員傷亡，且災後一年內原住戶超過 90% 都已另外購屋，但原住戶參與重建的意願極高，有將近八成的住戶願意參與重建。於是 2001 年 2 月 10 日博士的家原住戶組成重建推動委員會，並在重建會成員的共識下，以減棟減戶、保留空地的方式方式重建，前後歷經近 5 年的都市更新推動，終於完成重建。也為都市更新重建樹立了重要的典範。

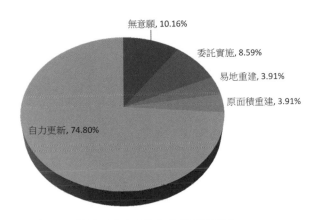

圖 19 九二一震損集合住宅重建方式（以棟數計）
資料來源：謝志誠，集合住宅自力更新重建之民間經驗社區發展季刊 131 期，2010.9，p.226

表 9 九二一災後集合住宅重建彙整表

| 縣市別 | 震損棟數 | 自力更新 | | | | | | 其他 | | | | 合計完成棟數 |
| | | 籌組更新會 | 更新會立案 | 公告實施 | 融資撥款 | | 完成棟數 | 原面積重建 | 易地重建 | 委託實施或建商買回 | 完成棟數 | |
					臨門方案	金融機構						
台中縣	59	48	46	41	36	2	37	1	1	6	5	42
南投縣	29	22	21	16	12		12	1			1	13
台中市	17	16	16	12	11	1	12			1	0	12
台北市	12	8	8	7	3	3	4	1		3	4	8
台北縣	5	2	2	2	1		2	2		1	2	4
雲林縣	3								3		3	3
嘉義市	2	1	1	1			0				0	0
彰化縣	1									1	1	1
	128	97	94	79	63	7	67	5	5	11	16	83

資料來源：謝志誠，集合住宅自力更新重建之民間經驗社區發展季刊 131 期，2010.9，p.225

（三）參與式與永續性，是災後社區重建的重要理念

綜觀九二一重建工作的推展，無論中央或地方政府，乃至於民間，在集合住宅重建上，都不是採用表面速成的集中安置方式，而是反應受災地區的需求，提供多元重建措施供受災戶選擇。除了政府部門的規劃推動外，民間部門的參與，亦為重要的環節。相對於政府部門組織嚴密，分工清楚，經費固定與具有行使公權力的地位，民間部門則是不相統屬，各自發展，經費來源不一，民間部門雖不具公權力，但由於民間部門的參與，具有高度自發性、靈活性、在地性與貼切性等特色，反而能機動且有效率地因應解決各類問題，此反為政府部門所不及者。此外，透過民間部門的參與，使其在政府部門的重建工作外，發揮即時的、貼切的互補作用。另一方面，民間部門的參與，展現出崇高的人性關懷與溫馨，對社會人心產生重要的啟發，實為重建過程中最彌足珍貴的經驗。況且，民間部門常能跳脫舊有框架，以全新的思維與角度面對重建的工作，使得災後的重建工作，不僅超越復舊的層次，還具有新的理念與思維，無論就社區或是民眾而言，也展現出新生的意涵。

九二一震災後，成為社區內的重建團隊者，包含災後基於對社會關懷而進入災區者，亦有原為地震前之社區工作者。在救災工作告一段落後，這些待在災區的團隊之工作重心，即轉為社區重建之長期發展規劃與推動，成為推動社區重建的主要動力。由於團隊數量眾多、背景互異、思想觀念不一，各種重建理念充滿實驗的色彩，使得社區重建的工作，呈現多元、有活力的特色，而這些重建經驗中，最珍貴者，莫過參與者之高度主動的參與熱情與精神。

至於能激化出這麼深刻的災後社區重建經驗，是仰賴於中央與地方重建推動委員會，在災後重建計畫工作綱領及各層級重建推動委員會設置要點的授權下，讓民間各社區及團隊，能夠在高度自主、或藉由設立工作站的深耕作業，實踐了民眾參與及社區永續發展的價值（參見表 10）。

表 10 台灣各層級組織重建措施與運作模式

層級	組織重建措施與運作模式
中央	**九二一震災災後重建推動委員會** 由行政院成立，頒訂「災後重建計畫工作綱領」
地方	**地方重建推動委員會** 各級地方政府依據內政部之「直轄市縣（市）鄉（鎮市）村裡及社區重建推動委員會設置要點」成立
民間	**村里及社區重建推動委員會** 依據內政部營建署頒訂直轄市縣（市）鄉（鎮市）設置要點 設立工作站 由民間工作團隊設立在地工作站 財團法人都市更新基金會

資料來源：台灣科技大學 APAUD 研究室整理

1.3 台灣新型防災理念

由於極端氣候、地震、土地高密度使用等因素影響，台灣的天然災害型態愈趨向複合型災害；在面對各類天然災害引發的大規模坡地崩塌、土石流、水庫安全與淤砂、漂流木、河床淤積、堰塞湖、橋樑破壞、道路中斷、堤防沖刷與潰堤、地層下陷區淹水、泥沙淤積等，容易形成二次災害或連續性災害等複合型災害，都對現有防災應變與預警科技產生重大的挑戰。台灣在備災、減災及緊急災後應變的作為上，亦努力提升。其中，在整災應變精進措施及災防告警細胞廣播訊息系統，最具代表性。

（一）震災應變精進措施

台灣為因應大型震災發生後所產生之大量災民短期收容需求，災害發生時，由區級災害應變中心指揮官依災情實況，指定合宜開設收容安置學校、運動場館、區民活動中心或廟宇等場所，必要時亦可徵用民間設施，安置災民於旅社（館）或其他場所。以台灣的首都台北市為例，在震災防範與緊急應變面向，積極研擬出應對方案，並於 2016 年首都圈防災座談會時，林欽榮副市長提出「災害應變量能提升計畫」，因應都市環境現況擬出六大精進措施[16]：

---

16 出自關鍵評論網之相關新聞彙整，北市防災精進方案出爐：打造 3 個救災基地、挖多個戰備井，https://www.thenewslens.com/article/36800，2016.2.23

1. **老屋健檢與補強計畫**：清查盤點老舊建物、分三期進行健檢

2. **災害應變量能提升計畫**：防災資源及資訊整合、防災體系強化

3. **大型防救災基地整備計畫**：打造救災整備基地、結合醫院、防災公園、中繼住宅

4. **城市防救災維生系統整備計畫**：供水系統耐震強化、維生戰備井計畫

5. **防災學校精進計畫**：硬體設備精進、落實防災演練

6. **土壤液化對公共構造物、建築物保全與影響減輕對策及防災公園與防災道路整備與精進計畫**：公佈土壤液化資料及建物減災對策、強化防災公園及道路整備

（二）災防告警細胞廣播訊息系統（Public Warning System，PWS）[17]

　　針對近年來全球災難頻傳，亟思提升儘早掌握災害資訊，提早應變，以達到離災、避災的警示技術。台灣近 2 年來，已將災防告警訊息，經由通訊系統，以推播方式即時傳送至特定區域內所有 4G 用戶手機，告警訊息內容包括大雷雨即時訊息、地震即時警報、地震報告、公路封閉警戒、水庫洩洪警戒、土石流警戒、疫情通知、防空警報等。

　　「災防告警細胞廣播訊息系統」是利用行動通信系統的「細胞廣播服務技術（Cell Broadcast Service，CBS）」（參見圖 20），提供政府可以在短時間內，大量傳送災防示警訊息到民眾的手機，即時通知民眾，讓民眾能及早掌握離災、避災的告知訊息服務。此平台由行政院災害防救辦公室指導、國家通訊傳播委員會與國家災害防救科技中心共同規劃下，與國內電信業者合作，於 2016 年 5 月起與交通部中央氣象局「地震速報系統」介接先行營運測試，由中央氣象局於地震發生時，發送地震告警資訊通知民眾應變。目前已成為台灣全國手機告警訊息的固定發送方式。

---

17 「災防告警細胞廣播訊息系統（Public Warning System，PWS）」系統說明來源為中央氣象局地震測報中心，2016.5.4

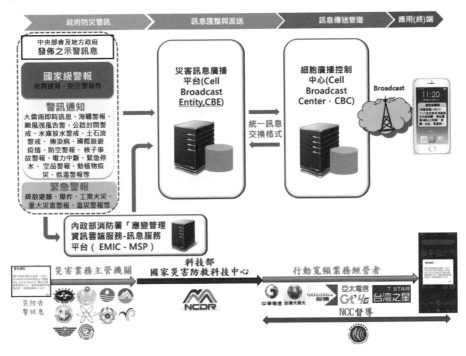

圖 20 災防告警訊息傳遞方式
資料來源：國家通訊傳播委員會（NCC），2016.5

針對地震災害的相關訊息發佈，中央氣象局現階段就以此災防告警細胞廣播訊息系統，利用其具備快速且大量通報的特性、適合無法預期且時效迫切的地震資訊通報，發布地震速報與地震報告兩種資訊。而災防告警細胞廣播訊息系統的相關內容，則可概述如下：

1. 地震速報

當台灣國內或或近岸地區發生中大規模地震時，中央氣象局約在地震發生後即可快速演算出震央資訊，當測得地震規模 5 以上即發布「強震即時警報」，其作業方式及條件如下：

(1) 發布條件：當偵測到地震規模 5.0 以上時。

(2) 發布範圍：針對縣市政府所在地預估震度達 4 級以上之縣市區域內手機

發送警訊。

(3) 接收模式：接收到「地震速報」時，手機會強制發出警報音效，畫面也會自動同步跳出警示文字。

2. 地震報告

中央氣象局約在「顯著有感地震」發生後 5～10 分鐘發布地震報告，內容包含震央資訊與各地震站之觀測震度。其發布條件如下：

(1) 地震規模 4.0 以上，且即時地震站觀測震度達以下情況之一者：

a. 任一站之震度達 4 級以上，或兩站之震度達 3 級以上。

b. 縣（市）政府所在地任一站之震度達 3 級以上，或兩站震度達 2 級以上。

c. 直轄市市區地震站之震度達 2 級以上。

(2) 未達上述情況，惟因地震之特殊性，有發布之需要者：

a. 發布條件：氣象局發布「顯著有感地震報告」。

b. 發布範圍：針對有測站觀測到 1 級以上震度的縣市地區發出警訊。

c. 接收模式：接收到「地震報告」時，手機會以一般設定之聲響、振動與廣播圖示提醒，不主動跳出警示文字，使用者須自行開啟。

3. 強化並整合資通訊傳遞系統

(1) 行政院整合推動「防災告警服務 (Public Warning Service, PWS)」，由各中央災害防救業務主管機關、國家災害防救科技中心、國家通訊傳播委員會共同推動，利用細胞廣播服務 (Cell Broadcast Service, CBS)，以獨立通道傳遞訊息，不受網路壅塞影響，數秒內即可將訊息傳送至基地台涵蓋範圍內之用戶 4G 手機。CBS 應用在災防告警系統中，供災害業務主管機關於災難發生時，即時以告警訊息通知民眾疏散避難，減少傷亡。

(2) 行政院於 104 年推動高抗災通信平台建設，確保災害期間能持續提供良好的通訊服務，使災害訊息聯絡通道保持暢通，以即時提供緊急救援；並優先於各縣市政府消防單位所在建物或空地建置高抗災通訊服務平台，俾行動通信業者得利用此平台之基礎設施，建置具有備援機制之行動通信網路，以提供緊急應變之通訊服務。

4. 利用網路社群導入防救災正確、必要之溝通與訊息傳播

無論中央政府或地方政府，在防救災訊息之傳輸，均已應用免費社交程式 Facebook、Line、Puiker 等作為政府資訊傳遞模式，增加資訊傳遞速率，且廣泛運用於政府間的聯繫，以及政府對民間之政策宣達。

2 中國新興規劃理念

2.1 減災與「城鄉二元結構的問題與解除」

2.1.1 城鄉二元結構問題與防災減災

「城鄉二元結構」及其連帶的影響是目前中國經濟與社會發展的一個嚴重障礙。城市與鄉村地區從頂層規劃、資源配置、發展建設以及社會保障等各個方面以不同的方式進行設計，並相對注重城市地區發展，這種相應的不均衡將會產生社會、經濟、心理等多重矛盾。從防災減災的角度看，由於二元結構及其影響，城鄉地區的巨大差異導致面對災害的抵禦能力及脆弱性高，災後重建的難易程度與相關的社會與經濟恢復程度完全不同，災害將進一步擴大城鄉地區的差異與各方面的不協調。並且，由於農村地區更廣大的面積廣大、人口眾多以及農業做為支柱性產業，城鄉差異將引發現實層面的危機，威脅城市安全。解決城鄉二元結構及相關問題，不僅關乎社會經濟發展，更是防災減災重建領域的核心問題。破除城鄉二元結構，改善「三農」問題，推進新型城鎮化，防災減災也能從中得以發展。

2.1.2 城鄉二元結構問題

「城鄉二元結構」問題不解決，不但將造成一個城鄉割裂的社會，甚至連城市本身的發展也會失去支撐和依託。「城鄉二元結構」的概念主要有以下三個方面：

（1）城鄉之間的戶籍壁壘。1958 年 1 月中國全國人大常委會第九十一次會議討論通過《中華人民共和國戶口登記條例》。這標誌著中國以嚴格限制農村人口向城市流動為核心的戶口遷移制度的形成。在改革以後，暫住證制度既可以看做是這種城鄉壁壘存在的標誌，也可以看做是弱化這種壁壘的一種措施。

（2）兩種不同的資源配置制度。改革前中國社會中的資源是由行政性的再分配，而不是由市場來進行配置的。比如，教育和公共設施的投入。城市中的教育和基礎設施，幾乎完全是由國家財政投入的，而農村中的教育和設施，國家的投入則相當有限，有相當一部分要由農村自己來負擔。

改革開放以來，中國實行了一系列旨在促進城鄉經濟協調發展的改革措施，如全面推行家庭聯產承包經營責任制，實行農民土地承包權的長期穩定；調整優先發展重工業的工業化戰略，支持農業和輕工業的發展；支持發展鄉鎮企業，促進農業剩餘勞動力就地轉移；逐步放開農產品流通和價格管制，建立農村商品市場；實施城鎮化戰略，積極發展小城鎮等。

但是，中國城鄉差距擴大的趨勢仍繼續發展，城鄉二元經濟結構的矛盾在趨於強化。城鄉差距擴大表現在城鄉居民的收入差距上，近年來農民人均純收入增長遠遠落後於城市人均可支配收入增長，城鄉收入之比由 1978 年的 2.57，1983 年一度縮小為 1.82，此後就不斷擴大，2003 年擴大為 3.231，已超過改革開放初期。假如考慮到城市居民享有的各種福利和補貼，而農民收入中包括生產經營支出等因素，實際收入差距可能要達到 6：1。

在中國經濟社會面貌已經發生巨大變化，社會生產力和綜合國力已經有了明顯提高的情況下，城鄉二元經濟結構依然十分突出，除了受工業化階段和

生產力發展水準制約外，關鍵還是城鄉二元經濟結構的諸多體制性問題尚未得到根本解決，其主要表現為：

(1) 城鄉有別的治理體制

計畫經濟時期，為了加快工業化建設，中國一方面運用行政手段，如通過強制性糧食統購統銷和工農產品剪刀差，將農業剩餘轉化工業積累；另一方面限制農村人口向城市遷移，以維持資本密集型城市大工業的發展。改革開放以來，在計畫經濟時期形成的城鄉有別的戶籍治理、勞動用工和社會福利制度在相當程度上被沿襲下來，儘管一些地方進行了戶籍制度改革，但這些改革因為隱藏在背後的社會福利等諸多因素，需要支付的社會成本較高，進展還不大，因而城鄉居民在就業機會和社會福利水準事實上的不平等還未根本改變。

(2) 城鄉分割的市場體系

從商品市場看，農民由於組織化程度低，一般只能進入城市集貿市場進行零星的、小規模的現貨交易，基本上沒有進入批發市場，更難以參與大宗遠期合約和期貨交易，糧棉油糖等大宗農產品批發貿易基本仍由國有流通企業壟斷經營。從要素市場看，貨幣市場和資本市場因農業平均利潤率偏低，主要面向城市經濟，城市相對充裕的資金沒有進入農村，農民參與進入市場和資本市場的條件和管道都十分有限；農村土地轉化為工業和城市建設用地還不能直接市場化，必須通過國家徵用轉化為國有土地後才能進入市場，一級市場由國家控制，二級市場農民很難進入，農民在土地交易中處於弱勢地位，難以分享農地向非農地轉化過程中形成的巨額增值收益。

2.1.3 城鄉分離的工業化模式

計畫經濟時期集中農村資源推進城市工業化，在很大程度上阻隔了中國城鄉經濟一體化進程。改革開放後，實行城鄉分離的工業化模式，農產品生產、加工和流通沒有形成有機聯繫，農民難以分享農產品的加工增值收益；鄉鎮企業在治理體制上獨立於行業治理之外，既無所不包，又自成體系；農村「離

土不離鄉」的工業化和城市工業化並行發展和過度競爭，使得農村工業在市場供求格局發生變化和國內市場與國際市場對接後，發展空間受到明顯制約，吸納農村剩餘勞動力的能力減弱，直接和間接地影響到農民分享工業化的成果。

2.1.4 實行有別的投入機制

計畫經濟時期，為了維持資本密集型城市大工業的發展，國家將資金、技術、人才等生產要素集中投向城市，同時依靠農業積累支持城市工業發展。改革開放後，一方面，農村的資本、勞動力和土地等生產要素在經濟效益驅動下，向城市轉移和集聚；另一方面，國家在基礎設施和科教文衛等公共服務設施投入上，繼續向城市傾斜，農村卻在一定程度上依靠自我積累，如「三統籌、五提留」，進行相應的基礎設施和公共服務設施建設，由此帶來城鄉在基礎設施和公共服務設施等各方面的差距不斷擴大。

綜上所述，體制性因素事實上形成了農業和農村發展與工業化和城市發展的相互隔離，是城鄉二元經濟結構的關鍵。

2.1.5 三農問題

「三農」問題是指農民問題、農業問題與農村問題以及與其相關的所有議題。「三農」問題總的來看，表現形式為農業欠發達，農村欠發展，與城市發展步伐相比過於滯後，城鄉居民收入差距大，農民收入低，增收難，從結構上體現出城鄉二元結構。「三農」問題與新中國的城鄉發展有巨大的相關性，是城鄉發展不平衡的直接結果。

由於五年計畫的特殊性，在新中國建設初期的指令性計畫經濟中，要求迅速地建立起工業化國家，工業建設成為國民經濟的主題，而中國的城市化進程中，很大程度上依靠工業化帶動城市化，使得城市在指令性計畫經濟時期得到了區域性的較快發展。同時，出台的一系列戶籍制度政策，限制了農民往城市的遷移，至此出現了二元結構的雛形。

隨著城市化進程加快，尤其是市場經濟時期，城市化進程在這一時期飛速發展，呈現出快速 - 飛速的發展趨勢。1978 年，十一屆三中全會是中國社會經濟發展過程的分水嶺，也是中國城市化過程的分水嶺。從 1978 年開始，各類下放農村的人員開始返回城市。1979-1991 年的農村經濟體制改革促進了鄉村城市化的發展。1992 年鄧小平同志「南巡講話」之後，國家實施了全面的改革與開放，農村人口開始大規模湧入城市。中國城市化過程從 1996 年開始進入到飛速發展階段。同時，農村地區實行家庭聯產承包責任制，極大地釋放了勞動力，農村得到了一定程度的發展，但與城市的發展進程相比，仍然有巨大鴻溝。而戶籍制度改革滯後於城市與農村發展，直到 2014 年從國家層面取消了農業與非農業戶口的區別，城鄉二元區別才就此取消。但歷史遺留問題仍然導致「三農問題」成為不容忽視的重大議題。汶川地震的災區以農村為主，災後重建就涉及了相應的「三農」問題。

2.1.6 《城鄉規劃法》的實施

2008 年 1 月實施的《城鄉規劃法》脫胎於《城市規劃法》等一系列城市規劃法律法規文件。《城市規劃法》是中國城市規劃領域的第一部主幹法，確立了中國城市規劃編制與管理制度的基本框架，也確立了城市規劃運作體系。《城市規劃法》包括法律法規、行政法規、規章制度、地方規章等一系列規劃、編制與管理辦法。但《城市規劃法》本身由於歷史的局限性，其觀念落後，執行力度有限。該法有明顯的經濟屬性，並且賦予了各級地方相當大的自主權與自由裁量權，但與此同時缺失了相應的公眾參與，使得規劃不能很好地反應公眾意見。

更為重要的是，《城市規劃法》落後於城鄉統籌的精神實質，仍然處於城鄉二元管理模式，沒有定義與梳理城鄉問題，導致實際上城鄉二元結構並未因為該法律而有相應的進步與發展。而 2007 年制定並於 2008 年實施的《城鄉規劃法》從法律名稱就體現出了針對城市與農村的雙重發展規劃。《城鄉規劃法》確立了政府組織編制和實施城鄉規劃的責任；體現了城鄉規劃的公共政策屬性，如第二十九條提出「城市的建設和發展，應當優先安排基礎設施以及公共服務設施的建設，拓展處理新區開發與舊區改建的關係，統籌兼

顧進城務工人員生活和周邊農村經濟社會發展、村民生產與生活的需要」，其公共政策的屬性重視了公共利益，規定了城鄉規劃的基本原則和立場，突出了城鄉規劃的公共政策導向以及服務職能。《城鄉規劃法》也構建了公眾參與的制度框架，為公眾參與的制度奠定了基礎，明確提出規劃公開的原則，公眾的知情權以及表達意見的途徑。更重要的是，《城鄉規劃法》注重城鄉統籌發展的精神，建立統籌城鄉建設的規劃編制體系，促進城鄉一體化發展規劃，在空間佈局、土地使用、交通建設、生態環境建設以及資源利用等多方面給出指導建議，引導城鄉協調發展[18]。

在《城鄉規劃法》執行的第一年，汶川地震發生了。汶川地震震後的重建規劃也應以該法律為導向，在重建過程中注重城鄉發展，注重《城鄉規劃法》為中心的重建規劃的編制。

2.1.7 城鄉一體化

中國共產黨的十八大提出，「推動城鄉發展一體化」，並對此做出了具體的部署，這是工業化、城鎮化、資訊化和農業現代化「四化同步」協調發展和全面建成小康社會奮鬥目標的重要組成部分。第一，由「三化同步」深化到「四化同步」。提出，堅持走中國特色新型工業化、資訊化、城鎮化、農業現代化道路，推動資訊化與工業化深度融合、工業化和城鎮化互動、城鎮化和農業現代化相互協調，促進工業化、資訊化、城鎮化、農業現代化同步發展。將農業農村發展真正融合在國民經濟社會整體發展之中。第二，將城鄉發展一體化作為解決「三農」問題的根本途徑。既要加強農業基礎地位，加快新農村建設，同時要加大城鄉統籌發展力度，逐步縮小城鄉差距，著力促進農民增收，讓廣大農民平等參與現代化進程，促進城鄉共同繁榮。第三，從制度建設上保障城鄉一體化發展[19]。十八大提出，加快完善城鄉發展一體化體制機制，著力在城鄉規劃、基礎設施、公共服務等方面推進一體化，促進城鄉要素平等交換和公共資源均衡配置，形成以工促農、以城帶鄉、工農互惠、城鄉一體的新型工農、城鄉關係。十八屆三中全會報告中指出：「城

---

18 從《城市規劃法》到《城鄉規劃法》的歷時性解讀——經濟社會背景與規劃法制. 孫憶敏, 趙民, 2008

19 張岩松. 統籌城鄉發展和城鄉發展一體化, 人民網：http://theory.people.com.cn/n/2013/0319/c40531-20834632.html,2013.

鄉二元結構是制約城鄉發展一體化的主要障礙。必須健全體制機制,形成以工促農、以城帶鄉、工農互惠、城鄉一體的新型工農城鄉關係,讓廣大農民平等參與現代化進程、共同分享現代化成果。」世界上各個國家的城市和農村都經歷了農村孕育城市、城市和農村的分離、城市和農村的融合這麼一個過程 [20]。

在中國進入新的發展時期以後,長期存在的農業、農村、農民問題已經不可能封閉在農村內部來解決,而必須跳出傳統的就農業論農業、就農村論農村的局限。只有站在經濟社會發展全局的高度,把農村與城市結合起來,用城鄉統籌的眼光,才能找到解決「三農」問題的新途徑。實踐已經證明,在統籌城鄉發展、走城鄉一體化道路上做足做透做實文章,就一定能夠較好地解決「三農」問題(張強,2004)。所以在研究制定發展戰略時,就將城區和郊區視為一個整體,城鄉土地相連,人口交流,經濟上互為依託,處於一個共同的環境之中;城市建設的發展需要與農村的規劃相適應,農村制定規劃需要服從和服務於城市;城郊農村經濟已經具備城鄉協調發展的客觀條件,應先於國內其他地區實行城鄉結合發展的戰略,把城鄉一體化作為發展城郊農村經濟的基本指導思想,從城鄉一體化的高度推進工農協作以及工業支援農業的工作,自覺地把農村建設同城市發展聯結起來,變城鄉分割為城鄉融合,走城鄉結合、協調發展的道路。城鄉一體化的內容可歸結為三個方面,即以城市為中心、城鄉一體的產業體系,以市區為中心、城鄉一體的城鎮體系,以近郊一遠郊一山區三個保護帶構成的城鄉統一的生態環境體系(白有光,1996) [21]。

2.1.8 城鄉統籌創新 - 以成都市為例

統籌城鄉的過程是解決城鄉二元結構問題的過程,2003 年 10 月,中國共產黨十六屆三中全會提出了統籌城鄉開展國家戰略。中心內容是「統籌城鄉經濟社會發展,現代農業建設,農業經濟發展,增加農民收入,全面建設小康社會的重大任務」。其中,城鄉關係最被重視。城鄉制度創新方針的嘗試是「城鄉差距」及「三農」問題縮小的長期目標。

---

20 李棟 , 何英磊 . 城鎮化與城鄉一體化 [J]. 技術經濟與管理研究 ,2014,(06):123-128. [2017-09-25].
21 張強 . 中國城鄉一體化發展的研究與探索 [J]. 中國農村經濟 ,2013,(01):15-23. [2017-09-20].

2.2 災後重建空間規劃發展趨勢

2.2.1 新型城鎮化

新型城鎮化是指中國政府在 2013 年 6 月規劃的區別於過去的集約、智慧、綠色、低碳的新的城鎮化。新型城鎮化是指農村人口不斷向城鎮轉移，第二、三產業不斷向城鎮聚集，從而使城鎮數量增加，城鎮規模擴大的一種歷史過程，它主要表現為隨著一個國家或地區社會生產力的發展、科學技術的進步以及產業結構的調整，其農村人口居住地點向城鎮的遷移和農村勞動力從事職業向城鎮二、三產業的轉移。城鎮化的過程也是各個國家在實現工業化、現代化過程中所經歷社會變遷的一種反映。

主要內容：

（一）有序推進農業轉移人口市民化。

按照因地制宜、分步推進，存量優先、帶動增量的原則，以農業轉移人口為重點，兼顧異地就業城鎮人口，統籌推進戶籍制度改革和基本公共服務均等化。全面放開小城鎮和小城市落戶限制，有序放開中等城市落戶限制，逐步放寬大城市落戶條件，合理設定特大城市落戶條件，逐步把符合條件的農業轉移人口轉為城鎮居民。加快推進基本公共服務均等化，努力實現義務教育、就業服務、社會保障、基本醫療、保障性住房等覆蓋城鎮常住人口。

（二）優化城市化佈局和形態。

優化提升東部地區城市群，培育發展中西部地區城市群，用綜合交通網絡和資訊化網路把大中小城市和小城鎮連接起來，促進各類城市功能互補、協調發展。在發揮中心城市輻射帶動作用基礎上，強化中小城市和小城鎮的產業功能、服務功能和居住功能，把有條件的東部地區中心鎮、中西部地區縣城和重要邊境口岸逐步發展成為中小城市。

（三）提高城市可持續發展能力。加快轉變城市發展方式，優化城市空間

結構，統籌中心城區改造和新城新區建設，有效預防和治理「城市病」。

加快產業轉型升級，強化城市產業支撐，營造良好創業、創新環境，增強城市經濟活力和競爭力。完善城鎮基礎設施和公共服務設施，提升社會服務和居住服務水準，增強城市承載能力。推進創新城市、綠色城市、智慧城市和人文城市建設，全面提升城市內在品質。完善城市治理結構，創新城市管理方式，提升城市社會管理水準。

（四）推動城鄉發展一體化。

堅持工業反哺農業、城市支持農村和多予少取放活方針，著力在城鄉規劃、基礎設施、公共服務等方面推進一體化。完善城鄉發展一體化體制機制，促進城鄉要素自由流動、平等交換和公共資源均衡配置。牢牢守住 18 億畝耕地紅線，確保國家糧食安全。加快推進農業現代化，建設農民幸福生活的美好家園。

目標：

城鎮化水準和品質穩步提升。城鎮化健康有序發展，常住人口城鎮化率達到 60% 左右，戶籍人口城鎮化率達到 45% 左右，戶籍人口城鎮化率與常住人口城鎮化率差距縮小 2 個百分點左右，努力實現 1 億左右農業轉移人口和其他常住人口在城鎮落戶。

城鎮化格局更加優化。「兩橫三縱」為主體的城鎮化戰略格局基本形成，城市群集聚經濟、人口能力明顯增強，東部地區城市群一體化水準和國際競爭力明顯提高，中西部地區城市群成為推動區域協調發展的新的重要增長極。城市規模結構更加完善，中心城市輻射帶動作用更加突出，中小城市數量增加，小城鎮服務功能增強。

城市發展模式科學合理。密度較高、功能混用和公交導向的集約緊湊型開發模式成為主導，人均城市建設用地嚴格控制在 100m2 以內，建成區人口密度逐步提高。綠色生產、綠色消費成為城市經濟生活的主流，節能節水產品、

再生利用產品和綠色建築比例大幅提高。城市地下管網覆蓋率明顯提高。

城市生活和諧宜人。穩步推進義務教育、就業服務、基本養老、基本醫療衛生、保障性住房等城鎮基本公共服務覆蓋全部常住人口，基礎設施和公共服務設施更加完善，消費環境更加便利，生態環境明顯改善，空氣品質逐步好轉，飲用水安全得到保障。自然景觀和文化特色得到有效保護，城市發展個性化，城市管理人性化、智慧化。

城鎮化體制機制不斷完善。戶籍管理、土地管理、社會保障、財稅金融、行政管理、生態環境等制度改革取得重大進展，阻礙城鎮化健康發展的體制機制障礙基本消除。

2.2.2 低碳城市 (Low-carbon City)

低碳城市指以低碳經濟為發展模式及方向、市民以低碳生活為理念和行為特徵、政府公務管理層以低碳社會為建設標本和藍圖的城市。低碳城市已成為世界各地的共同追求，很多國際大都市以建設發展低碳城市為榮，關注和重視在經濟發展過程中的代價最小化以及人與自然和諧相處。

自 2008 年初，建設部與世界自然基金會 (WWF) 在中國以上海和保定．中國電谷兩市為試點聯合推出「低碳城市」以後，「低碳城市」迅速「躥紅」，成為中國城市自「花園城市」、「人文城市」、「魅力城市」、「最具競爭力城市」之後的最熱目標，該目標具有長期性。

2.2.3 生態城市 (Ecological city)

從廣義上講，生態城市是建立在人類對人與自然關係更深刻認識的基礎上的新的文化觀，是按照生態學原則建立起來的社會、經濟、自然協調發展的新型社會關係，是有效的利用環境資源實現可持續發展的新的生產和生活方式。狹義的講，就是按照生態學原理進行城市設計，建立高效、和諧、健康、可持續發展的人類聚居環境；是社會、經濟、文化和自然高度協同和諧的複合生態系統，其內部的物質循環、能量流動和資訊傳遞構成環環相扣、協同

共生的網絡，具有實現物質循環再生、能量充分利用、資訊回饋及時、經濟高效、社會和諧、人與自然協同共生的機能。海綿城市，是新一代城市雨洪管理概念，是指城市在適應環境變化和應對雨水帶來的天然災害等方面具有良好的「彈性」，也可稱之為「水彈性城市」。國際通用術語為「低影響開發雨水系統構建」。下雨時吸水、蓄水、滲水、淨水，需要時將蓄存的水「釋放」並加以利用。

2017 年 3 月 5 日中華人民共和國第十二屆全國人民代表大會第五次會議上，李克強總理政府工作報告中提到：統籌城市地上地下建設，再開工建設城市地下綜合管廊 2000 公里以上，啟動消除城區重點易澇區段三年行動，推進海綿城市建設，使城市既有「面子」，更有「裡子」。

2.3 新型防災減災理念——科技減災

2.3.1 定義與內涵

減災是指減少災害和減輕災害破壞損失。其根本目的是保護人民生命財產安全，保證人民正常生活和各項產業活動正常進行，保護資源環境，促進社會穩定與經濟可持續發展。在此基礎上，隨著科技的發展，科技在生產生活的方方面面產生重大影響，科技減災觀念也應運而生。

科技減災是指充分發揮科技作用，將科技支撐能力作為減少災害風險和生命健康損失的重要保障，以此推動減災救災事業發展的理念。科技減災的基本原則是：通過科技應用，以預防為主，加強災害預測預報，制定減災規劃和緊急預案，實施各種防治工程等；綜合減災，將防災、抗災、救災相結合，工程減災與非工程減災結合，行政手段、法律手段與經濟手段相結合，減災與環境治理相結合，減災與社會經濟發展相結合；社會化減災，政府、企業、社會團體和民眾共同參與減災，形成廣泛的社會減災體系 [22]。

2.3.2 背景

---

22 卡比力江．吾買爾；施毅．《汶川地震——城鎮基礎設施災後恢復重建專案管理》，四川大學出版社，2015 年．

國際範圍內，科技減災的出現源於 2012 年，英國商業創新技能部發佈的題為《減少未來的災害風險：決策者的優先行動領域》的報告，其中明確指出科學是減少未來天然災害風險的關鍵因素，建議加快減災科技的研發和應用。2013 年因為「3.11」東日本特大地震造成巨大影響，日本政府發佈《國土強韌化基本計畫》，其中強調充分運用科技力量建設防災大國，以保護國民生命健康、並要求迅速實現災後重建與復興。2015 年第三次世界減災大會在日本仙台舉行，會議中通過的《2015-2030 年仙台減輕災害風險框架》明確列出未來 15 年國際減災領域的七大目標和四大優先行動事項，其中科技減災最為最重要的理念始終貫穿其中 [23]。

在中國，近年來科技減災已經成為最受重視的防災理念，2006 年 2 月 9 日中國國務院發佈《國家中長期科學和技術發展規劃綱要（2006—2020 年）》，將加強減災救災重大技術和產品攻關作為重要內容，後為貫徹中國共產黨的十七屆五中全會精神和《國民經濟和社會發展第十二個五年規劃綱要》的戰略部署，全面落實科教興國戰略和人才強國戰略，深入實施《國家中長期科學和技術發展規劃綱要（2006-2020 年）》，2011 年 7 月 4 日，科學技術部制定《國家「十二五」科學和技術發展規劃》，要求深入實施中長期科技、教育、人才規劃綱要，充分發揮科技進步和創新對加快轉變經濟發展方式的重要支撐作用；2011 年 11 月 26 日國務院發佈《國家綜合防災減災規劃（2011—2015 年）》重新明確中國災害現況，並制定防災目標，將科技防災做為一項重要內容。2012 年 8 月 30 號中國民政部根據上述制定《國家防災減災科技發展「十二五」專項規劃》對加強減災救災科技支撐能力建設進行了部署。2016 年 5 月，中國共產黨中央、中國國務院印發《國家創新驅動發展戰略綱要》文件中，將「加強重大災害、公共安全等應急避險領域重大技術和產品攻關」作為戰略任務明確指出；10 月 11 日，中共中央全面深化改革領導小組第二十八次會議審議通過了《關於推進防災減災救災體制機制改革的意見》，明確提出要「強化防災減災救災科技服務」。2016 年 10 月 24-27 號，中國共產黨第十八屆中央委員會第六次全體會議在北京舉行，會議中明確提出中國政府應當注重發揮科技在防災減災救災中的重要作用，不

---

23 徐璨.《創新驅動問題導向不斷提高防災減災救災科技支撐能力訪國家減災委辦公室常務副主任、民政部救災司司長龐陳敏》.2016 年 21 期《中國減災》.

斷提升搞防災救災減災科技支撐和服務能力。當前，中國民政部會同中國國家發展和改革委持續進行《國家綜合防災減災規劃（2016—2020 年）》編制工作，強調落實創新驅動發展戰略，加強防災減災救災科技資源統籌和頂層設計，加強基礎理論和關鍵技術研發，提高防災減災救災科技支撐能力；中國科技部組織進行《國家「十三五」綜合防災減災科技創新專項規劃》編制工作，要求根據中央財政科技計畫管理改革的相關精神，整合資源，加強協調，推進防災減災救災科技創新與成果轉化應用 [24]。

2.3.3 具體內容

根據《國家綜合防災減災規劃（2011-2015）》科技減災的主要內容包括開展天然災害形成機理和演化規律研究，加強天然災害早期預警、重特大天然災害鏈、天然災害與社會經濟環境相互作用、全球氣候變化背景下天然災害風險等科學研究。編制國家防災減災科技規劃，注重防災減災跨領域、多專業的交叉科學研究。加強遙感、地理資訊系統、導航走位元、二網融合、物聯網與數位地球等關鍵技術在防災減災領域的應用研究，推進防災減災科技成果的集成轉化與應用示範。開展防災減災新材料、新產品和新裝備研發。建設防災減災技術標準體系，提高防災減災的標準化水準。加強防災減災科學交流與技術合作，引進與吸收國家先進防災減災技術，推動防災減災領域國家重點實驗室、工程技術研究中心以及亞洲區域巨災研究中心建設等 [25]。

2.3.4 應用現狀

中國目前已建立起了較為完善、覆蓋氣象、海洋、地震、水文、森林火災和病蟲害等多種災害的地面監測和觀測網，建立了氣象衛星、海洋衛星、陸地衛星等一系列衛星系統，目前正在建設減災小衛星系統。

---

24 史培軍, 孔鋒, 葉謙, 汪明, 劉凱. 災害風險科學發展與科技減災. 地球科技進展 2014(11)
25 國家綜合防災減災規劃（2011-2015）

第二章 導入防災的都市計畫與城鄉規劃

台灣的都市計畫與防災應變體系

第一節　台灣都市開發管理之法律制度

1 台灣城市的演變

　　台灣自 1624 年荷蘭人進據後，荷蘭及西班牙分別在台灣西南部及西北部進行殖民統治。之後荷蘭人逐走西班牙人，統治台灣大部分西部地區。1662年 2 月 1 日荷蘭人投降後，南台灣進入鄭氏王朝時期。在此期間漢人開始大量移入台灣。1683 年，鄭克塽歸順清廷，台灣進入清治時期。荷西時期，荷蘭人於 1624 年進入南台灣，在台南建「奧倫治城」，後又改建為熱蘭遮城（現安平古堡），於 1653 年建普羅民遮城（現赤崁樓），1626 年，西班牙佔據雞籠（現基隆）、滬尾（現淡水）一帶，並於淡水建造聖多明哥城（現紅毛城），該等建設皆為殖民時期之軍堡規劃。

　　清治初期，台灣與福建廈門合署台廈道，道署下設一府三縣，即台灣府（現台南）、諸羅縣（現嘉義）、台灣縣、鳳山縣（現左營），該行政轄區都分佈於南台灣，且隸屬於福建省。1885 年，中法戰爭結束後，清政府感到台灣的重要性，遂將隸屬於福建省將近兩百年的台灣獨立出來，提升行政層級，改設為行省，全台從南到北分為三府（台南府、台灣府、台北府）、一州（台東直隸州）、十一縣（淡水、新竹、苗栗、台灣、彰化、雲林、嘉義、安平、鳳山、恆春、宜蘭）、三廳（基隆、澎湖、埔里社），此時，台灣城市化地區合計 18 處。仍按中國傳統之城市體制規劃，府州城每邊二門，井字形街道。州、縣、廳城，每邊一門，方城十字街。

　　1894 年甲午戰爭，清朝戰敗，1895 年簽訂馬關條約，割讓台灣，至 1945年二次大戰日本戰敗，台灣回歸中華民國。在五十年日治期間，台灣成為日本第一個殖民地，日本亦積極建設台灣，在「工業日本，農業台灣」的政策目標下，城市的發展仍以行政體制發展為主，截至 1945 年台灣有 45 個郡，日人離台亦留下 45 個相關的都市計畫。

1949 年國民政府遷台，首先發展農業，並進行土地改革，奉行「以農養工」的政策，由於日治時期基礎建設與農工業發展的基礎、中國抵台的資金、人才與技術，加上美援等因素下，台灣經濟發展迅速成長。1963 年，工業佔台灣國民經濟中的比重已超過農業，台灣也正式進入工業時代。

2 台灣都市開發相關法律制度的演變

清治時期，台灣城市發展並無明確規劃，僅按行政體制建城，故僅有一定規模。日人據台之初，有鑑於城市聚落之發展無計畫，建築物無管制而任意發展，破壞道路系統，影響都市地區之公共交通、公共安全與公共衛生，並破壞市容觀瞻。因此，為改善公共衛生，1899 年台灣總督府頒布「台灣下水規則」[26]，藉以提升居住品質；1900 年制定「台灣家屋建築規則」[27] 開始推動一系列之市區改正計畫，對台灣各大城市制定五年的建設計畫，名為「第一次市區改正」，該計畫以舊有道路的改進與新設道路的劃定為主。以 921 震災嚴重影響地區中的南投市為例，1912 年即開始推行「南投市區改正計畫」；1914 年則在鄰近地區開始推行「竹山市區改正計畫」與「埔里市區改正計畫」。繼之，1918 年在全台實施「街路取締規則」[28]，以確保公共交通之安全與效能。

「台灣下水規則」、「台灣家屋建築規則」、「街路取締規則」等三個法令，是開啟台灣城市開發相關法律規定之始，然該等法令僅就都市之公共衛生與公共交通著眼，尚未在都市生活之經濟、交通、衛生、保安、國防、文教、康樂等重要設施，訂定有計畫之發展策略，也未對土地使用做合理之規劃。隨之，1919 年頒布「都計法」和「市街地建築物法」才是開啟台灣城市建設現代化的開端。當時台灣總督府為了引進該相關法制，分別進行兩次的研擬和籌備行動。但第一次於 1921 年的提案，卻因日本政府認定「尚未適用」遭受駁回；直到 1927 年經日本內閣會議協議後，於 1935 年以律令的方式宣佈「計畫 1 令」，屬獨立立法，1936 年 8 月公佈實施 ，同年 10 月又立

---

26 出自 1899 年 4 月 19 日律令第 6 號「台灣總督府報第 502 號」
27 出自 1900 年 8 月 12 日律令第 14 號「台灣總督府報第 799 號」
28 出自 1918 年 3 月 17 日府令第 14 號「台灣法令輯覽」

即公佈該令施行規則。計畫令包含「都市計畫的實施」、「分區使用管制和建築物制限」、「土地區劃整理」（以下改稱市地重劃）三大項目，共 3 章 78 條。該令「施行規則」共 3 章 286 條為計畫之實施法。「都市計畫的實施」之主要內容包含計畫的目的、意義和計畫認可、執行、調查等事項，且強調各地方官廳都市計畫事業的執行和對於中央與地方之都市計畫的認可，由依「台灣都市計畫委員會規則」設立之都市計畫委員會進行審議。此外，為配合計畫事業的實施，亦於 1939 年另外頒布「都市計畫事業實施計畫認可申請相關要件」、「都市計畫事業受益者負擔規則細則準則規定要件」、「都市計畫事業受益者負擔相關要件」[29] 等規範，其目的在提昇計畫事業之可行性及營運資金之財源取得和適當運用。

1937 年頒佈的「分區使用管制和建築物制限」[30] 中，首度將都市計畫區域類別化，如住宅區、商業區、風景或風化區等皆是。在建築營建方面，包含「計畫令之建築物制限規則」的成立和台北州、台中州等「建築物制限規則」自治規範的實施，加強執行地方性和都市計畫區域內建築配置、使用管理、營建補償等事項。自 1936 年頒佈「都市計畫令」、「都市計畫令施行細則」等法令制度，開始在台灣各地推動都市計畫，至日據時期結束，總計完成 72 處都市計畫區。

戰後國民政府來台，雖然國民政府 1939 年於重慶公告實施中華民國的都市計畫法，計 32 條，但台灣城市之都市計畫皆係日人制定，為考量都市計畫之一貫性，政府自 1956 年起，陸續公告實施日人在各城市制定之都市計畫。至於完備都市計畫法令部分，政府 1964 年融合日本都市計畫的架構與精神，第一次修正頒佈「都市計畫法」，共八章 69 條，繼而於 1973 年第二次修正「都市計畫法」，改為九章 87 條，從此，台灣有架構較完整的本國都市計畫法制，日治時期都市計畫制度的實施正式走入歷史（參見表 11）。

---

29 出自 1939 年 6 月 29 日中內土第 1222 號內務部長依命通牒
30 陳湘琴（2005），日治至戰後時期台灣都市細部規劃法制的功能與特性之變遷歷程 (1895-1976)，都市與計畫期刊 32 卷 3 期，P.260。出自 1937 年 3 日 19 日總內第 219 號長官依命通牒

表 11 台灣都市計畫制度演變彙整表

年代	法令	立法意旨	對應計畫名稱
1899	台灣下水規則	公共排水與衛生	市區改正計畫
	台灣下水規則施行細則		
1900	台灣家屋建築規則	建築規則	
	台灣家屋建築規則施行細則		
1918	街路取締規則	警察權	
1936	都市計畫令	都市規劃	都市計畫
	都市計畫令施行細則		
1939	都市計畫法（國民政府）		
1964	都市計畫法		
1973	都市計畫法		
1974	區域計畫法	區域規劃	區域計畫
	新市鎮條例	都市規劃	都市計畫
	都市更新條例	都市規劃	都市計畫
2016	國土計畫法	國土規劃	國土計畫

資料來源：台灣科技大學 APAUD 研究室整理製表

3 其他規劃相關法律及條例

　　台灣城市規劃之法令主要為都市計畫法，規劃之相關法規，可分為二類：其　、由都市計畫法相關之延伸，所產生之姐妹法，或依環境得設管理相關法令衍生的配套關係法令；其次，則是依都市計畫法發布的行政規則與行政命令。

　　1964 年公告實施之都市計畫法，於第六條規定「都市計畫分為四種，即市（鎮）計畫、鄉街計畫、特定區計畫及區域計畫。」因區域計畫範圍超出都市範圍，乃於 1973 年公告實施之都市計畫法，刪除區域計畫項目，而於 1974 年公告實施區域計畫法，將台灣分為四個區域（北部、中部、南部、東部），分別擬定區域計畫。近年，以統合考量促進土地及天然資源之保育利用，人口及產業活動之合理分佈，以加速並健全經濟發展，改善生活環境，增進公共福利，繼而鑑於區域間之整合，及為因應氣候變遷，確保國土安全，保育自然環境與人文資產，促進資源與產業合理配置，強化國土整合管理機

制，並復育環境敏感與國土破壞地區，追求國家永續發展，區域發展之上位規劃，乃於 2016 年公告實施國土計畫法。惟國土計畫法的訂定與發佈，缺乏落實的調查與前瞻具體的理念與對應的規劃、沒有反應地方自治的精神、植入過多模糊不清甚至相互扞格的管理概念，更缺乏妥善安定執行的配套措施，這套土地管理制度，將對對台灣的後續發展，帶來長久且持續的亂源。

此外，為因應國家發展的需要，1964 年公告實施之都市計畫法的第五章「舊市區之改造與新市區之建設」，亦於 1973 年公告實施之都市計畫法，調整為第五章「新市區之建設」、第六章「舊市區之更新」。而 1997 年為開發新市鎮，促進區域均衡及都市健全發展，誘導人口及產業活動之合理分佈，改善國民居住及生活環境，特制定新市鎮開發條例，1998 年為促進都市土地有計畫之再開發利用，復甦都市機能，改善居住環境，增進公共利益，特製定都市更新條例，2017 年為因應潛在災害風險，加速都市計畫範圍內危險及老舊瀕危建築物之重建，改善居住環境，提升建築安全與國民生活品質，並為都市更新單元中的反對戶找到獨立改建的管道，公告實施都市危險及老舊建築物加速重建條例。至於因應環境價值概念的提昇，環境保護法規及文化資產保存法的發展亦成為影響都市開發的重要法律。

此外，為有效執行都市計畫，必須對於作業事項，輔以必要的、明確的執行工具，因此，另加訂定省與直轄市發布實施的都市計畫法施行細則、都市計畫書圖製作、都市計畫變更與檢討、都市計畫樁位、開發方式、容積移轉、都市計畫委員會組織章程等七類的相關執行法規（參見表 12），以落實都市計畫相關事業的擬訂與實施。值得一提的部份：台灣首都台北市在擁有較充足行政資源，並有眾多優秀專業者的努力下，率先於中華民國 72 年 4 月 25 日發布實施「台北市土地使用分區管制自治條例」，是全國開啟都市發展落實地方自治的先驅，雖然在中央無法明確區分中央權責與地方自治的界限，長期衍生各種矛盾，但對都市計畫係地方自治一環的宣告，是具重要意義。

表 12 都市計畫的執行工具彙整表

工具類別	法規名稱	法規屬性
施行細則	都市計畫法台灣省施行細則	自治法規
	都市計畫法台北市施行細則	自治法規
	都市計畫法新北市施行細則	自治法規
	都市計畫法桃園市施行細則	自治法規
	都市計畫法高雄市施行細則	自治法規
	都市計畫法台南市施行細則	自治法規
	都市計畫法台中市施行細則	自治法規
書圖製作	都市計畫圖重製作業要點	行政規則
	都市計畫書圖製作要點	法規命令
	都市計畫書圖製作規則	法規命令
	配合國家重大公共建設辦理逕為變更都市計畫作業要點	行政規則
變更檢討	都市計畫公共設施保留地檢討變更作業原則	行政規則
	都市計畫工業區毗鄰土地變更處理原則	法規命令
	都市計畫農業區變更使用審議規範	行政規則
	都市設計審議作業注意事項	行政規則
	都市計畫工商綜合專用區審議規範	行政規則
	都市計畫媒體事業專用區審議規範	行政規則
	內政部補助政府機關辦理公共設施用地檢討之規劃費用申請作業須知	行政規則
	都市計畫土地使用分區及公共設施用地檢討變更處理原則	行政規則
	都市計畫農業區保護區變更為醫療專用區回饋處理原則	行政規則
	都市計畫法第十九條第二項補充規定	行政規則
	都市計畫細部計畫審議原則	行政規則
	都市計畫各種土地使用分區及公共設施用地退縮建築及停車空間設置基準	行政規則
	新訂擴大變更都市計畫禁建期間特許興建或繼續施工辦法	法規命令
	都市計畫定期通盤檢討實施辦法	法規命令
	「無污染性之工廠因都市計畫擴大至不合土地使用分區者如何准其擴建案」作業要點	行政規則
開發方式	都市計畫公共設施用地多目標使用辦法	法規命令
	都市計畫草案以區段徵收方式辦理開發應行注意事項	行政規則
	內政部補助政府機關辦理公共設施用地檢討之規劃費用申請作業須知	行政規則
	依都市計畫法第二十七條規定辦理之變更都市計畫草案以一般徵收方式取得用地應行注意事項	行政規則
	都市計畫整體開發地區處理方案	行政規則

	獎勵投資辦理都市計畫公共設施辦法	法規命令
	依平均地權條例第六十一條規定辦理市地重劃作業注意事項	行政規則
	都市計畫分區發展優先次序劃定原則	行政規則
	都市計畫書規定應以市地重劃區段徵收或其他方式整體開發並於完成整體開發後始准核發建築執照處理要點	行政規則
都市計畫樁位[31]	都市計畫樁測定及管理辦法	法規命令
	預告修正「都市計畫樁測定及管理辦法」	法規草案
	未產生經濟效益公共設施保留地及具公用地役關係既成道路認定標準	法規命令
	都市計畫私有公共設施保留地與公有非公用土地交換辦法	法規命令
容積移轉	河川區域私有土地容積移轉換算公式	實質法規
	都市計畫容積移轉實施辦法	法規命令
	古蹟（古跡）土地容積移轉辦法	法規命令
都市計畫委員會	各級都市計畫委員會組織規程	法規命令
	內政部都市計畫委員會會議及會場管理要點（停止適用）	行政規則
	重大投資開發案件都市計畫聯席審議作業辦法	法規命令

資料來源：依內政部營建署網站自行整理，由台灣科技大學 APAUD 研究室整理製表

---

31 都市計畫樁可分為：(1) 道路中心樁；(2) 界樁（包括都市計畫範圍界樁、公共設施用地界樁、土地使用分區界樁）；(3) 虛樁；(4) 副樁。道路中心樁及其交點樁（IP，Intersection Point）埋設在現有道路上時，為避免樁位遭受損壞及妨礙交通，其樁頂之上應加設鑄鐵護蓋。

第二節 台灣都市計畫編制體系

　　台灣都市計畫作業的編制體系，基本上區分為：一、主管機關，二、審議機構，三、執行機關，四、研究機構等四個部份。

1 台灣都市計畫編制體系之主管機關與執行機關

　　主管機關依都市計畫法之規定，擬定、變更、發布及實施都市計畫。執行機關依發布實施之都市計畫，執行該都市計畫之業務。1939 年公告實施之都市計畫法，未規定都市計畫之主管機關，1964 年公告實施之都市計畫法，規定都市計畫之主管機關為都市計畫委員會，1973 年公告實施之都市計畫法，規定「本法之主管機關：在中央為內政部；在省（市）為省（市）政府；在縣（市）（局）為縣（市）（局）政府。」另按地方政府之編制，縣以下之鄉、鎮、市為公所，但鄉、鎮、市公所並非都市計畫之主管機關。蓋依地方制度法第三章地方自治第二節自治事項第 18 條「六、關於都市計畫及營建事項如下：（一）直轄市都市計畫之擬定、審議及執行。」、第 19 條「六、關於都市計畫及營建事項如下：（一）縣（市）都市計畫之擬定、審議及執行。」然第 20 條並未賦予鄉、鎮、市公所有都市計畫擬訂、審議及執行的權力。

　　而明確揭示都市計畫係屬地方自治事項，亦彰顯尊重地方發展差異、必須實際解決地方發展課題的精神。

　　台灣 921 震災嚴重受創地區之南投縣地方行政組織，南投縣政府下轄 13 個鄉鎮市行政區，包括南投市公所一個縣轄市，埔里鎮公所、草屯鎮公所、竹山鎮公所、集集鎮公所四個鎮，名間鄉公所、鹿谷鄉公所、中寮鄉公所、魚池鄉公所、國姓鄉公所、水裡鄉公所六個鄉，及仁愛鄉公所與信義鄉公所兩個山地鄉。依都市計畫規定南投縣政府為都市計畫主管機關，所轄 13 個鄉、鎮、市公所則為都市計畫執行機關。

至於計畫管理的規定，則於都市計畫法第 86 條明訂：都市計畫經公佈實施後，其實施狀況，主管機關與執行機關，應於每年終了一個月內編列報告，分別層報上級政府及內政部備查。

2 台灣都市計畫編制之審議機構與研究機構

台灣規劃之審議機構為都市計畫委員會，都市計畫委員會之權責，1939 年公告實施之都市計畫法，僅確定都市計畫委員會之成立必要性。1964 年公告實施之都市計畫法第六十條規定，更明確規定「內政部、各級地方政府及鄉鎮（縣轄市）公所為審議都市計畫及監督都市計畫之實施，應分別設置都市計畫委員會辦理之。都市計畫委員會之組織，由行政院定之。」1973 年公告實施之都市計畫法，亦於第七十四條延續此委員會的設置規定。 依行政院頒布之「各級都市計畫委員會組織規程」，都市計畫委員會設主任委員及副主任委員各一人，內政部委員二十人至三十人，直轄市、縣（市）政府、鄉（鎮、市）都市計畫委員十二人至二十人（參見表 13）。主任委員由內政部、各級地方政府或鄉（鎮、市）公所首長分別兼任；其在直轄市、縣（市）政府，並得指派副首長或主管業務機關首長擔任之。都市計畫委員會副主任委員，由主任委員就委員中指派一人擔任之。都市計畫委員會委員，由內政部、各級地方政府或鄉（鎮、市）公所首長分別就下列人員派聘之：

一、主管業務機關首長或單位主管。

二、有關業務機關首長或單位主管或代表。

三、具有專門學術經驗之專家。

四、熱心公益人士。（除內政部都委會沒有規定外，其三四兩項的委員人數必須超過委員會總人數的二分之一）

表 13 各級都市計畫委員會組織

構成 \ 層級	內政部	直轄市	縣（省轄市）	鄉鎮市
主任委員	1 人	1 人	1 人	1 人
副任委員	1 人	1 人	1 人	1 人
委員	20-30 人	12-20 人	12-20 人	12-20 人
機關、單位代表	沒有規定	<10 人（1/2）	<10 人（1/2）	<10 人（1/2）
專家學者	沒有規定	>10 人（1/2）	>10 人（1/2）	>10 人（1/2）
公益人士	2 人	2 人	2 人	2 人

資料來源：依各級都委會組織章程，由台灣科技大學 APAUD 研究室整理製表

　　組織規程中，明確規定都市計畫委員會委員不得同時擔任上下兩級都市計畫委員會之委員，任期一年，期滿得續聘之而依第四條第三項第三款或第四款派聘之委員，續聘以三次為限。而直轄市及地方縣市都市計畫委員會委員組成中，特別規定府內及府外政府機關代表外之委員人數，必須超過委員總數之半數以上，充分反映出應遵循地方自治的精神，且直轄市及地方縣市都委會之審議作業，乃法令規定之必要程序與必須實質審議，因而必須就委員組成的比率，維持委員能夠反應都市計畫的專業性與決策的客觀性。相較於內政部都委會委員人數比例不予規定，則說明中央都委會對都市計畫案之審議，實應僅為政策、法令及環境價值之查核，對計畫內容實不應有實質審議或強勢議決，而是提供專業意見或法令釋疑，供地方政府參採修正或供部長核示之參考。

　　由於各級都市計畫委員會，其職掌雖包括研究部分，但無行政人員與經費，都市計畫研究部份，往往由主任委員（首長），協調第三款委員（具有專門學術經驗之專家），組成專案小組先行研議，並研提具體建議後，提交委員會進行審議。因此，專案小組的研議實屬都委會職掌中的幕僚準備作業及研究查核性質，完全不涉及審議與決議的最終結果。實務上，委員會的運作，常採共識決，由主任委員或其指定的代理人就委員會相關討論意見，做成符合政策目標之核示，而成為最終的決議（審議結論），並由該機關首長核定後，始為該層級政府核可的都市計畫內容。至於最終的都市計畫案，擬定機關為地方政府者，在內政部核定或核備後（直轄市則需行政院核備），函文

地方政府公告實施；擬定機關為內政部者，則在行政院核備後發布實施。

　　政府部門中，作為建築及都市計畫專業輔助機構的，為內政部建築研究所，該所層級等同營建署，設有綜合規劃組、安全防災組、工程技術組、環境控制組四組，主要以建築研究為主，對都市規劃專業領域，僅於綜合規劃組在11 項掌理事項中的第二項，敘明「關於區域及都市發展與建築相關之研究及建議事項」的相關作業。因此台灣對都市規劃的實質研究，並無行政專責機構；反而在規劃作業上營建署城鄉分署（即廢省前的省住都局）可視為專責專業規劃作業單位。至於都市防災之研究，目前在行政部門中，規劃為內政部建築研究所安全防災組之專責業務，然實質研究的進行上，則活絡於學術機構中。

第三節 台灣都市計畫的體系與發展

1 台灣都市計畫之類別

　　1939 年公告實施之都市計畫法，並未詳細載明都市計畫之種類，1964 年公告實施之都市計畫法，則規定都市計畫之種類為市（鎮）計畫、鄉街計畫、特定區計畫及區域計畫共四類，1973 年公告實施之都市計畫法，因區域計畫擬另訂專法區域計畫法，並於 1974 年公告實施，故都市計畫之類別調整為市（鎮）計畫、鄉街計畫及特定區計畫共三類。而三類計畫的擬定，必須符合以下的規定：

一、市（鎮）計畫

　　依據 1964 年公告實施之都市計畫法規定，應擬定市（鎮）計畫者，為以下的行政區：

（一）首都、直轄市。

（二）省會、省轄市。

（三）縣（局）政府所在地、鎮公所所在地。

（四）其他經內政部或省政府指定應依本法擬定市（鎮）計畫之地區。

二、鄉街計畫

　　依據 1964 年公告實施之都市計畫法第八條規定，符合以下條件者，應擬定鄉街計畫：

（一）鄉公所所在地。

（二）人口集居五年前已達二千，而在最近五年內人口已增加三分之一以上之地區。

（三）人口集居達二千，而其中工商業人口佔就業總人口百分之五十以上之地區。

（四）其他經省縣（局）政府指定應依本法擬定鄉街計畫之地區。

1973 年公告實施之都市計畫法第十一條，則將集居人口標準由二千人提高為三千人。

三、特定區計畫

為發展工業或為保持優美風景或因其他目的而劃定之特定地區，應擬定特定區計畫，1964 年公告實施之都市計畫法第九條及 1973 年公告實施之都市計畫法第十二條實施之都市計畫法皆做相同規定。

表 14 都市計畫類別及其對應內容比較表（1964 年及 1973 年）

計畫類別	1964	1973
市（鎮）計畫	一、首都、直轄市。	
	二、省會、省轄市。	
	三、縣（局）政府所在地、鎮公所所在地。	三、縣（局）政府所在地及縣轄市。
		四、鎮。
	四、其他經內政部或省政府指定應依本法擬定市（鎮）計畫之地區。	五、其他經內政部或省政府指定應依本法擬定市（鎮）計畫之地區。
鄉街計畫	一、鄉公所所在地。	
	二、人口集居五年前已達二千，而在最近五年內已增加三分之一以上之地區。	二、人口集居五年前已達三千，而在最近五年內已增加三分之一以上之地區。
	三、人口集居達二千，而其中工商業人口佔就業總人口百分之五十以上之地區。	三、人口集居達三千，而其中工商業人口佔就業總人口百分之五十以上之地區。
	四、其他經省縣（局）政府指定應依本法擬定鄉街計畫之地區。	
特定區計畫	為發展工業或為保持優美風景或因其他目的而劃定之特定地區	

資料來源：依 1964、1973 年都市計畫法依 1939、1964、1973 年都市計畫法，由台灣科技大學 APAUD 研究室整理製表

1964 年及 1973 年都市計畫種類適用條件,則可經由比較瞭解,在市鎮計畫部份,僅做原規定對象的區分;在鄉街計畫部份,僅將集居人口得限定由 2000 人提高為 3000 人,故計畫適用僅有些微的調整(參見表 14)。

2 台灣都市計畫之規劃內容

從都市計畫法中規定計畫應包含的規劃內容,可以清楚檢證,因應時代的進步與環境變遷,對於符合都市發展的需要,也更清楚地呈現出都市計畫應重視的發展議題,與對環境發展應重視的事項,更展現出對於都市計畫內容及行政管理的進步。

基本上,1939 年公告實施之都市計畫法,規定都市計畫應有的內容:一、市區現況。二、計畫區域。三、分區使用。四、公用土地。五、道路系統及水道交通。六、公用事業及上下水道。七、實施程序。八、經費。九、其他。並註明應儘量以圖表表明之,並進一步規定,第一款的市區現況應包括地勢、人口、氣象、交通、經濟等狀況,並應附具實測地形圖,明示山河地勢,原有道路村鎮市街,及名勝建築等之位置與地名,其比例尺不得小於二萬五千分之一。相關內容載於都市計畫法第十條。1964 年公告實施之都市計畫法,規定都市計畫應擬定主要計畫書,並將市區現況,修改為「當地自然、社會及經濟狀況之調查與分析」,釐清「計畫區域」為「計畫之地區範圍」、增加「人口計畫」及「名勝、古蹟及具有紀念性或藝術價值應予保存之建築」等項目、修正「公用土地」為「公共設施保留地」,條文則調整為都市計畫法第十四條。此外,並於第二十四條增訂「都市計畫經公佈實施後,每五年至少應通盤檢討一次,並依據發展情況作必要之變更。」的條文內容,正式開啟都市計畫應進行定期通盤檢討的實施規定。1973 年公告實施之都市計畫法,則進一步將應擬定主要計畫書的對象,清楚定義為「市鎮計畫」,並將「計畫之地區範圍」清楚區分為「行政區域及計畫地區範圍」,將人口「計畫內容」明確規定為「人口之成長、分佈、組成、計畫年期內人口與經濟發展之推計」,並將原第五項「主要道路及排水系統」細化為「六、主要道路及其他公眾運輸系統」與「七、主要上下水道系統」兩項,原「公共設施保

留地」項目，則具體定義為「學校用地、大型公園、批發市場及供作全部計畫地區範圍使用之公共設施用地」。此外，更明確規定主要計畫書應附主要計畫圖，且提高計畫圖說的比例尺為不得小於一萬分之一，藉以提高都市土地管理的精準度。再者，明確規定「計畫的實施進度以五年為一期，最長不得超過二十五年」，除延續 1964 年都市計畫定期通盤檢討的規定外，更增訂 25 年計畫存續的上限規定；相關條文亦調整為第十五條 (參見表 15)。

表 15 都市計畫規劃內容變更比較表 (1939、1964、1973 年)

1939	1964	1973
第十條	第十四條	第十五條
一、市區現況。	一、當地自然、社會及經濟狀況之調查與分析。	
二、計畫區域。	二、計畫之地區範圍。	二、行政區域及計畫地區範圍。
	三、人口計畫。	三、人口之成長、分布、組成、計畫年期內人口與經濟發展之推計。
三、分區使用。	四、住宅、商業、工業等土地使用分區之配置。	四、住宅、商業、工業及其他土地使用之配置。
	七、名勝、古蹟及具有紀念性或藝術價值應予保存之建築。	五、名勝、古蹟及具有紀念性或藝術價值應予保存之建築。
五、道路系統及水道交通。	五、主要道路及排水系統。	六、主要道路及其他公眾運輸系統。
六、公用事業及上下水道。		七、主要上下水道系統。
四、公用土地。	六、公共設施保留地。	八、學校用地、大型公園、批發市場及供作全部計畫地區範圍使用之公共設施用地。
七、實施程式。	八、實施進度及經費。	九、實施進度及經費。
八、經費。		
九、其他。	九、其他應加表明之事項。	十、其他應加表明之事項
應儘量以圖表表明之，其第一款應包括地勢、人口、氣象、交通、經濟等狀況，並應附具實測地形圖，明示山河地勢，原有道路村鎮市街，及名勝建築等之位置與地名，其比例尺不得小於二萬五千分之一。	各款應儘量以圖表表明之；其第四款至第六款之詳細規劃，應另訂細部計畫。	主要計畫書，除用文字、圖表說明外，應附主要計畫圖，其比例尺不得小於一萬分之一；
	都市計畫經公佈實施後，每五年至少應通盤檢討一次	其實施進度以五年為一期，最長不得超過二十五年。

資料來源：依 1939、1964、1973 年都市計畫法，由台灣科技大學 APAUD 研究室整理製表

3 台灣都市計畫之作業程序

台灣都市計畫之擬定、審議、核定及發佈，都有明確的法令規定。

關於都市計畫之擬定，都市計畫法第十三條有明確規定：市計畫由市政府擬定，鎮、縣轄市及鄉街計畫分別由鎮、縣轄市及鄉公所擬定；必要時得由縣（局）政府擬定。特定區計畫由省（市）、縣（市）（局）政府擬定；必要時得由內政部訂定之。經內政部或省政府指定應擬定之市（鎮）計畫或鄉街計畫；必要時得由省政府擬定之。

依據現行都市計畫法第十九條規定，都市計畫擬定後，送該管政府都市計畫委員會審議前，應於各該直轄市、縣（市）（局）政府及鄉、鎮或縣轄市公所公開展覽三十天，並應將公開展覽之日期及地點登報周知；任何公民或團體得於公開展覽期間內，以書面載明姓名或名稱及地址，向該管政府提出意見，由該管政府都市計畫委員會進行審議，連同審議結果及主要計畫一併報請上級政府核定之。該管政府都市計畫委員會審議修正，或經上級政府指示修正者，免再公開展覽。

至於各級都市計畫則依據都市計畫法第二十條規定，分別層報核定之：一、首都之主要計畫由內政部核定，轉報行政院備案。二、直轄市、省會及省轄市之主要計畫由內政部核定。三、縣政府所在地及縣轄市之主要計畫由省政府核定，轉報內政部備案。四、鎮及鄉街之主要計畫由省政府核定，並送內政部備查。五、特定區計畫，視其情形，分別由內政部或省政府核定，轉報行政院或內政部備案。六、由省政府擬定之主要計畫，由內政部核定。主要計畫在區域計畫地區範圍內者，內政部或省政府在核定前，應先徵詢各該區域計畫機構之意見。第一項所定應報請備案之主要計畫，非經准予備案，不得發布實施。但備案機關於文到後三十日內不為准否之指示者，視為准予備案。

至於各級政府都市計畫的發布實施則依據都市計畫法第二十一條規定，應在計畫核定或備案後，各該直轄市、縣（市）（局）政府應於接到核定或備案公文之日起三十日內，將主要計畫書及主要計畫圖發布實施，並應將發布

地點及日期登報周知。內政部訂定之特定區計畫，層交當地直轄市、縣（市）（局）政府依前項之規定發布實施。當地直轄市、縣（市）（局）政府未依第一項規定之期限發布者，上級政府得代為發布之。

4 台灣都市計畫之檢討與變更

　　1939 年公告實施之都市計畫法，並未規定發布實施之都市計畫的檢討或修訂方式，1964 年公告實施之都市計畫法，則增訂「都市計畫經公佈實施後，每五年至少應通盤檢討一次，並依據發展情況作必要之變更」的作業規定於都市計畫法第二十四條。1973 年公告實施之都市計畫法第二十六條規定，除維持上述規定外，並加註不得隨時任意變更的規定，以維持計畫的安定性及城市的延續性發展。依據都市計畫法發布實施的「都市計畫定期通盤檢討實施辦法」，規定都市計畫通盤檢討時，應視實際情形分期分區就主要計畫或細部計畫規定之事項全部或部分辦理。但都市計畫發布實施已屆滿計畫年限或二十五年者，應予全面通盤檢討（第二條）。2002 年 5 月 15 日修正都市計畫法第 26 條規定「都市計畫經發布實施後，不得隨時任意變更。但擬定計畫之機關每三年內或五年內至少應通盤檢討一次，依據發展情況，並參考人民建議作必要之變更。對於非必要之公共設施用地，應變更其使用。前項都市計畫定期通盤檢討之辦理機關、作業方法及檢討基準等事項之實施辦法，由內政部定之。」主要目的是為配合地方民選首長之任期（每四年改選），而將通盤檢討實施的時間，改為三年內或五年內至少應通盤檢討一次，以符合民選地方首長施政的需求。

　　1939 年公告實施之都市計畫法第四條規定，亦未規定都市計畫之變更，謹規定如因軍事、地震、火災、水災或其他重大事變致受損毀時，地方政府認為有改定都市計畫之必要者，應於事變後六個月內重為都市計畫之擬定。1964 年公告實施之都市計畫法，則進一步規定都市計畫經公佈實施後，有下列情事之一時，當地市縣（局）政府或鄉鎮（縣轄市）公所，應視實際情況迅行變更都市計畫：

　　一、因軍事、地震、水災、風災、火災、或其他重大事變遭受損壞時。

二、為適應地方經濟發展之需要時。

三、為配合中央或省興建之重大設施時。

四、為避免重大災害之發生時。

前項都市計畫之變更，則依據同年公告實施之第二十條規定，上級政府得指定當地市縣（局）政府或鄉鎮（縣轄市）公所限期為之，必要時並得代為變更之。讓都市發展更能有效地因應實際需要，而進行必要的計畫調整。

1973 年公告實施之都市計畫法，則考量到都市因應災害及配合國家重大建設與經濟發展方向調整而須進行的計畫調整，故規定都市計畫經發布實施後，遇有下列情事之一時，當地直轄市、縣（市）（局）政府或鄉、鎮、縣轄市公所，應視實際情況迅行變更：

一、因戰爭、地震、水災、風災、火災或其他重大事變遭受損壞時。

二、為避免重大災害之發生時。

三、為適應國防或經濟發展之需要時。

四、為配合中央或省（市）興建之重大設施時。

前項都市計畫之變更，則依據同年公告實施之第二十七條規定，上級政府得指定各該原擬定之機關限期為之；必要時並得逕為變更。

自 1973 年之後，台灣在都市計畫法的修訂，除為解決公共設施保留地的問題，而於 1988 年有較多修改增訂的條文外，大抵維持法令與實施方式的安定性。直到 1999 年九二一大地震發生後，因應災中緊急應變的需要，及災後累積的經驗，才再次對都市計畫的內容與相關作業事項，有進一步的修訂與調整。

第四節 都市防災計畫及災後都市計畫之建構

　　從台灣 1988 年及之前歷次公告實施之都市計畫法，就其計畫內容的要求事項可知，過去台灣的都市計畫，並未在計畫中真切考慮都市防災應有的作為與措施，更遑論曾考量都市防災與都市空間之間的關係。有鑑於此，台北市在 1996 年特委託台灣科技大學 APAUD 研究室團隊進行「都市計畫防災系統之規劃」。由於沒有足夠經費進行全面防災規劃所需的現況環境調查，從而據以進行災害風險評估、災害想定分析與防災應變需求分析；因此，在台灣各城市的發展大致已成形，都市高度開發的現實狀況下，以現有劃設並建設完成的公共設施，做為地震災害發生後，依據所推估的防災需求，而賦予防救災機能的防災空間資源。此乃因應台灣各城市，在有限空間資源可規劃防災機能的應用概念下，建構了供給式防災空間系統規劃的作業模式。在台北市的先行經驗基礎下，內政部建築研究所持續支持 APAUD 研究室，進一步完成都市計畫防災規劃作業手冊，據以做為各級都市計畫擬定或進行通盤檢討時，導入都市防災計畫的作業參考。而此規劃作業終於在都市計畫定期通盤檢討實施辦法規定應納入都市防災規劃專章後，被廣為應用。可惜都市計畫中的防災專章，多僅為符合防災空間系統的名稱及項目，而無詳細檢核分析，並確實訂定建設計畫。

1 都市防災計畫與都市防災空間系統之建構

　　九二一震災後改變了原有都市計畫中，以促進土地使用為導向的使用分區劃分模式，而調整為，能同時因應都市發展且兼顧都市安全之「具備防災力的都市計畫」。期望以納入區域防災的觀點，推動後續的都市規劃。

　　然而，對於一個已經高度發展的地區，都市計畫若欲在不破壞原有都市結構的條件下，實現防災的目標，就應參照都市計畫防災規劃作業手冊的作業

流程，首先須將都市視為一個整體，在盤點公共設施、劃分避難分區、檢視動線通路、檢討服務圈的範圍及串聯對外可及性等措施後，落實防災空間系統的建構與進行必要的整備作業，從實質都市空間條件納入對都市防災的考量與因應措施。

1.1 都市防災計畫

就防災所涉及的範圍，除與民眾生活直接且密切關聯的「建築防災」外，對於日常活動所及範圍的「都市防災」，亦為不可或缺的部份。從廣義觀點而言，都市防災之層面應擴及國土保全，涵蓋都市行政、河川行政（河川整備、砂防、山坡地崩塌、海岸等災害防治及復舊）、道路行政（各種層級道路規劃、道路設施及防震災之整備）。除前述三大項之防災規劃應涵蓋於總體防災規劃架構內之外，更應從災害時序列中所呈現的災害破壞狀況、對應行動的類型與空間需求等的檢討，進行一貫性、全面性的思考，使防災計畫能完整考量災後狀況及必須對應的行動與所需的空間，並在發揮現有空間資源的最佳使用效能下，完成防災空間建設，並使該空間能與日常生活妥善結合，使空間資源能有效利用。

依都市計畫定期通盤檢討實施辦法第六條規定：「都市計畫通盤檢討時，應依據都市災害發生歷史、特性及災害潛勢情形，就都市防災避難場所及設施、流域型蓄洪及滯洪設施、救災路線、火災延燒防止地帶等事項進行規劃及檢討，並調整土地使用分區或使用管制。」事實上，納入都市防災規劃於都市計畫，是法令原有的規定；無奈在九二一大地震前，此項規定向來不被執行。

依照前述規定，在訂定防災計畫的步驟上，首先應調查歷史災情、清查避難及進行應變所需設施，進而評估老舊社區、高風險區域或有災害潛勢地區而採行必要措施，繼而針對救災救護據點予以清點、指定避難疏散動線，最終落實防災空間系統與都市計畫的一致性，並落實於建立防災社區。

台灣各地方的都市計畫，在九二一震災後，最大的改變就是正視災害管理的議題，並在都市計畫當中，增加防災計畫專章，各地方政府在都市計畫區

內必須依法劃定防災空間系統，並進行各類型的防救災與緊急應變演習，逐次建立都市防災的整體觀念與防救災體系。

1.2 都市防災空間系統

「都市防災空間系統」係以都市發展現況為基礎，就各都市在重大地震發生後，可據以進行緊急避難、緊急救援、災後安置與復原重建等相關工作，而規劃如火災延燒防止帶的減災空間、建構防災避難圈等，並佈設各類防救災據點、救災路線、避難路線等防救災及應變空間。

都市防災空間系統的規劃，係依據各行政區人口數、可能災害種類與強度、現有公共設施及環境現況，可在災後轉化為防救災空間的情形，據以指定其防救災機能，而完成防災空間系統的劃定。其中，火災延燒防止帶，是以道路、綠帶或公園廣場等開放空間組成，以空間阻隔效果來降低都市大火延燒發生之機率。而避難據點的指定，則需充分考慮民眾的活動能力與災後實際需要的避難收容量，故據點的分佈，需要確實檢討其密度與規模。

都市防災空間系統的規劃，係以都市實質公共設施或具有可轉換為公共使用的空間為對象，做為重大災害發生時，得提供防災避難與相關救援、安置等之機能需求；依據「都市計畫防災規劃手冊彙編」[32] 中針對都市防災空間的指定上，區分為避難、消防、醫療、物資、警察五大據點及防災動線，而形成防災六大空間系統。

各類據點依空間層級訂定相關劃設標準，以滿足防災機能的需求。對於防災據點的指定，應依照所在區域的人口分佈與環境現況，依各類型據點需求的有效面積、各層級道路的可及性、人員避難疏散需求及避難圈之距離在350 公尺半徑的範圍內等做為考量基礎，而都市計畫防災空間系統則依據台灣科技大學 APAUD 研究室與內政部建研所團隊編撰之「都市計畫防災規劃手冊彙編」之內容，提供台灣各都市完成都市防災六大空間系統的規劃與指

---

32 都市防災作業手冊彙編，為內政部建築研究所整合都市防災系列研究的成果，提供都市規劃中防災計畫訂定之作業參考的目標。台灣科技大學 APAUD 研究室，自 1997 年起，以台北市都市空間之實質環境現況為對象，從對應地震災害之緊急應變對策的思維下，架構出都市防災六大空間系統之後，分別就規劃作業程序防災空間體系，防災機能的檢測等陸續進行深入的研究。

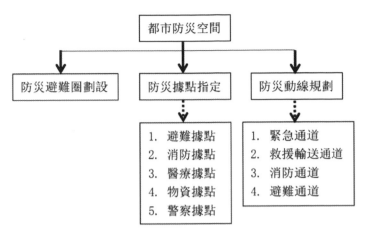

圖 22 都市防災空間系統操作架構圖
資料來源：本書轉繪自都市計畫防災規劃手冊彙編，內政部建研所(2000)

定。此外，「防災避難圈劃設」，是落實安全避難與救援、安置的基礎，與防災據點指定及防救災動線規劃，形成都市防災空間系統的主要操作架構（參見圖 22)。

就建構都市防災空間系統的三大架構，其意義及重點，茲分別說明如下：

一、劃設「防災避難圈」

防災避難圈，除了作為避難救災的行政管理依據外，同時也是警察、消防、醫療、物資等其他救災機能必須能有效下達的基本單元；此外，更需考量民眾自發避難的可及範圍。並必須充分因應對市民的避難導引與避難活動的進行。各地區可依據其本身的地理區位及空間設施條件，劃設合理可行的防災避難圈，並分別訂定適合的避難行動。

二、指定並整備「都市防災據點」

都市防災據點包括避難據點、醫療據點、物資據點、警察據點、消防據點，並應預先考量適合設置全區指揮中心的適當地點。至於各防災據點之規劃要點，則分別說明如下：

（一）全區防災指揮中心

基本上是以各行政區為考量，原則上是以該行政區所在廳舍或防災應變中心為災後全區防災應變指揮中心，以統合資源、指揮救災、規劃防災等防災事宜。在規劃上，亦應同時考量設置替代地點，以備不時之需。

（二）避難據點

因應重大災害發生後，災區民眾必須自主進行的避難行動及後續各類型安置作業的執行，應預先規劃適當且足夠的避難及收容場所，在防救災實務上，越高層級的避難據點，必要時得用以替代往下層級的據點機能。至於各層級避難收容場所的設置目的與規劃準則，分別簡單說明如下：

1. 緊急避難場所

重大災害發生後，災區民眾必須立即進行自主避難行動，自行抵達安全的避難場所。重大地震災害發生後，受災地區應在主震結束時，能夠提供面積足夠的安全場所，讓災區民眾免於受構造物傾倒或落下物傷害的空間，進行緊急避難。基本上，公園、綠地、校園、大面積的空地或足夠寬度的道路等開放空間，都能規劃為緊急避難場所。

2. 臨時避難場所

在自主避難階段完成、主要餘震結束後，為安置必要的受災地區民眾，以進行查核受災地區的狀況、建築物損害狀況、人員受困及待援狀況，必須讓受災地區在指定災後集合地點集結，以進行相關的清點與確認工作，進而有效率掌握受災的正確資訊，因而設置此臨時避難場所；臨時避難場所的指定，必須在防災避難圈內、且其分佈應在民眾可以自行抵達的範圍。如能設置於足夠規模的鄰里公園、綠地、廣場，或不妨礙臨時收容場所啟用的中小學校園內，是最適當的規劃。此外，應在臨時避難場所，依據日常演習的作業程序，進行人員清查與相關整備作業，進而確立救援行動的展開與等待相關收容場所的開啟。

3. 臨時收容場所

當避難行動告一段落，受災狀況已清楚掌控；對於災區建物受損、無法使用或無法立即判斷其安全性的住戶，應先予安置。為求安定受災地區，臨時收容場所除必須快速有效開設啟用外，為了讓受災民眾能夠持續關心自己家園的狀況，臨時收容場所亦不應讓被收容者遠離原生活圈。因此，臨時收容場所應廣泛分佈於各地區，並指定於符合耐震規範且完成災後收容作業整備的中小學、活動中心、運動場館或其他公有建築、公共住宅、寺廟附屬香客大樓等相關設施，或配備完整基本生活需求基礎設施、規模在 10,000 平方公尺以上的公園、廣場、綠地等開放空間。當臨時收容場所設置於中長期收容場所時，應特別留意機能轉換的順暢。

4. 中長期收容場所

對於受災嚴重地區，因建物損毀而無法安定生活的民眾，政府除提供多元管道，協助其度過災後重建的歷程外，亦應提供受災民眾得以維持原生活結構下繼續生活的環境。災區設置的中長期收容場所，就是為了提供受災民眾在完成災後重建前，能在原有生活圈及社群結構下，有符合生活需求的生活環境，且為撫慰受災民眾的心靈，中長期收容場所更需符合相互扶持、關懷的社區發展條件。因此，除了提供既有房舍進行安置外，亦應協助受災民眾融入社區；對於新開設的中長期收容場所，必須有足夠的規模並預先考量基礎設施整備，以提供完善的避難生活機能與設施，並避免造成環境的污染等負面衝擊。為了避免新開設的中長期收容場所，影響災區原有的都市機能，其指定設置原則，通常以足夠規模且完成必要生活機能設施整備的全市型公園、或易於配套基礎設施的閒置空地等地點設置。

（三）消防據點

為快速展開緊急應變及災區的避難救援行動，建立完善消防資源並妥善運用，以現行消防分隊為現地救援行動中心，配合防災圈的劃分，劃定避難救援的服務範圍，繼而檢討實際救援能量的合理性。此外，利用各防災圈所指定之「臨時收容場所」或全區指定的「中長期收容場所」，亦可考慮使其具

有臨時觀哨站或臨時指揮中心的功能，並儲備必要的防災物資、消防與救援器材、水源等，以因應緊急救援的用途。

（四）醫療據點

為因應災區人命救援的需要，必須在救援行動展開的地點，設置緊急搶救據點，在適當的地點設置「臨時醫療場所」，並強化後送病患救護及收容傷病者之「中長期醫療場所」。

1. 臨時醫療場所

基本上，除了每一分區防災避難圈所指定之「臨時收容場所」，必須同時做為醫療體系之臨時醫療場所指定據點外；對於嚴重受災地點進行大規模救援行動時，亦應在現地開設。

2. 中長期醫療場所

以區內現有附設足夠病床數且有能力進行傷患急救之醫院為對象，指定為接受傷病之受災人員的中長期醫療場所。

（五）物資據點

災後救援物資的「接收」及「發送」，應該有計畫的管理及作業。對於災區外送達的救援物資，不應任其隨意地流竄於災區，而災區對於救援物資的需求，也應有系統地反應，如此，方可進行有效率的救援行動。而受災地區的救援物資，則需妥善清點、保管及發送。其設置原則概述如下：

1. 全區物資接收據點

設立此據點之目的在於接收外來救援物資，在妥善清點、分類後，就各受災地區的實際需求，分派各受災區域所需支援物資到當地的接收場所。指定設置的地點一般以機場、港埠、大型市場及車站等為對象。另也可考慮陸運、海運及空運等不同交通運送方式的交通便利、區位適當，且方便直昇機起降及車輛進出之大型公園設施或機構為物資接收據點。

2. 物資接收發送據點

為求避難生活物資能有效運抵每一可能災區,並供災民領用,故發放據點以救援物資能送達各防災避難圈所指定之避難據點為原則。並依災後不同階段,救援物資送達地點亦有差別。基本上,在復原重建完成前,災區既有的指揮中心,應具備地區性物資接收發放據點的機能;而更下層級的收容場所,亦應持續具備物資接收發放的機能。

(六)警察據點

警察據點之設置,主要目的為進行情報資訊的收集,及災後秩序的維持,以便於災害指揮中心下達正確之行動命令。因此,以各派出所為指揮所,配合防災圈之劃設,進行秩序維護、情報的收集與發佈。必要時,亦應設置臨時的機動性警察據點,以因應災後立即性的對應需求。

三、指定「防災動線」做為救災避難路線

災後交通動線系統的功能是否發揮正常、通行順暢,直接影響了避難與救災的成效;而且,災後各空間系統的功能發揮,都需要藉助道路交通的正常運作方可達成。因此,道路在整體防災規劃作業上,扮演了最關鍵性的角色。各種不同層級之道路,與其所扮演之機能,分述如下[33]:

(一)緊急通道

緊急道路應選定路寬 20 米以上之主要聯外道路,並可便利通達全市各區域者設置。此層級道路必須在災後維持暢通,不容許遭受阻絕。同時在緊急救援期間或重要救災時刻,得進行必要的交通管制,以利救災的進行。

(二)救援輸送通道

救援輸送道路選定路寬 15 米以上的道路設置,配合緊急道路架構成為完整緊急應變路網。此層級道路主要作為災後消防救援及災區物資運送之機

---

[33] 李威儀等(2008),台北市內湖區都市防災空間系統規劃,地理資訊系統季刊

能，同時亦可供避難人員通往避難據點之用。因此，除必須保有消防機具與車輛操作之最小空間需求外，路與路間所架構之網路還必須滿足有效消防半徑 280 米之要求，也就是所圍繞之街廓應避免發生消防死角。在緊急救援階段，必要時亦得進行交通管制。

（三）消防通道

災區進行救援行動時的移動與作業空間。此層級路網的規劃，應涵蓋全區所有街廓。在緊急救援行動階段，得就必要路段進行交通管制。

（四）避難輔助通道

災後做為輔助災區民眾緊急避難活動需求而留設的通道。主要考量為：在緊急避難階段，得以讓受災地區民眾有多選擇抵達避難據點的機會，避免因部分路線因建築物倒塌或損壞而阻絕，造成民眾無法有效避難；此外，亦可藉由提供這些路徑供受災地區民眾使用，以便在緊急救援階段，不干擾救援行動進行，而能順利通達各個避難場所及防災據點。屬於階段性輔助功能的規劃。

在建構都市防災空間系統的作業外，妥善規劃維生系統，亦是提升防災應變能力的關鍵影響因素。包括自來水、電力、電信、瓦斯、下水道、消防用水等的完備，能增進緊急救援效能外，對於這些基礎設施，若能強化其耐震能力、避免受到震災損毀，甚至造成二次災害，應是防災規劃中，可達成減災效果的必要措施。若能進一步採行共同管溝，以強化其安全性及防災力，將是最適當的維生系統整備方向。

圖 23 台中市都市防災空間系統計畫圖
資料來源：台中市都市防災空間系統規劃，內政部建研所 (2002)

1.3 都市防災空間系統規劃之應用

在都市計畫防災空間系統規劃的作業規範完成後，台灣科技大學建築系 APAUD 研究室團隊，除原已完成的台北市都市計畫防災空間系統建構外，亦協助花蓮市、南投縣埔里鎮、及台中市完成都市防災空間系統之建構。其中，台中市防災空間系統的規劃，成為都市計畫防災空間系統規劃作業手冊的範本，其防災空間系統計畫圖（參見圖 23）、防災空間系統之規劃及操作

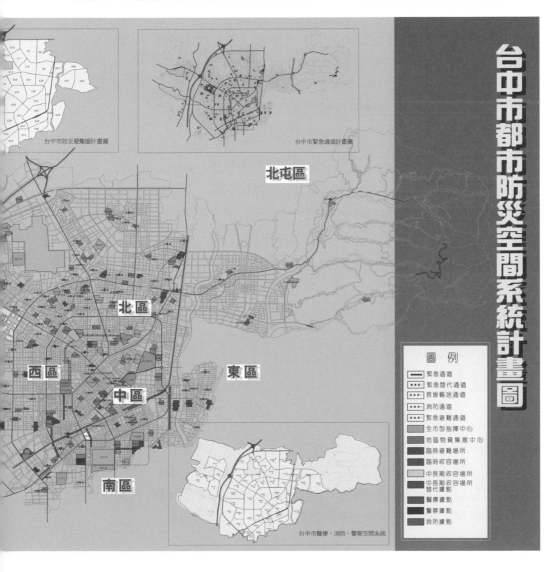

內容（參見圖 24 ～ 31），亦成為重要的參考圖例及作業案例。APAUD 研究室並進一步結合 GIS 等工具，充實對防災空間的資料掌控與管理；且嘗試就防災空間規劃完成後的地區，建構其防災力評估的作業方式。

在台北市，則以 1997 年建構的台北市都市計畫防災空間系統為基礎，又深入探討該防災空間系統的有效性，而發覺現況使用對防災力的影響，其中包括道路因設施物及停車等不當使用狀況，而影響其有效寬度、據點因建物配置影響其有效使用面積、因空間規劃及周邊環境條件而影響其可及性等，都是重要的課題。此外，APAUD 研究室亦嘗試導入 GIS 的輔助工具，針對內湖地區建立六大都市防災空間系統之的初步監管模式。

一、防災動線系統的建構與管理

針對緊急通道、救援輸送通道及消防通道避難輔助通道，進行相關標定與實際使用狀況的調查分析。並據以檢討緊急應變階段，救援人力及救援機具得以順利進入受災地區的可及性；緊急避難階段，區內避難通道與緊急避難地點的連結性與道路受阻時的可替代性。從現地調查中可知，原規劃的都市計畫防災空間系統，係以大尺度全市空間為規劃範圍，且受限於原行政區里的界線，是故在丘陵起伏的內湖區，就出現道路系統無法有效通達的狀況，這是在指定防災空間系統後，必須再詳加查核環境現況，並據以進行修正的重要因素。

二、防災據點的建構與管理

針對內湖區指定做為避難、消防、醫療、警察等據點的場所，亦進行標定與管理。其中，對於避難場所的有效性與可及性，亦持續進行相關的調查研究。

其中，對於緊急避難場所能否滿足受災地區的民眾有效抵達，並與各層級的防災動線妥善結合且具有足夠的可替代性，是重要考量因素；而緊急避難地點的規模與分佈的合理性，亦須審慎查核。

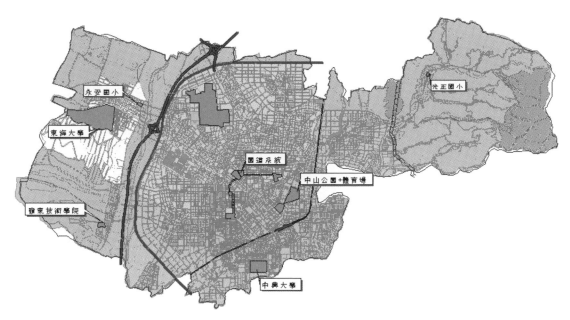

圖 24 台中市防災大分區：都市防災空間系統的規劃，必須因應都市
自然環境及發展現況，在考量災後可能的阻絕，而劃定四大分區。

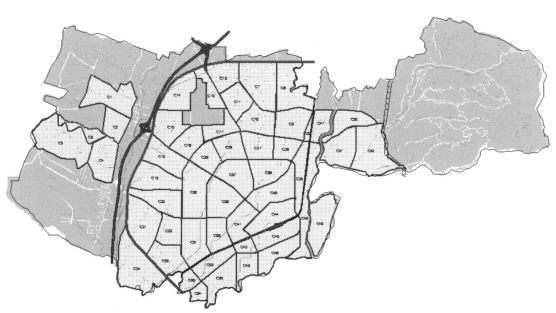

圖 25 防災避難圈：以行政區里為基礎，依照自然環境及
交通條件，考量民眾可以自主避難的範圍劃設。

圖26 防災動線系統：依層級劃分為緊急通道、救援輸送通道、
消防通道及避難輔助通道。以因應災後的交通需求。

圖 27 臨時收容場所：原則以個防災避難圈配置，並預先整備完成得於災
後立即開設。通常指定於國中小學或能轉換收容機能的公共建築。

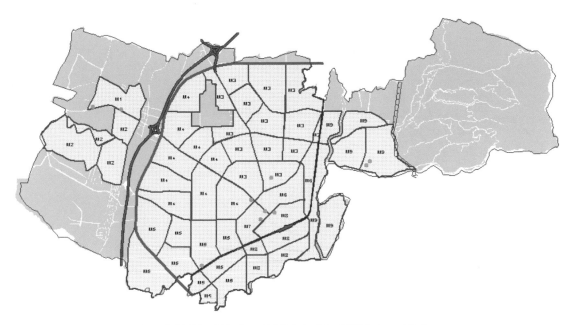

圖 28 醫療據點：以指定區內醫學中心或地區醫院為主，不足時
指定其他大型醫院。並配合防災避難圈劃定醫療服務範圍。

圖 29 物資據點：以區內大型批發市場或聯外交通中心為全區物資接受據點，
並檢討整合防災大分區與防災避難圈的範圍，設置物資接受及發放據點。

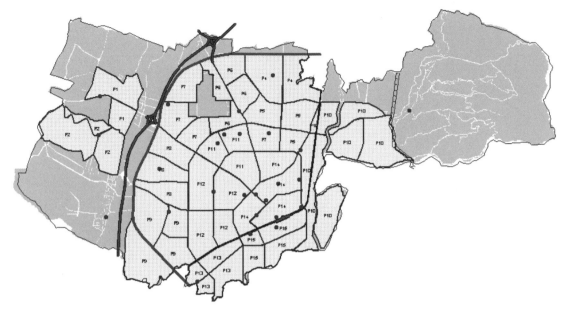

圖 30 警察據點：以各分局或派出所設置，並檢
討整合警勤圈與防災避難圈的範圍。

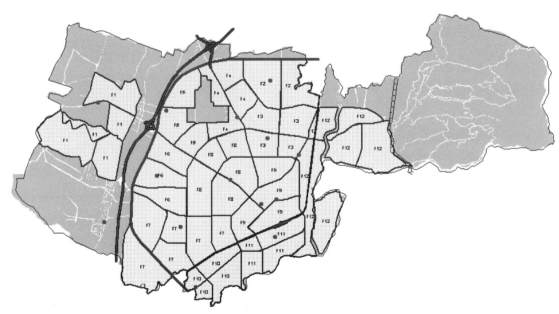

圖 31 消防據點：設置於區內消防分隊為主，並
配合防災避難圈劃定緊急消防救援服務範圍。

2 建築防災 - 對於建築物耐震法規之檢討與提升 [34]

除了都市空間之防災整備作業外，對於個別建築物之耐震能力，在九二一大地震後，亦重新檢討其設計標準。回顧 921 地震後，針對建築結構之設計法規，進行了大規模的調整與檢討，相關法令主要修改內容如下：

一、台灣震區劃分調整：由行政院國家科學委員會（今行政院科技部）主辦。根據 921 大地震危害度分析結果，適度修正震區劃分為兩區，並在經濟負擔可行性的考量下，提高台灣結構物之耐震安全性。

二、提升震區水平加速度係數 [35]：由行政院內政部營建署主辦。對於南投縣、台中市、台中縣等縣（市）之建築物設計，在建築技術規則及相關設計規範未修訂頒布前，暫行提升耐震設計所採用之「震區水平加速度係數」為 0.33（比照地震一甲區）。

三、研訂學校建築規劃設計規範：由行政院教育部主辦。對校園規劃、校舍空間提出耐震之永續經營的設計理念和設計規範。

四、修訂建築物耐震設計規範：由行政院內政部營建署主辦。依據調整台灣地區震區劃分，修正建築物耐震設計規範，提升震區水平加速度係數，合理提高建築物耐震安全性 [36]。

3 九二一災後重建規劃典型案例

對於都市災害的因應，就都市計畫而言，一般的災害，多數可在災後仍依原都市計畫執行復原重建，唯震災發生後產生的問題，卻需要依序解決，才得以執行相關都市計畫。其主要問題說明如下：

一、地震顯露的危險地區，若有明確再發的高度風險，則需要對該地區禁

---

34 參考自災後重建計畫工作綱領 p5. 6
35 1999 年 9 月 21 日集集大地震後，內政部營建署依最新強地動資料於 1999 年 12 月修正建築技術規則耐震設計（內政部台 88 內營字第 8878473 號文），依震區水平加速度係數劃分為地震甲區及地震乙區，其對應之加速度係數分別為 0.33g 及 0.23g。
36 災後重建計畫工作綱領 p.4

止或限制使用。

二、災民後續安置，以及公部門和自治團體辦公廳舍，在受禁限建處分時，必須考量其遷移的議題。

三、為妥善保存災害發生的重要紀錄或記憶，對相關地點進行保存，或妥善規劃設置的紀念園區或災害展示公園，必須詳加考量並對應必要的用地需求。

四、地震形成的地形地貌變動、都市計畫樁位的位移，造成民眾土地產權之損失，需要建立一套合理的調整都市計畫樁位的作業與認定模式，以避免民眾遭受財產減少之損失。

五、在地震發生後，檢討都市計畫對都市防災的缺失，對新都市計畫以及舊都市計畫通盤檢討內容，導入防災空間系統之規劃與修正作業。

因應地震後在都市計畫上必須解決的課題，屬921大地震重災區的南投縣，其都市計畫的作為，可據以進一步檢討瞭解。

就行政區域劃分，南投縣所轄行政區計一縣轄市、四鎮、六平地鄉、二山地鄉等十三個行政區；對於南投縣全境的都市計畫而言，包括六個市鎮計畫，六個鄉街計畫，十個特定區計畫，合計十六個都市計畫。其中，921地震之車籠埔斷層，經過竹山、集集、南投、中興新村、草屯五個都市計畫區，另外受損嚴重地區還包括中寮、名間、八卦山風景區、埔里、魚池五個都市計畫區。這些相關受災嚴重地區，在921震災後，對都市規劃應變之方式則詳予說明如次，以做為台灣災後都市計畫變更的說明案例。

3.1 台灣災後為因應緊急需求而進行的都市計畫變更類型與案例

921大地震發生後，南投縣政府於1999年12月30日，依都市計畫法第九章附則第81條規定，於車籠埔斷層兩側15公尺範圍內之帶狀地區，公告為禁建地區，期限兩年。此為最快捷之方式，由都市計畫委員會通過，報請行政院核定，唯期限不得超過兩年。因此，在2001年12月30日前，針對該禁

建地區的都市發展需求與實質環境限制等，以專案檢討辦理變更都市計畫，加速訂定適切的都市計畫；此類案例包含前省政府所在地中興新村、竹山、名間、草屯等四個地區的五處變更都市計畫專案檢討案（參見表 16）。並在緊急命令的授權下，由內政部與地方縣市政府召開三級都委會聯席會議，以最迅捷的行政程序，解決災後都市計畫變更作業並發布實施。

表 16 九二一大地震後禁建地區相關都市計畫

都市計畫案名	發布實施年份
變更中興新村（含南內轆地區）都市計畫（車籠埔斷層地區專案檢討）案	2002 年
變更竹山（延平地區）都市計畫（車籠埔斷層經過地區專案檢討）案	2002 年
變更名間都市計畫（車籠埔斷層經過地區專案檢討）案	2002 年
變更草屯都市計畫（車籠埔斷層經過地區專案檢討）案	2002 年
變更草屯都市計畫（部分學校用地為機關用地及部分學校用地（特別管制區）為機關用地（特別管制區））（配合九二一震災災後重建）案	2005 年

資料來源：依南投縣政府網站，由台灣科技大學 APAUD 研究室整理製表

除前述配合禁建所發佈的變更都市計畫專案檢討案外，受災地區的其他相關都市計畫專案檢討案，亦分別於 2001 年 12 月初公告，公開展覽十五日及於公所舉辦說明會完竣後，報請內政部循前述簡化都市計畫審議程序，由內政部召集三級都市計畫委員會組成聯席會議審議，草屯都市計畫於 2002 年 3 月 19 日、竹山於 2002 年 4 月 16 日、名間都市計畫於 2002 年 5 月 14 日、中興新村都市計畫於 2002 年 7 月 16 日舉行聯席會議審議，並迅即通過該都市計畫專案檢討案。

就前述通過都市計畫審議，完成都市計畫法定程序的都市計畫案，特別加強對於公共設施用地的專屬使用管制與農業區（特別管制區）的使用管制。其主要內容則包含：

一、擬定土地使用分區管制要點，本要點訂定之各種公共設施用地（特別管制區）不得依『都市計畫公共設施用地多目標使用方案』及『都市計畫公共設施保留地臨時建築使用辦法』，申請作多目標使用及臨時建築使用。

二、農業區（特別管制區）內之土地，除供農業生產之使用外，僅得申請

建築農舍，不得為其他經縣政府認定有礙建築結構安全、公共安全之使用，並依下列規定辦理，但經縣政府審查核准之農業產銷必要設施、營建剩餘土石方資源堆積場、廢棄物資源回收貯存場不在此限：（一）興建農舍之申請人必須具備農民身分，且為該農業區（特別管制區）內之土地所有權人。（二）農舍之高度不得超過二層樓，簷高不得超過七公尺，建築面積不得超過申請人所有耕地（或農場）及已有建築用地合計總面積百分之十，與都市計畫道路境界之距離不得小於十五公尺。（三）農業區（特別管制區）內之農地，其已申請建築者（包括十分之一農舍面積及十分之九之農地），主管建築機關應於都市計畫及地籍套圖上著色標示之，嗣後不論該百分之九十農地是否分割，均不得再申請建築。（四）、申請之農舍不得擅自變更使用。

三、道路用地（特別管制區）內之土地以供道路及其附屬設施使用為主。

四、鐵路用地（特別管制區）內之土地以供鐵路及其附屬設施使用為主。

五、溝渠用地兼鐵路用地（特別管制區）內之土地以供溝渠、鐵路及其附屬設施使用為主。

六、溝渠用地（特別管制區）內之土地以供溝渠及其附屬設施使用為主。

3.2 台灣災後為調整安置而進行的都市計畫變更類型與案例

續以南投縣為例，在 921 震災發生後，眾多公共建築損毀，急需復建，以推行公共行政，尤其是行政機關的辦公廳舍，更需加速重建。然而，依法在興建辦公廳舍時，用地必須符合都市計畫的規定，方符合都市計畫等相關法規。

總計南投縣政府在九二一震災後共於縣轄區內的 10 個都市計畫區，提出 29 件都市計畫變更案案，其中，除前述因斷層帶禁止建築而提出的 5 個變更都市計畫專案檢討案、草屯及中寮重新擬定都市計畫而成為兩個新訂都市計畫外，其餘 22 個都市計畫變更案，都是都是為了將原使用分區變更為公共設施或公用事業用地。該等變更計畫最主要的原因是，原機關建築因地震損

壞無法使用，而機關所在地點又不適合原地重建，故須另覓其他土地；因而針對重新選定的用地辦理之都市計畫個案變更共計 34 件。其中立地於非都市土地而屬綜合計畫的變更案有 2 件，在都市土地範圍內的變更案中，由不同使用分區變更為機關用地者計 12 件、由不同使用分區變更為公共事業專用區者計 4 件、由不同使用分區變更為汙水處理廠用地 3 件、由不同使用分區自來水事業用地 1 件、由不同使用分區變更為其他公共設施用地共 12 件。此外，為緊急處理因應民眾重建需求而通過的變更都市計畫個案，則有為彌補民眾財產損失，而由不同使用分區變更為商業區、住宅區各 1 件 (參見表 17)。

至於變更都市計畫的類別，則依執行型態與主要內容而區分為四大類：

類別一、配合災後重建需要，而重新擬定細部計畫或鄉街計畫。

類別二、配合災後重建需要，變更為公共設施用地。

類別三、搭順風車以節省審議時間，如，自來水事業用地及污水處理廠用地變更案。

類別四、將特別管制區變更為地震帶隆起段紀念公園。

各類別變更都市計畫案、變更內容與發布文號，則彙整於表 17 南投縣九二一災後變更都市計畫彙整表。

表 17 南投縣九二一災後變更都市計畫彙整表

類別	都市計畫案名	
類別一	1. 擬定草屯都市計畫（配合行政園區遷移計畫、新社區及虎山溝整治開發計畫地區）細部計畫案	
	2. 變更中寮都市計畫（配合九二一震災重建需要）案	
類別二	1. 變更南投都市計畫（部分行水區、保護區及綠地為機關用地、部分機關用地為機關用地、社教用地）案	
	2. 變更南投都市計畫（部分商業區、「機六」機關用地（變更使用用途）為機關用地用）案	
	3. 變更南投（南崗地區）都市計畫（市場用地為機關用地）案	
	4. 變更中興新村（含南內轆地區）都市計畫（部分住宅區為機關用地）案	
	5. 變更埔里都市計畫（「機二」機關用地（變更使用用途）、「停三」停車場用地、「公兒十三」兒童遊樂場用地兼作鄰里公園使用及道路用地為機關用地）案	
	6. 變更草屯都市計畫（部分農業區為行政專用區、住宅區、鄰里公園兼兒童遊樂場用地、停車場用地、溝渠用地及道路用地、部分機關用地為公園用地）案	
	7. 變更草屯都市計畫（部分廣場兼停車場（一）用地為社教用地）（配合九二一震災災後重建）案	
	8. 變更草屯都市計畫（部分住宅區為鄰里公園兼兒童遊樂場用地及道路用地、部分鄰里公園兼兒童遊樂場用地為住宅區及道路用地、部分道路用地為住宅區、鄰里公園兼兒童遊樂場用地及溝渠用地、部分溝渠用地為道路用地）案	
	9. 變更草屯都市計畫（部分學校用地為機關用地及部分學校用地（特別管制區）為機關用地（特別管制區））（配合九二一震災災後重建）案	
	10. 變更集集都市計畫（寺廟保存區（三）及部分農業區為宗教專用區）（配合九二一震災災後重建）案	
	11. 變更竹山都市計畫（部分農業區及基地為公園用地）書	
	12. 變更竹山（延平地區）都市計畫（部分農業區、農業區（特別管制區）為河川區）案	
	13. 變更名間都市計畫（部份農業區為溝渠用地、部分溝渠用地為農業區）案	
	14. 變更魚池都市計畫（部分鄰里公園兼兒童遊樂場用地為機關用地）案	
	15. 變更日月潭特定區計畫（「機三」機關用地、車站用地及部分商業區為旅遊服務中心用地）案	
	16. 變更中寮都市計畫（部分商業區為廣場用地）（配合九二一震災重建需要）案	
	17. 變更中寮都市計畫（部分傳統建築專用區、商業區、機關用地、農業區為道路用地；機關用地為商業區；傳統建築專用區、商業區為郵政事業專用區及機關用地為郵政事業專用區）（配合九二一震災重建需要）案	
類別三	1. 變更埔里都市計畫（部分農業區、廣場兼停車場用地為污水處理廠用地）（配合九二一震災重建需要）案	
	2. 變更草屯（都市計畫部份農業區為污水處理廠）案	
	3. 變更竹山都市計畫（部分農業區為污水處理廠用地）案	
	4. 變更鹿谷都市計畫（部分農業區及住宅區為自來水事業用地）（配合九二一震災重建需要）案	
類別四	1. 變更名間都市計畫（地震帶隆起段紀念公園）（配合九二一震災災後重建）案	

資料來源：依南投縣政府網站，由台灣科技大學 APAUD 研究室整理製表

變更前	變更後	發布文號
		2002.7.30 投府城都字第 09101323200 號
		2002.7.27 府城都字第 09101212270 號
1. 部分行水區、保護區及綠地 2. 部分機關用地	1. 機關用地 2. 機關用地、社教用地	2000.10.5 投府建都字第 89151842 號
部分商業區、「機六」機關用地（變更使用用途）	機關用地用	2003.9.24 府城都字第 0920168560-2 號
市場用地	機關用地	2002.7.23 府城都字第 09101203760 號
部分住宅區	機關用地	2002.7.23 府城都字第 09101239100 號
1. 機關用地 2. 「停三」、「公兒十三」 3. 道路用地	1. 變更使用用途 2. 兼作鄰里公園使用 3. 機關用地	2002.6.29 府城都字第 09101124910 號
1. 部分農業區 2. 住宅區、鄰里公園 3. 停車場用地、溝渠用地及道路用地、部分機關用地	1. 行政專用區 2. 兼兒童遊樂場用地 3. 公園用地	2002.7.10 投府城都字第 09101137760 號
部分廣場兼停車場	部分廣場兼停車場	2002.10.29 投府城都字第 0910185648-1 號
1. 部分住宅區 2、部分鄰里公園兼兒童遊樂場用地 3. 鄰里公園兼兒童遊樂場用地及溝渠用地、部分溝渠用地	1. 鄰里公園兼兒童遊樂場用地及道路用地 2. 住宅區及道路用地 3. 道路用地	2004.7.2 府建都字第 0930125810-2 號
1. 部分學校用地 2. 部分學校用地（特別管制區）	1. 機關用地 2. 機關用地（特別管制區）	2005.6.6 府建都字第 09401070082 號
寺廟保存區（三）及部分農業區	宗教專用區	2005.6.15 府建都字第 09401131072 號
部分農業區及墓地	公園用地	2002.7.25 府建都字第 09101254950 號
都市計畫（部分農業區、農業區（特別管制區）	河川區	2004.12.23 府建都字第 0930233327-2 號
1. 部份農業區 2. 部分溝渠用地	1. 溝渠用地 2. 農業區	2002.10.28 府城都字第 09101847001 號
部分鄰里公園兼兒童遊樂場用地	機關用地	2001.11.29 投府城都字第 90183508 號
「機三」機關用地、車站用地及部分商業區	旅遊服務中心用地	2002.1.10 府建都字第 90211472 號
部分商業區	廣場用地	2003.4.4 府城都字第 09200630342 號
1. 部分傳統建築專用區、商業區、機關用地、農業區 2. 機關用地 3. 傳統建築專用區、商業區 4. 機關用地	1. 道路用地 2. 商業區 3. 郵政事業專用區 4. 郵政事業專用區	2004.12.25 府建都字第 0930238891-2 號
農業區、廣場兼停車場用地	污水處理廠用地	2003.6.9 府城都字第 0920100341-2 號
部份農業區	污水處理廠	2003.6.23 府城都字第 0920110029-2 號
部份農業區	污水處理廠	2003.12.22 府建都字第 0920228523-2 號
部分農業區及住宅區	自來水事業用地	2003.12.19 府建都字第 0920226523-2 號
		2005.11.16 府建都字第 09402154280 號

3.3 台灣災後都市計畫變更修正書圖類型與案例

依都市計畫法第 26 條規定，都市計畫發布後，不得任意變更，但每五年應通盤檢討一次，每二十五年全面通盤檢討。南投縣最早發布實施的都市計畫為 1956 年之南投鎮都市計畫，後續發布之特定區計畫，也都逾三十年以上。但期間進行通盤檢討者，也都分別僅有一兩次，其主要原因常為經費不足。921 地震後，由於地震造成地形、地物變化甚大，且都市計畫樁位嚴重毀損或移動。由於都市計畫圖、樁位圖、地籍圖三者，必須與現況地形、地物一致，才能對個別土地在地政上進行精確的管理；然因地震造成土地現況的改變或移位，而使都市計畫圖、樁位圖、地籍圖與現況完全不符。為免影響民眾財產權益，並導致都市建設推動困難，而嚴重延緩重建進度；受災地區乃緊急辦理數值地形測量、都市計畫圖重製及檢討工作。所幸各界善款充足，南投縣政府在獲得充足經費狀況下，將全縣所有都市計畫區，完成相關調查檢討作業後，重製符合環境現況的都市計畫書圖。

重製之內容，主要將原 TWD67[37] 三千分之一的都市計畫圖，全面改為 TWD97 一千分之一的都市計畫圖。並完成都市計畫圖與樁位圖一致化與數值化。至此，921 大地震嚴重受災地區的南投縣，除有效解決災後重建的必要都市計畫課題外，在都市計畫管制工具的現代化，亦著實往前跨越了一大步。

---

37 TWD67 (Taiwan Datum 1967) 為適用於台灣的座標系統

第五節 組織動員及應變計畫之建立

1 「災害防救法」的組織動員強化

除了空間的防災整備外，台灣於 921 震災後，亦重行制定災害防救法來強化防救災的組織動員與機制。基本上，「災害防救法」源自行政院 1994 年擬定的「災害防救方案」[38]，並將災害對應，區分為減災（Mitigation）、整備（Preparedness）、應變（Response）、復原重建（Recovery）四個階段，此為我國第一部全國性災害防救法規，包含總則、災害防救組織、災害防救計畫、災害預防、災害應變措施、災後復原重建、罰則與附則等，共計八章 52 條。對於中央、直轄市、縣（市）及鄉、鎮等三層級政府的行政部門，以及民間、社區、民防、國軍等單位、組織在內的防救災體系之建置，體系內各主要單位在災前、災時、災後等時期，所應負責的重要工作項目及運作方式，訂定明確的規範。

2 「災害防救法」的特色 [39]

一、層級精簡：

由於精省，故從災害防救方案時期的四個層級災害防救體系，精簡為中央、直轄市、縣（市）及鄉（鎮、市）三個層級。

二、分工執掌：

訂定災害防救業務主管機關，不同類型的災害分別由不同的中央災害防救

---

38 政府吸取美日制定災害防救相關法規與組織經驗（日本 1961 年制定「災害對策基準法」、美國 1979 年成立「聯邦緊急事務管理總署（FEMA）」），另 1994 年 1 月美國洛杉磯北嶺地震後，迅速有序地展開救災復原重建工作，同年 4 月華航名古屋空難，日本相關單位應變處置明快、適切。有鑑於此，行政院乃於民國 83 年審議通過函頒「災害防救方案」，作為因應各種天然或人為災害之防救依據，將全國災害防救體系區分為中央、省（市）、縣（市）及鄉（鎮、市、區）等四級制。

39 引用自李維森（2007），災害防救體系，科學發展期刊，410 期，p59-62。

業務主管機關負責 [40]。

三、設立專責督導組織：

設立「行政院災害防救委員會」，作災害防救專責督導機構。

四、分層負責：

依災害防救層級擬訂各類災害防救計畫，中央層級擬訂災害防救基本計畫，各相關行政機關與公共事業擬訂災害防救業務計畫，地方層級擬訂地區災害防救計畫。

五、借重專業與科技：

重視災害防救專業與科技的落實，於中央及地方政府，設置災害防救專家諮詢委員會，並設立國家災害防救科技中心。

3 災害防救基本計畫

災害防救基本計畫係指由中央災害防救會報核定之全國性災害防救計畫。災害防救基本計畫由中央災害防救委員會擬訂，經中央災害防救會報核定後，由行政院函送各中央災害防救業務主管機關及直轄市、縣（市）政府據以辦理災害防救事項。中央災害防救委員會每五年應依災害防救法第 17 條第 2 項規定，就相關減災、整備、災害應變、災後復原重建、科學研究成果、災害發生狀況、因應對策等，進行勘查、評估，據以檢討災害防救基本計畫；必要時，本項檢討作業，亦得隨時辦理之。

災害防救基本計畫首於民國九十六年核定，歷經兩次修訂，目前的核定版本，係中央災害防救會報於 107 年 11 月 28 日核定的災害防救基本計畫。至於災害防救法規定的災害防救基本計畫之內容，則應包含以下三項：

---

40 各機關負責的災害類型分別是：內政部：風災、震災、重大火災、爆炸災害；經濟部：水災、旱災、公用氣體與油料管線、輸電線路災害；行政院農業委員會：寒害、土石流災害；交通部：空難、海難及陸上交通事故；行政院環境保護署：毒性化學物質災害。

一、整體性之長期災害防救計畫。

二、災害防救業務計畫及地區災害防救計畫之重點事項。

三、其他中央災害防救會報認為有必要之事項。

4 災防編制體系的確立

災害防救體制從原先的中央統一指揮,演變成較有執行效率的三級制,分為中央、直轄市及縣(市)政府、鄉(鎮、市)(區)公所三個層級,各個層級的政府都須設置「災害防救會報」,訂定「災害防救計畫」,並交由專責單位執行防救業務,在災害發生時,各別成立「災害應變中心」負責災害應變事宜,並結合其內部各相關行政單位成立「緊急應變小組」。此明確劃分的三個層級之行政執掌,簡要分述如下:

一、中央政府

依據災害防救法第 7 條第 1 項規定,中央災害防救會報召集人、副召集人分別由行政院長、副院長兼任,委員若干人由行政院長就政務委員、秘書長、政務副秘書長、各部會首長及專家學者派兼任之,進而訂定中央災害防救會報設置要點執行之。此外,災害防救法第 6 條更明定中央災害防救會報任務如下:

(一)決定災害防救之基本方針。

(二)核定災害防救之基本計畫及中央災害防救業務主管機關之災害防救業務計畫。

(三)核定重要災害防救政策與措施。

(四)核定全國緊急災害之應變措施。

(五)督導、考核中央及直轄市、縣(市)災害防救相關事項。

（六）其他依法令所規定事項。

　　其次，為執行中央災害防救會報核定之災害防救政策，推動重大災害防救任務與措施，災害防救法第 7 條第 2 項明確規定行政院設中央災害防救委員會，並設行政院災害防救辦公室，置專職人員，處理有關業務。

　　依災害防救法第 13 條至第 14 條規定，發生重大災害或有發生之虞，中央災害防救業務主管機關首長應視災害規模、性質、災情、影響層面及緊急應變措施等狀況，決定中央災害應變中心開設時機及分級，成立後報告中央災害防救會報召集人，由召集人指定指揮官，並視災情研判情況需要，通知直轄市及縣（市）政府立即成立地方災害應變中心。

二、直轄市及縣（市）政府

　　根據災害防救法第 9 條直轄市、縣（市）災害防救會報置召集人一人、副召集人一或二人，分別由直轄市、縣（市）政府正、副首長兼任；委員若干人，由直轄市、縣（市）長就有關機關、單位首長、軍事機關代表及具有災害防救學識經驗之專家、學者派兼或聘兼，其任務如下：

（一）核定各該直轄市、縣（市）地區災害防救計畫。

（二）核定重要災害防救措施及對策。

（三）核定轄區內災害之緊急應變措施。

（四）督導、考核轄區內災害防救相關事項。

（五）其他依法令規定事項。

　　災害防救法第 12 條規定，為預防災害或有效推行災害應變措施，當災害發生或有發生之虞時，直轄市、縣（市）災害防救會報召集人應視災害規模成立災害應變中心，並擔任指揮官。前項災害應變中心成立時機、程序及編組，由直轄市、縣（市）政府及定之。而在重大災害發生或有發生之虞時，應依

據災防法第 13 條在中央災害應變中心成立後，視災情研判情況或聯繫需要，依中央通知立即成立地方災害應變中心。

三、鄉（鎮、市）（區）公所

依據災害防救法第 11 條規定，鄉（鎮、市）災害防救會報置召集人、副召集人各一人，委員若干人，召集人由鄉（鎮、市）長擔任，副召集人由鄉（鎮、市）公所主任秘書或秘書擔任，委員由鄉（鎮、市）長就各該鄉（鎮、市）地區災害防救計畫中指定之單位代表派兼或聘兼。其任務如下：

（一）核定各該鄉（鎮、市）地區災害防救計畫。

（二）核定重要災害防救措施及對策。

（三）推動疏散收容安置、災情通報、災後緊急搶通、環境清理等災害緊急應變及整備措施。

（四）推動社區災害防救事宜。

（五）其他依法令規定事項。

綜上，台灣在訂定災害防救法之後，歷經多次颱風、地震及其他重大災害的考驗，並經兩次修訂災害防救基本計畫後，整體防救災組織、機制與運作程序，日益成熟。再加上台灣是落實民主法治的國家，能夠在各種挑戰中，藉由眾人智慧的集結，而對於現行機制的缺失立即改進，這也是台灣災害防救作業，得以日趨精進的主因。防救災是血淚經驗的累積，沒有被神化的權威專家，只有能謙卑向慘痛經驗學習的人們，在專家協助彙整關鍵經驗，才有機會減災、免災。

第三章　震災災後重建規劃與政策

1999 年 9 月 21 日，台灣遭逢近年來最嚴重的地震災害，
2008 年 5 月 12 日，中國四川省汶川地區亦遭受重大地震襲
擊，兩大地震都造成了當地大規模的破壞與傷亡。由於受災
地區的環境條件、人口及產業結構、農業經濟狀況、法令制
度等都有相當的差異，難以針對災後應變與復原行動，直接
進行比較分析；但雙方政府對於受災地區的全力支援與加速
重建，都展現極高決心與行動力。因此，期望經由雙方對重
大地震災害的復原重建經驗交流，彙整出更有利於防救災專
業提升的寶貴方向。本章針對 921 地震之時空背景及當時的
實際狀況，進行回顧，日後待汶川地震的案例完成並以別冊
出版後，得以進行比較，期待藉以釐清災後重建共通性的重
要課題，進而從災後重建政策的擬定及實施的過程，彙整出
日後災害管理與災後重建之重要參考原則。

本文先就災害的概要與相關課題進行整理，從而針對重建規
劃、組織體系、整體重建目標，先探討案例之相關因應政策；
繼而由外部援助、法律制度及生活經濟等層面，探討災後重
建規劃行動能順利進行的重要關鍵因素，期待師法借鏡，發
現可行方式進而充實災後重建典例的參考。

第一節 九二一地震的災情與重建課題

1 九二一地震災情概述

1999 年 9 月 21 日凌晨 1 時 47 分，台灣發生了芮氏規模 7.3 的地震，震央位於北緯 23.85 度，東經 102.78 度[41]，即台灣的地理中心——南投縣，斷層破裂長度超過一百公里，震動隨即遍佈全台，眾多地區遭受重創，總計 31 個鄉鎮市受到波及，災情十分慘重。根據全國民間災後重建聯盟 2014 年 7 月 29 日更新的統計資料顯示，九二一大地震共造成 2494 人死亡、715 人重傷、房屋全倒 52270 戶、半倒 54380 戶，災民共 30 幾萬人之多，不僅受災地區生命財產有嚴重損失，亦使得災民的身心和生活都受到極大影響，更在公共設施、產業發展、政府的財政計畫等方面都產生重大影響，直接財產損失估計達新台幣 3600 多億元（合美金 120 多億元）。

在公共設施損壞方面，地震造成的毀損影響到後續救災及重建工作的實際進行，包括橋樑的斷裂、路面的毀損，使得救災行動受阻；學校建築物倒塌，造成災區學童無法正常上學；醫療院所遭破壞，造成無法進行即時救護工作；維生設施管線毀損、電塔倒塌，使得供水、供電、供氣、通訊皆出現問題。在產業影響方面，地震毀損了生產設施，且因道路橋樑毀損使災區的農業運輸及觀光交通受阻，影響災區產業收益甚巨。地震也對政府財政方面造成重大影響，包括救災、重建工作衍生的鉅額支出、災損使得財政收入大幅減少，除整體經濟成長下降，更造成政府嚴重的財政負擔，是台灣有史以來地震災情最慘重的一次。

2 九二一震災災後重建面臨的主要課題與契機

921 地震發生之初，災區面臨的第一個階段工作為疏散及安置災民的工

---

41 黃文曲等，921 震災重建經驗（上）（初版），國史館台灣文獻館出版，2006。

作[42]；而在復原重建階段，因災害造成大範圍的公共設施損壞及公私有建物震損，也產生都市街區、鄉村區及原民偏鄉區等區域復原重建的問題[43]，因此，本文針對921震災後重建的問題加以彙整，以統合說明相關解決之道[44]，並以其屬性的差異分述如下：

（一）在都市土地及非都市土地之空間管理方面

1. 921地震為台灣現代化後，首次遭遇的重大天然災害，受災地區涵蓋人口密集的市街地區與維持低度使用的農村、自然地區，亦即中台灣地區的都市土地及非都市土地都在災害嚴重的範圍內。在重建過程中，以中央為主導，地方政府協力對災區進行認養應援，在重建之初也解決了安置及物資、救援的問題；但在後續空間管理與防災策略上，為因應區域環境的差異，除了斷層帶周邊的禁限建規定等基於安全考量，而進行統一性的討論外，921重建推動委員會續以生活重建為主導的重建規劃策略，訂定朝向以原地復原重建的原則。過程中，更發展出以地方自主意見為主導的空間發展議題，甚至延伸社區營造的力量，而形成符合地方發展的重建成果，這也是值得肯定更應深入探討的地方。

2. 就都市土地的重建，由於原本都市計畫的主要計畫及細部計畫，並沒有防災空間整體規劃的觀念，經過921地震之後，也建立了啟動都市防災空間規劃的構想，從都市發展的角度，盤點相關防災空間系統，發展都市減災規劃及防災空間整備等項目，更是一個促成都市計畫升級的具體措施。

3. 921地震的重建過程，係由中央主導、地方配合、民間支援，然而台灣對於地方民意的重視及專業團體的尊重，並在考量如何在最快速完成最貼近地方需要與期待的重建計畫，因而發展出三級政府聯席審查重建綱要計畫及都市計畫的審議作業[45]，實踐了符合法制又加速行政效能。

（二）在公共設施及公有建物重建方面

42 消防署，台灣防災2004亞洲消防首長協會第23屆年會署長防災專題演講，消防月刊，No.1，2005。
43 行政院災後重建推動委員會，災後重建計畫工作綱領，1999年11月公布。
44 921重建推動委員會，九二一震災災後重建實錄，台灣省政府出版，2006年12月。
45 行政院災後重建推動委員會，災後重建計畫工作綱領，1999年11月公布。

1. 學校建築在九二一地震損壞嚴重，亦突顯了 2 大問題：一是並未建立嚴謹工程查核制度，另一則是老舊校舍長期使用（含增改建與修繕而累積）的問題[46]。在舉國投入資源，並結合民間支援及慈善團體認養，對損壞的校舍迅速地達成了重建目標，而且，藉由震災的教訓，對既存的校舍也引進了校園建築耐震詳評的機制，進而落實舊校舍耐震補強的政策；九二一災後重建催生了台灣新校園運動的建築革命、凝聚了建築專業人員對於校園重建之價值觀，其深刻的影響，不僅只是完成建築構造物的復建，也造就了台灣學校教學理念與價值的提升、教育空間的演化與著重環境保護及環境安全的轉變。

2. 從防救災計畫的角度，政府官署房舍應能在災害發生時，發揮其統合指揮與救援的機能；但在 921 震災中，嚴重受災的中部地區，許多官方廳舍建物的損毀，造成眾多官方廳舍非但無法發揮緊急救災的機能，更變成待援對象，既造成緊急救援的負擔，更影響緊急救援行動的開展。因此，政府工程採購的嚴謹度及管理制度，也在震災的教訓下，成為重點檢討的議題。台灣在 921 震災之後，更嚴謹地建立並執行三級品管制度，成為樹立良好工程品質的轉捩點。

3. 政府在第一時間進行受損廳舍的臨時安置，另於新建廳舍建築完成後進行搬遷，這也產生官方廳舍兩次搬遷的問題，如何能採行一次到位完成臨時安置，並逐漸強化廳舍機能而轉化為永久使用的作法，亦是回顧 921 重建過程，一個需要再妥為思考的啟示。

（三）在私有建物及私有產權處理方面

1. 台灣的憲法嚴格確保人民的私有財產權，因此，民間私有的建築物在災後重建時，對於所有權單一的建物重建，可以沒有意見整合的問題，但面對土地或建物產權是共有或持分時，則常因所有權人意見難以整合、重建費用分攤方式、重建方案的認同、部份所有權人死亡或無法取得同意書等問題[47]，導致災後住宅重建進度緩慢。從九二一的經驗可知，住宅重建大部

---

46 921 重建推動委員會，九二一震災災後重建實錄，台灣省政府出版，2006 年 12 月。
47 謝志誠，921 災後重建 Q&A：修訂版，全國民間災後重建聯盟出版，2000 年 6 月，p.1-p.13。

分的時間遲滯，多在解決所有權人之間意見不一或存在爭議等問題。

2. 另私有建物重建的資金取得也是一個重要問題。如震損建物未完成清償貸款或重建資金短缺無擔保時，可行的財務計畫便成為重建過程最大的一個絆腳石。因此，政府提供多項措施，讓受災民眾在重建方案或重建方式選定後，得以獲得各階段對應的補助或協助方案，期望災民的住宅重建，不至於受限於財務問題，而遲滯不前。

3. 地震產生的土地位移及地籍錯動，造成地籍重整與調查的必要，這也成為重建階段第一個必須首先完成的工作要項。如未能完成地籍重整及重測，後續都市計畫及重建基地則有無法確定界址的問題，因此，在921震災後，也因應地籍重整訂定特別法，在災後4個月內解決災區土地界址與地籍圖經界線不符的問題[48]，避免了因面積變動與土地界址位移等鑑界複丈問題，而增加重建工作的困難。

（四）在災區行政能力癱瘓及產業、生活機能遲滯方面

1. 921震災除造成建物損壞，更影響行政單位之行政作業的執行能力。不少南投縣、台中縣市內之公所、里民活動中心、消防隊、警察局等都因官舍損壞，自身有待援助，而無法適時啟動行政作業服務或提供災民行政協助。

2. 鄉村區因農業沒落及產業外移，也影響人口外移，因此，災區如無提升產業或轉型的方案，災區重建方面將缺少了經濟性的復原鏈結；如此，不但無法確保災區重建的必要人力，更無法在災區重建後能確保其永續發展。

3. 在原住民區及山區偏鄉，原已不具完整之生活機能，而921震災更造成交通的癱瘓，既不利於救災、亦有礙後續的重建工作之推展；因此，在充分考慮偏鄉實質環境的條件與安全性後，衍生出是否適宜在原地復原重建或應易地重建的議題。然而，當地居民的搬遷意願，則是有待評估與思考的重要議題，因此，環境的適切性與當地居民意願的調和，也是重建方案選定過程，需要尊重與協調並極為困難的問題。

---

48 921重建推動委員會，九二一震災災後重建實錄，台灣省政府出版，2006年12月。

第二節 災後重建體系與方針

1 九二一地震災後重建組織體系

921 地震發生後，總統透過行政院會議決議於 1999 年 9 月 25 日發布緊急命令，促行政院儘速進行救災重建相關行動。為了使重建能夠有效推動，需要有設置重建時期的專責執行單位，乃於 9 月 26 日召開高層首長工作會議[49]，會議中決議為進一步統籌政府部門和國軍等資源，應成立重建委員會。因此，於 9 月 27 日成立「行政院 921 震災災後重建推動委員會」（以下簡稱重建會），根據 2000 年 2 月 3 日公佈《921 震災重建暫行條例》第 5 條第 1 項規定設立，負責重建工作的整體計畫，並於 2000 年 6 月 1 日正式運作。921 震災災後重建推動委員會的掌理事項及編制則分別敘述如下：

(1) 行政院 921 震災災後重建推動委員會掌理事項[50]：

1. 災後重建工作整體計畫之統籌規劃、審議與管考、地方重建委員會之協調、民間支援之協調、法規彙整及新聞聯絡事項。

2. 災區土石流、土壤液化、山坡地、河川、堰塞湖等災害防治與水土保持，水利設施或生態環境保護及建築廢棄物之處理等重建工作之協調、推動及督導事項。

3. 災區行政機關、文教、道路、電信設施等公共建設之重建，歷史性建築之修建等工作之協調、推動及督導事項。

4. 災區產業重建與發展工作之協調、推動及督導事項。

5. 災區居民福利服務、精神復健、心理衛生保健、組織訓練、諮詢轉介、就業服務、職業訓練、醫療服務與公共衛生等生活重建工作之協調、推動及督導事項。

6. 災區地籍與地權整理、都市地區與鄉村區更新、農村聚落與原住民聚落重建

---

49 黃文曲等，921 震災重建經驗（上）（初版），國史館台灣文獻館出版，2006。
50 引述自行政院 921 震災災後重建推動委員會暫行組織規程（2000 年 12 月 18 日修正）第 2 條。

工作、行政院社區重建更新基金之管理、房屋貸款專案融資之協調、推動及督導事項。

7. 災區重建工作之人民陳情、議事、文書、印信、出納、庶務、人事、會計及檔案管理事項。

8. 其他災後重建工作事項。

(2) 行政院 921 震災災後重建推動委員會編制

　　根據行政院 921 震災災後重建推動委員會暫行組織規程，2000 年 6 月 1 日起成立震災災後重建委員會。由行政院長及副院長出任委員會的召集人和副召集人，委員 34 至 38 人，由召集人就行政院政務委員、相關機關首長、災區地方政府、民間團體代表及災民代表派（聘）兼之，其中災民代表人數不得少於 5 人，下置執行長 1 人，承召集人的命令，綜理會務，置副執行長若干人，襄助執行長指揮督導所屬業務，執行長及副執行長都由召集人選擇適當人員兼任，再向下置有主任秘書 1 人、處長 7 人、副處長 7 人、科長 26 人至 30 人及工作人員若干人，由行政院相關機關人員派兼。此外，亦依重建業務推動需要，設置巡迴輔導小組及民眾服務中心（參見圖 32）。重建推動委員會所設立的七個處，分別是企劃處、大地工程處、公共建設處、產業振興處、生活重建處、住宅及社區處、行政處，依據重建任務分工，各自掌理災後重建推動委員會所決議及交付事項，並得分科辦事，各處主要職責劃分如下[51]：

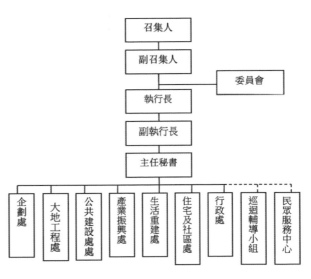

圖 32 災後重建委員會組織架構（2000 年 6 月 1 日起）
資料來源　參考 921 震災災後重建實錄轉繪

---

51 黃秀政等，921 震災災後重建實錄，五南出版，2005。

1. 企劃處：修訂《暫行條例》、提出未來施政方針、負責各項管考。

2. 大地工程處：山坡地崩塌、土石流、水利環保、廢棄土等相關事宜。

3. 公共建設處：道路、橋樑、古蹟、學校重建。

4. 產業振興處：產業重建、農業振興、工商業振興、觀光業振興、優惠貸款。

5. 生活重建處：醫療、衛生、教育、文化、心理輔導、就業、社會福利、殯葬。

6. 住宅及社區處：住宅重建、社區重建、社區總體營造、原住民、土地測量。

7. 行政處：文書、會計、人事、預算編列、替代役訓練與管理。

2 九二一震災重建推動委員會運作歷程

2000 年 6 月 1 日設置九二一震災重建推動委員會以來，在國人殷切期盼早日完成災區重建，且全國各界傾力支援下，重建工作的推動成效顯著。在 2003 年重建工作進入第三年，災區基礎設施的修復陸續完成，郭瑤琪執行長檢討作業實際需求，將重建會組織，從原先的七處、一小組、一中心整併成四處、一中心（參見圖 33），望能縮減人力、精實組織，加速剩餘重建工作的推動，並於 2003 年 8 月 1 日起開始實施。

2004 年年底重建工作大致完成，受災地區相關行政業務漸漸回歸正常的行政體系運作，因此於 2005 年 3 月 1 日，郭瑤琪執行長再次將重建會組織縮減為兩處（參見圖 34），負責重建工程進度督導、經費核撥、後續清理作業等，直至 2006 年 2 月 4 日暫行條例實施期限截止；由於後續還有工作尚未完成，因此另行成立「行政院 921 震災社區重建更新基金清理小組」繼續處理後續事宜[52]，人員編列 14 位，至 2006 年 12 月 31 日止，九二一震災災後重建業務，全部順利完成。

---

52 教育部、行政院研究發展考核委員會、檔案管理局，以蛻為進‧希望重現－ 921 地震 10 週年重要檔案選輯，五南出版，2009。

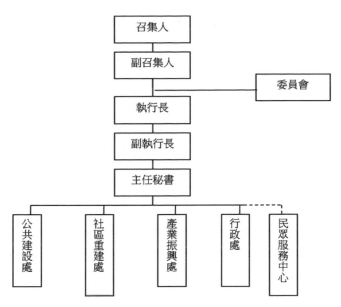

圖 33 災後重建委員會組織架構（2003 年 8 月 1 日起）
資料來源　參考 921 震災災後重建實錄轉繪

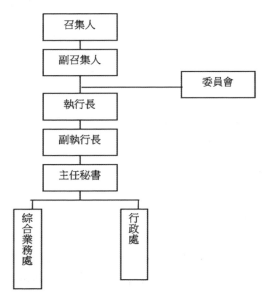

圖 34 災後重建委員會組織架構（2005 年 3 月 1 日起）
資料來源　參考 921 震災災後重建實錄轉繪

3 九二一地震災後重建的目標與方針

行政院災後重建推動委員會於災後第 14 天（1999 年 10 月 4 日）決議，對於所有災區重建工作，以五年三階段實施完成為目標。以台中縣、南投縣、台中市、雲林縣、彰化縣、苗栗縣等重建地區的既成街區重建為例，共劃分重建三階段及階段任務如下：第一階段從 1999 年 10 月至 11 月底，完成重建計畫的策略方針及整體規劃；第二階段從 1999 年 12 月至 2000 年 3 月底完成都市更新計畫之擬定及公告、選定單元實施者、核定事業計畫；第三階段至 2004 年 9 月為止，完成更新計畫 [53]。

「災後重建計畫工作綱領」除明訂三階段重建計畫外，亦揭示了一個完整的計畫目標與基本原則，作為各地方政府辦理重建的方針。該工作綱領包括公共建設計畫、產業重建計畫、生活重建計畫、社區重建計畫等 4 個整體重建計畫。另訂定相關災情調查前置作業及相關補助、法令與配合措施。在推動整體重建上，則先以鄉（鎮、市）為範圍，擬定鄉（鎮、市）重建綱要計畫。

對於九二一震災重建工作的推動，檢視其政策的位階，概可分為下述三項：

（一）在上位的「重建目標」，明確揭櫫對環境、對生活的價值與態度，並宣示達成下列事項 [54]：

1. 塑造關懷互助的新社會。
2. 建立社區營造的新意識。
3. 創造永續發展的新環境。
4. 營造防災抗震的新城鄉。
5. 發展多元化的地方產業。
6. 建設農村風貌的生活圈。

九二一震災的傷痛，帶給台灣人高度的省思，並在災後確立了融入人文、社造、自然、安全、多元與風貌的永續發展做為重建的方向，進而以此訂定

---

53 謝志誠，921 災後重建 Q&A：修訂版，全國民間災後重建聯盟出版，2000 年 6 月。
54 引述自行政院災後重建推動委員會，災後重建計畫工作綱領，1999 年 11 月公布。

重建的主要目標。為了符合災區民眾的實際需求，透過社區營造的形式，整合當地民眾意見，來辦理重建工作，成為一個必然的條件。而重建之目標除了硬體的建築物、基礎公共設施外，更涵括了產業及生活等多種層面，更以城市區及鄉村區 2 大類型，來區分重建的課題及其因應對策。至於在安全防災的共同目標上，針對都市計畫避難空間不足或建築物耐震能力不佳等技術性問題，亦積極加強落實防災避難圈及防災空間系統的劃設、進行相關建物的耐震評估與補強等備災措施，且提高建築結構設計的耐震強度等，並落實於重建工作。

（二）在中間位階的「重建原則與方針」，揭櫫了對重建工作實踐的具體方向與做法。其內容則列舉如下 55：

1. 以人為本，以生活為核心，重建新家園。
2. 考慮地區及都市長遠發展，因地制宜，整體規劃農地與建地使用。
3. 建設與生態、環保並重，都市與農村兼顧；營造不同特色之都市與農村風貌，建造景觀優美之城鄉環境。
4. 強化建物、設施與社區防災功能，建立迅速確實及具應變功能的運輸、通訊網，強化維生系統。
5. 結合地方文化特色與產業型態，推動傳統產業復興，獎勵企業再造。
6. 明確劃分中央與地方權責，加強政府部門橫向、縱向分工合作；採彈性、靈活做法，縮短行政程序、加速重建家園。
7. 考慮各級政府財政能力，善用民間資源，鼓勵民間積極參與，建立民眾、專家、企業、政府四合一工作團隊。
8. 公共建設、產業、生活重建計畫，由中央主導，民間支持，地方配合；社區重建計畫由地方主導，民間參與，中央支持；各項計畫依完成時序分別執行。

由此可見，在落實重建規劃時，應以人本為主軸，而質實作法則按重建區域的屬性（都市區、鄉村區、公有土地、私有土地等）分類。繼而整合資源（政府行政資源、重建財政資源、民間救助資源等）：在垂直資源上，整合鄉鎮市、縣市、到中央資源來支應財務或解決法令問題，以快速、即時、切合災區所

---

55 引述自行政院災後重建推動委員會，災後重建計畫工作綱領，1999 年 11 月公布。

需等原則下，化整為零，靈活運用；在水平資源上，朝都市與鄉村均衡發展，同時活絡產業與生活重建，透過階段性工作計畫，逐步落實社區重建、生活重建、產業重建、及心靈重建等具體實踐項目[56]。

（三）在下位的「實質重建計畫」上，則指導落實「重建計畫」的基本要項，並具體規定，重建計畫必須包含下列內容[57]：

1. 發展願景與定位。
2. 社經與環境現況。
3. 震災損毀調查分析。
4. 重建課題與對策。
5. 整體重建發展構想。
6. 各種重建類型地區之劃設及其重建構想：
(1) 都市更新地區
(2) 鄉村區更新地區
(3) 農村聚落重建地區
(4) 原住民聚落重建地區
(5) 新社區開發地區
(6) 個別建物重建區。
7. 其他復建計畫配合措施：
(1) 紀念性、具文化價值建築物及文化地景復建配合措施
(2) 公共或公用設施復建之配合措施
(3) 產業設施復建之配合措施
(4) 生活設施復建之配合措施
8. 後續重建計畫所需規劃經費概估。
9. 其他應表明事項。

在質實重建計畫中，明確區分災損民宅的六大重建類型，提供災區民眾選定適合的類型進行住宅重建。受災民眾可以依照產權屬性、爭議問題或相關銀行貸款與配套費用補貼等因素，評估適當的重建模式。基本上，社區民眾

---

56 謝志誠，921 災後重建 Q&A：修訂版，全國民間災後重建聯盟出版，2000 年 6 月，p.93-p.111，p.185-p.193。
57 引述自行政院災後重建推動委員會，災後社區重建計畫內容及作業規範，1999 年 11 月公布。

能整合全數土地所有權人意見時，可直接啟動住房重建工作；而對於意見分歧的重建個案，則採都市更新的方式進行重建，以便保障多數人的權益。由於災損建築的產權較為複雜，為了加速災區都市更新案的推動，也針對重建區內所提出的都市更新案件，放寬同意比例由 3/4 門檻降低到 1/2，亦即只要有半數所有權人（人數、產權持分比例都過半）同意，即可以都市更新的方式進行重建。總結九二一重建計畫的實施，係以「多樣化」實施方案，來符合民眾需求，並提供必要的「法令配套」來支援重建計畫的落實。

在實際重建工作的推動上，則視個案的實務需要，並依各社區或各重建區的地理位置、地形地貌、地方文化特色、產業發展形態、建物毀損狀況及居民意願等綜合因素考量，將重建個案劃分為個別建物重建與整體重建兩種方式；整體重建地區得視實際需要，再劃分為都市更新地區、鄉村區更新地區、農村聚落重建地區、原住民聚落重建地區及新社區開發地區等五種整體重建類型，各重建個案都可分別擬定重建計畫，據以推動重建工作。

對於公共設施的重建，基本上，主要是依據公共建設計畫，並依需求調查、初勘及複勘、抽勘及審議以及復建經費核定等四個程序推動。其相關作業內容，則概述如下：

(1) 需求調查：由中央及地方主管機關分別就災區內受損之公共設施提出復建經費需求。

(2) 初勘及複勘：凡申請中央補助之受損公共設施項目均需辦理初勘及複勘作業。

(3) 抽勘及審議：由工程會會同中央相關部會辦理；1 千萬元（合美金約 28 萬至 32 萬元）以上工程逐案勘查，1 千萬元以下工程則辦理抽勘。

(4) 復建經費核定：審議結果提報「行政院天然災害勘查處理小組」審定後，報行政院災後重建委員會核定後實施。

至於所有的公共建設實施計畫，則要求應於 5 年內完成。

對於私有建物的重建，則針對獨棟、產權清楚，不涉及都市計畫變更，也非位於整體重建計畫地區之個別建物，得依都市計畫法及非都市土地使用管制規則辦理重建或整建者，依照受災戶的重建意願，實行個別建物重建。但是對於受災區域中，存在著相互影響，或不適於個別重建的地區，則實行整體重建的方式；其實施程序則可彙整說明如下：

(1) 甄選規劃團隊並選定實施者或開發主體、研擬社區重建計畫。

(2) 針對不同地區，提出對應的社區重建計畫之規劃，並選定重建方式。其對應的差異概分如下：

　A. 都市地區：都市更新地區、鄉村區更新地區、及新社區開發地區

　B. 非都市地區：農村聚落重建地區及原住民聚落重建地區

(3) 鄉（鎮、市）重建推動委員會核轉鄉（鎮、市）重建綱要計畫及都市更新區、鄉村區、新社區之社區重建計畫。

(4) 縣（市）重建推動委員會核定鄉（鎮、市）重建綱要計畫及都市更新區、鄉村區、新社區之社區重建計畫。

(5) 社區重建或更新有關住宅興建所需資金，可申請中央銀行提撥之郵政儲金 1 千億元（合美金約 28 億至 32 億元）之災民家園重建專案融資，或以土地信託方式，或發行投資信託（共同）基金籌措資金辦理。

在台灣 921 地震的重建計畫中，屬於自治體最基礎編制的鄉鎮市（縣轄市）成為推動並進行災後重建的直接被授權機關。而被核定的鄉鎮市重建綱要計畫，則為最基本且最重要的重建參考依據 [58]，當中各災區均是以中央公告之「災後重建計畫工作綱領」作為政策方向及目標的指導，再以「921 震災重建暫行條例」作為突破現行規範限制的執行工具。而為研擬社區重建綱要計畫，則以內政部所頒布「災後社區重建計畫內容及作業規範」，做為推動社區重建的作業依據。

---

58 謝志誠、林萬億、傅從喜，安全的家園、堅強的社區 - 天然災害後的重建手冊，台灣大學出版，2012 年 12 月。

綜整上述在 921 震災災後重建的過程，相關重建政策及措施的提出，都是以最迅速及最直接的方式來辦理重建為目標，而以多元重建方案可供災民選擇，則更是尊重地方與民意整合的有效工具。

第三節 九二一地震災後重建規劃與政策

1 九二一地震災後重建援助政策

　　九二一地震的災後重建政策，係以行政院 1999 年 11 月 9 日發布的「災後重建計畫工作綱領」為基礎，擬定了「塑造關懷互助的新社會」、「建立社區營造的新意識」、「創造永續發展的新環境」、「營造防災抗震的新城鄉」、「發展多元化的地方產業」、「建設農村風貌的生活圈」等六項計畫目標，並在完成前置作業後，將整體的實質重建計畫區分為「公共建設計畫」、「產業重建計畫」、「生活重建計畫」與「社區重建計畫」四項。在實際重建工作的推動上，除社區重建計畫由地方主導外，其他三項皆由中央負責；並以「制定特別法及增修現行法律」、「防救災體系制度強化」、「財源籌措」、「祭祀公業土地處理」、「地籍測量與土地複丈」、「人力」等配合措施，依其相關內容及作業程序推動整體重建（參見圖 35）。至於前述四項實質重建計畫的實際推動狀況與內容，則分述如下 [59]：

（一）公共建設計畫

　　公共建設計畫的項目主要涉及災區重建後續的整體發展，包括農業、都市、交通、水利、工商、能源開發、文教、環境保護與衛生福利等建設項目。由各項目主管機關研擬建設計畫，針對各部門計畫經費需求，考量施政重點、執行能力及計畫優先順序，在年度預算額度內進行部門資源配置及計畫經費核列。

　　復建工程則以符合復舊前之使用功能為原則，施工期間則需加強監造，落實承包商按圖施工、主辦工程單位監督施工、主管機關不定期查核之三級品管制度。而為了提升重建效率、減緩政府財政負荷，也擴大獎勵民間參與重建，重建模式亦包括「民間興建、營運後移轉政府（BOT）」、「民間興建租

---

59 行政院災後重建推動委員會，災後重建計畫工作綱領，1999 年 11 月公布。

予政府（BT）」和「企業認捐認養」三種，實施項目則包含交通、文教、衛生醫療、社會福利、環境污染處理、下水道、觀光遊憩、能源……等多項之公共設施，各項公共建設整體重建計畫，則各依該管權責，由各相關主管部門負責主管辦理（參見表18）。

　　至於公共建設在九二一震災後所面臨的課題，及後續的執行狀況，僅以電力設施重建及學校建物重建為例，簡要分述如下：

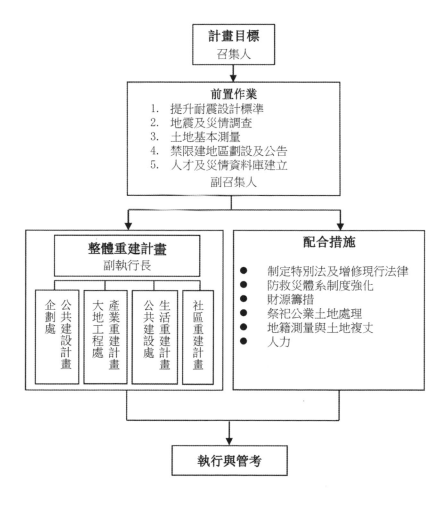

圖35 九二一災後重建計畫體系流程圖
資料來源：轉繪自災後重建計劃工作綱領

表 18 公共建設整體重建計畫各部門負責項目表

項目	主辦機關	執行內容	主辦機關
1.農業建設	行政院農委會	農業建設	行政院農委會
2.都市建設	內政部	住宅	內政部
		下水道	內政部
		都市開發	內政部
3.交通建設	交通部	公路	交通部
		軌道運輸	交通部
		航空	交通部
		港埠	交通部
		通信	交通部
		觀光	交通部
4.水利建設	經濟部	水資源	經濟部
		防洪排水	經濟部
5.工商設施	經濟部	工商設施	經濟部
6.能源開發	經濟部	油氣	經濟部
		電力	經濟部
7.文教設施	教育部	教育	教育部
		文化	行政院文建會
		體育	行政院體委會
8.環境保護	行政院環保署	垃圾處理	行政院環保署
		污染防治	行政院環保署
		國家公園	內政部
9.衛生福利	行政院衛生署	衛生醫療	行政院衛生署
		社會福利	內政部

資料來源：災後重建計畫工作綱領

1. 電力設施重建

　　原台灣電力系統有 2 條輸電幹線，即超高壓第一路、第二路，然皆靠山區而建，因九二一地震造成南投縣中寮鄉之中寮超高壓變電所損壞，而中寮超高壓變電所是台灣電力公司線路的「電力系統總樞紐」，設備塌垮引起北部與南部的電力系統解聯（即隔離成南北各自獨立的電力系統），中北部因電力供應遽降，進而引發電力系統崩垮，造成全台灣於地震發生後大規模的立即停電，彰化以北全部停電，共計 649 萬戶無電可用。經台灣電力公司動員

全體員工全力搶修，第一週全台採限電措施並清點損壞設施；第二週（至 10 月 3 日）才將台灣中部的傾倒輸電塔予以復原並搶通輸電線路，於是解除部分限電；直到第三週約災後第 20 天（10 月 10 日）南北輸電幹線完成併聯，始解除全台限電。經過九二一震災的教訓後，台灣電力公司重新檢視電力系統之設施並提出安全補強措施如下：

（1）於 2000 年 4 月，訂定出供電系統第一本針對防震的「輸變電設備防震（災）對策」，針對設備的防震係數提高，如建築物內之各項附屬設備均全面增設「第三點固定點」以防搖晃，同時也加裝防震橡膠，強化機器設備上下及左右搖晃時的固定能力；戶外的設備基礎，也從原本的 4 個基樁，多強化為「四樁連樑」，這些措施，都讓九二一震災之後的電塔、建築、設備等更具耐震能力。2006 年 10 月增訂第二版「輸變電設備防震（災）對策」，內容更涵蓋平時及災害發生後的檢查、處理、應變中心的建構與指揮、演練與檢討改善等程序，並且每年定期加強員工演練。

（2）除了硬體設備提高防震係數，電力系統規劃也有因應之策。首先，就是增加輸電幹線回路的路徑。由於以往超高壓變電所多比鄰山區，使超高壓第一路及超高壓第二路皆靠山區而建，為增加災害應變能力，減低同時災損破壞的風險，乃增加靠沿海興建的超高壓第三路，建設完成之後，已達分散天然災害風險的目的。另外，輸變電系統亦採取特殊的保護系統，減少大停電發生的機率，這些都是九二一震災帶來供電系統改善的後續影響。

2. 學校建物重建

九二一地震後，建築結構的破壞除了一般住屋、集合式住宅大樓外，學校建築物亦遭受非常多的損害，其中包括教室、圖書館、實習場地等設施[60]。為解決全國各級學校災損嚴重的狀況，教育部即刻成立教育部九二一震災危機處理小組，協調中央災害防救中心於震災後，立即進行校園搶救。而為確認校園受損情形，在 1999 年 9 月 24 日即請各大學相關科系所協助進行校舍結構的安全鑑定，並呼籲各級學校與社會人士參與協助救災。緊接著開始輔導災區學生至其他縣市學校寄讀，繼而籌畫預算，確定移緩濟急的因應策略，

---

60 黃文曲等，921 震災重建經驗（上）（初版），國史館台灣文獻館出版，2006。

將最大的預算,投入災後應變與緊急重建的需要。此外,為了可以在最短時間內復課,並協助必須留在受災地區生活與繼續課業的學生,政府調查受災縣市的簡易教室及廁所需求數,同時呼籲民間認養學校,接著協調工程營建機構搭蓋簡易教室。至此,災後緊急安置的作業,暫時告一段落。

對於災損後校園重建的進行,教育部則於 1999 年 10 月 25 日成立校園重建諮詢工作小組,對於未來 5 年學校發展規模的預估,提報編列校園重建經費,並遴選專案管理廠商協助進行學校重建。對於教育部所提預算,最後由行政院公共工程委員會將經費審議結果報行政院核定後,正式進行校園重建工作[61]。實際校園重建的推動過程,由於受災地區的狀況差異很大,無論災情、重建意願、作業能力等,都存在顯著差異;再加上災後有眾多的民間團體或人士,都有極高的意願投入災區校園重建的協助,於是,在經過詳細的調查、分類,並經過與民間團體的協商分工後, 2000 年 5 月 20 日以建立新式學校為目標,將校園重建工作劃分成 A、B、C、D 四組來進行[62]:A 組由教育部委託內政部營建署來代辦,B 組則由教育部經過甄選後,委託亞新顧問公司統一辦理,C 組則由地方政府自行辦理,D 組由民間慈善團體與企業認養,九二一震災後,全國總計有 293 所學校進行校園重建(參見表 19)。

表 19 九二一校園重建學校數及分組統計表

辦理組	學校數
A. 教育部委託內政部營建署	41
B. 教育部委託亞新顧問公司	22
C. 地方政府自辦	122
D. 民間認養	108
總計	293

資料來源:教育部九二一災後校園重建報告

在台灣國民遭逢有生以來最重大天災的衝擊下,災區校園重建的過程,建築專業者及參與校園重建的人員,無不卯足全力,為建設永續校園,投注最大的心力,因而,在九二一災後重建期間所完成的校園,實現了極具設計意

---

61 教育部 , 教育部 921 災後校園重建報告,教育部出版,2001,p.1-2。
62 教育部 , 教育部 921 災後校園重建報告,教育部出版,2001,p.2。

匠、融合環境並創造出校園環境的典範。故亦成就了「新校園運動」之美名。其中，林洲民建築師團隊設計，獲得遠東建築獎九二一校園重建特別獎的民和國小、民和國中，以融合地景、運用原住民相關意象而發展的建築語彙、選用現地建材、呼應物理環境的重建案例，最能呼應新校園運動並甚足稱道（參見 P.142 ～ 143 照片）。

學校重建相對於其他建築物的重建工作，因土地產權及管理機關較單純，主要問題著重於重建經費的取得及工程發包速度，因此，因應重建過程相關解決方式及措施可整理如下：

(1) 受災學校復建經費免納入地方預算，工程費用直接核撥，加速受災復建工程之執行。

(2) 為落實掌控學校完成重建時程，重建會協調教育部在該部中部辦公室成立「地震受災中小學重建校舍進度督導協調會報」，且定期召開會議，並加強督導與控管學校重建進度。

(3) 由中央即教育部統一聘請學者專家及相關機關代表組成最有利標評選委員會，並組成工作查核小組，管控營造工程發包的作業時程及品質控管問題。

(4) 協調災區縣市政府對學校之建管作業採行單一視窗協調辦理發照等配合措施，以加速校園重建。

(5) 為能有效解決發包進度落後問題，委請內政部營建署代辦之 41 校規劃設計部分，回歸由承辦之建築師負完全責任，即預算書圖免由內政部營建署再行審查，由學校逕予審核預算數額。建築師審核建築書圖，內政部營建署專責辦理工程發包，層級分工藉以縮短作業時程，使其順利達到控管之重建期程。

(6) 如有地上建物因半倒或全倒之認定、或有產權爭議，則由承辦之建築師仔細檢討，針對個案建築基地之爭議性問題統一清點，於函請內政部營建署派員現地會勘後，由教育部工作小組委員建議對重建進度採用最有效之方式辦理。

融入於山林之間的民和國小

運用地景建築的手法，創
造出校園的開闊性與環境
的舒適性。

將原住民部落環境意象轉化為建築語彙，
並創出校園的視覺焦點。

格柵、大挑簷、適當的開口，創造自然流通的微氣候
及視覺景觀的延續與變化。

遠山、操場與建築和諧對話的民和國中

校園建築也可以創造出的值得朝聖的經
典室內空間

轉化變形的圖騰式建築與現代極簡建築
的巧妙對話、呈顯校園的環境魅力。

對於校園重建所採行的有效授權及著重效率的政策支持下，九二一震災校園重建，呈現出前所未見的公共工程執行成效。然而，校園重建案例中，對於協助建築師實現設計理念的支持狀況，或許也是特殊災難下的突發之舉，災後其他公共建築又回歸傳統最低標的競價工程，讓台灣的公共建築，又回到不值得稱道的窘境。

然而，在眾多校園重建的案例中，民間投入的重建工作，就存在著更值得稱頌之處。以南投縣集集鎮集集國民小學的重建為例，該案係佛教慈濟基金會認養的學校，在重建過程中，慈濟功德會動員工程專業、心理、經營等眾多領域的所有志工，不僅對於校園建築重建，投注心力，更在重建過程中，透過深刻的扶持與活動，撫慰災區民眾的心靈，並安定了受災民眾立足於家鄉的堅定信心。

對於集集國小的校園規劃設計，秉持貼近地方風土民情的理念，將校園與當地自然環境相連。慈濟投入的校園重建案例眾多，每所學校由不同建築師根據不同地方特色及自己的設計理念建造而成，故每所學校都有各自的校園風格。然而，為反應證嚴上人對於環境的態度與建築精神，所有的建築規劃設計，仍應遵守慈濟所訂空間規劃的共同理念：1. 安全、具地方人文特色與慈濟大愛精神，且必須符合綠建築的規範、實現重視環保生態的環境。2. 使用建材應實踐簡樸且為健康建材，而且必須容易維護。

集集國小在姚仁喜建築師的設計下，實現上人的建築理念，建築主體除採用高品質的 SRC 結構，並轉化慈濟延續性的建築語彙：人字造型屋頂，透過設計的巧思，創造出室內空氣自然流動的綠建築環境，以及建築造型的特色。主要建材則採用洗石子、抿石子、地磚磨石子等台灣建築傳統慣用的材料，一方面得以符合匠師們的施工習性，更可實現其易於清潔及維護的要求；在校園環境的規劃設計部分，除盡可能保存老樹，在植栽上，以大量使用原生樹種，分別創造出校園環境中，主體建築的軸線性與校園活動的親和性，而大量留設的開放空間，則除依據學校面積及活動需求調整外，更藉由九二一震災的經驗，留設做為完整的緊急應變場所之用（參見 P.146 ～ 147 照片）。

（二）產業重建計畫

　　九二一大地震受災嚴重地區的台灣中部地區，為台灣農業與觀光業重鎮，因此，九二一震災產業重建計畫中，以促進受災區包括農業、工業、商業、觀光業及有線電視業之產業復興為目標，並於 2000 年 3 月 24 日公佈相關實施計畫的內容。

　　歸納九二一地震對產業的損害狀況，基本上區分為直接與間接兩類。直接損害意謂地震對廠房、生產設備、耕地、漁牧、產品或存貨所造成的立即損害，而造成無法耕種與生產停擺；間接損害則為地震後造成的交通、能源運輸網絡之破壞，除了使災區對於生產過程中的物資、材料短缺而無法繼續生產或造成產量減少的影響外，更因進入災區的環境條件不佳，與對後續災害的恐懼，也嚴重影響災區的觀光產業發展。

　　在重建計畫上，除交通、運輸等，提列為公共建設的重建項目，而快速進行機能回復外，對於災區產業的振興，則定調「結合地方文化特色與產業型態推動傳統產業復興、獎勵企業再造」和「中央主導、民間支援、地方配合」的兩項原則。並且藉由此次災後重建，協助傳統產業轉型，以面對國際化發展趨勢；而為了提升災區觀光永續發展的基礎，更加強調在重建工作推動時，能保有地方文化，以發展出具有各地特色的產業、商圈或景區[63]。

　　在產業重建的課題上，由於在九二一大地震發生前，災區眾多的產業發展已面臨生產、營運等經營困難的瓶頸，因此，對於九二一震災災後產業重建而言，不僅是要恢復舊觀，更需要導入新的價值，才能真正延續產業的存續，進而開創發展的空間。是故，災區的產業重建，其實是著眼於產業振興，其具體的方向，則是促進地方特色產業轉型升級。在眾多產業重建的案例中，南投縣埔里酒廠與集集火車站再生，就可視為災區產業復甦、風華再現的成功案例。

---

63 行政院經濟建設委員，產業重建計畫，2000,p.1。

災後含淚拆除殘破校舍時（集集國小提供）

接受慈濟功德會校園重建認養，獲得證嚴法師關懷與祝福。（集集國小提供）

姚仁喜建築大師結合慈濟建築語彙並使用在地建材與工法的校園建築

延續靜思堂建築風格、立地於密林的禮堂兼體育館。

校園內反映出學生們得以快樂自主學習的閱讀角

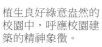

植生良好綠意盎然的校園中，呼應校園建築的精神象徵。

精準、高耐震鋼構的施工過程。（集集國小提供）　　成形過程的禮堂兼圖書館（集集國小提供）

其中，集集火車站的重建，整合了區域中的環境資源，而強化地區觀光的價值，是災後產業重建值得稱道的案例。台鐵集集支線曾在民國七十五年，台鐵以虧損為由，有意停駛並拆除，所幸地方人士的努力爭取而得免拆；民國八十三年起，當時集集鎮的林明溱鎮長為發展觀光事業，不僅捐資整理車站周邊環境，還進一步美化站前廣場環境，並代管廢棄台鐵倉庫。九二一震災造成的車站建築嚴重毀損，又一度蒙受被拆除的危機，所幸在眾人的願力作用下，得以獲得以文化資產保存方式復舊的決議，並以原有材質及原貌重建，此重建工程自民國八十九年九月二十日開工，民國九十年五月底完工。車站維持典型日據時期木造小車站，純檜木架構的車站建築風格，並與站前廣場相輝映。此外，低運量的集集支線，亦讓鐵路沿線的的周邊，得以發展為可供休閒娛樂、生態旅遊的整體環境，使車站周邊得以提升觀光商業的能量，更延伸連接素有盛名的集集綠色隧道（參見 P.150 ～ 151 照片），可謂鄉鎮產業重建的代表性案例。

回溯九二一震災發生時，埔里酒廠原廠區內 24 棟建築物，皆受到相當程度的損壞（震損或火災），其中有 5 棟建築物嚴重倒塌，其他皆有多處樑斷、柱折、鋼筋外漏之嚴重受創情形。而酒廠中庫存多年的老酒、工廠中的生產設備，也都受到極嚴重的損毀。

在歷經災損盤點，並重新思考未來發展方向後，因應中央政府的經濟部推動重建區酒、竹、茶、花的產業發展方向，酒廠確立了針對當地產業特色設計、發揮帶動地方產業功能的目標，而提出「酒產業文化園區計畫」，期望以觀光帶動產業升級。在實施計畫上，第一步即是園區之復原及重新規劃空間機能，繼而先拆除嚴重倒塌傾斜及損毀之建築物、補強結構良好不會發生安全之虞的建築物，繼而重新確立生產及營運的策略，實現生產與觀光並重的產業發展方向。

埔里酒廠重建的總經費計新台幣 1 億 320 萬元；完成的建設項目計有：房屋及建築整修、機械及設備修復、園區道路及景觀工程、成品清理、及其他零星工程等項目。在以觀光活動作為產業重建主軸的指導下，埔里酒廠於 1 年內完成重建，並成功為埔里鎮的災後觀光，注入一股新活力（參見 P.150 ～

151 照片）。究其主要措施及相關成功的做法，可歸納並分述如下：

1. 埔里酒廠成立全台首座「酒文化館」，妥善運用酒廠既有的資源，展示了紹興酒的製程與文化，增添了觀光酒廠的文化底蘊。而且，完全改變當時封閉性生產型工廠的概念，在重新開幕時，整個埔里酒廠園區亦同時全區開放，讓消費者實際參觀生產過程，除滿足知識的追求外，更增添對產品的認識與信心，而催化了增加消費的意願。

2. 致力於開發多樣化商品：善用酒為基礎原料，延伸發展出多樣化的食品、調味品與禮品。此外，更為主要生產項目紹興酒，透過產品以年份及品質分級、增添專屬性與紀念性等方式加值，而創造出更高的商品價值。酒廠內更設置具有地方特色的商品特賣中心，展示各類產品，並可在銷售過程進行直接觀察，以有效改善產品並提升產值。

3. 妥善扮演埔里鎮觀光核心的角色，與在地舊有埔里商圈共同結合，進行區域性之都市計畫調整及塑造商圈的整體形象，建立商業主軸，並以建立地方特色推動產業經濟發展。

4. 升級酒廠為區域觀光資訊中心，由於埔里位於南投縣的地理中心，利用酒廠為中心，提出多條旅遊套裝行程，與當地特有的漆業、手工紙業、茶業、餐飲業、窯業、及日月潭等景點相互鏈結，將整個南投地區的觀光地點串聯成 1 日遊或 2 日遊之旅遊行程。

（三）生活重建計畫

災後重建除了實體環境的重建項目外，協助受災民眾走出傷痛，並克服災後承受的各項生活壓力與負擔，使受災民得以回歸正常生活，亦是不容忽視的課題。九二一震災後的生活重建就包含了「心靈重建」、「學校教學及學生輔導」、「社會救助及福利服務」、「就業服務」、「醫療服務及公共衛生」。

災後重建完成展現日據時代小車站建築風格的集
集火車站及站前廣場

伴隨集集火車站地區發展的商業休閒開發

集集綠色隧道延伸的自然活動資源

鐵道與公路並存的綠色隧道路段

震災後重建時整修的辦公室歷史建築
與廠房（莊建德建築師攝）

震災後的重建方向是成為結合生產、
文化與藝術的觀光酒廠（莊建德建築
師攝）

心靈重建主要是平復受災害影響的民眾，克服傷痛，走出陰影，回歸正常生活；在實際推動方式上，除投入大量的心理諮商人員外，更結合宗教及民間團體力量，透過陪伴、輔導，輔以其他共同活動的參與、心靈啟迪、諮商、講習等，幫助災民、救災人員與社會大眾，得以建立適當的認知與態度，重新認識重大天災對人生的意義，而達到心靈重建的目標。在學校教學及學生輔導上，則結合大專院校及民間團體，協助災區學校復課、學童復學，並對於災區經歷震災洗禮的師生，提供必要的心理輔導及心靈重建，逐步安定災區師生的心神，而回歸正常的教學與學習。在社會救助及福利服務上，針對災民不同需求而訂定各類救助措施，除針對失依老人、失依兒童、身心障礙者及生活扶助戶，提供特別的後續協助外，亦全面協助災民重建生活所需。在就業服務上，盡力創造災區的就業機會，是災後重建階段的重要政策；除配合災後工作推動，妥善調配重建所需人力，讓災民有較多工作機會外，更加強失業輔助、就業服務、職業訓練等，讓失業的災民亦可以提升作業能力投入就業。在醫療服務及公共衛生上，除增加醫療人員投入災區，協助災區在重建階段維持正常的醫療服務，更加強災區的防疫及環境維護，讓災民可以在安全健康的環境下，進行重建，並免除就醫的障礙。

（四）社區重建計畫

社區重建計畫係針對各社區的地理位置、地形風貌、文化特色、產業型態、建物毀損狀況及社區居民的意願，分別進行重建工作；基本上並區分為「個別建物重建」與「整體重建」兩大類。另外針對具有特定意義及角色價值的日月潭國家風景區與中興新村特定區兩處，則由中央政府統籌規劃並推動相關建設。

個別建物重建係針對獨棟、產權清楚、不涉及都市計畫變更也非位於整體重建計畫地區的個別建物，依照都市計畫法及非都市土地管制規則辦理重建或整建；鄉村區中屬於農村聚落，或不涉及整體重建之個別建物，則依照農委會「農村聚落重建計畫作業規範」辦理重建。至於整體重建則分為以下五大類[64]：

---

64 引述自行政院重建推動委員會（1999）。災後重建計畫工作綱領。

(1) 都市更新地區：

在都市計畫內的災區，適合採用都市更新方式辦理重建者，依都市更新條例劃設都市更新地區及更新單元進行重建、整建與維護，實施方式採區段徵收、市地重劃或權利變換等方式辦理，並得依都市更新條例規定，給予容積獎勵與稅捐減免。

(2) 鄉村區更新地區：

非都市土地之災區，適合採用鄉村區更新方式辦理重建者，依都市計畫法擬定鄉街計畫，或擴大都市計畫範圍，依都市更新條例辦理重建、整建與維護，並給予容積獎勵與稅捐減免，或依「台灣省農村社區更新土地重劃實施辦法」辦理重建。

(3) 農村聚落重建地區：

農村聚落含鄉村區內不適合採更新方式辦理重建者，由農委會研擬「農村聚落重建計畫作業規範」劃設農村聚落重建地區，辦理重建，並依相關規範給予獎勵。

(4) 原住民聚落重建地區：

由原住民委員會參照農委會農村聚落重建計畫作業規範劃設原住民聚落重建地區，辦理重建，並依相關規範給予獎勵。

(5) 新社區：

1. 針對土石流、斷層地區居民遷村安置，或配合地方政府安置災民需要，辦理社區開發。

2. 都市計畫範圍外或都市計畫範圍內利用周邊之農業區、公有或公營事業土地、其他適當土地，依都市計畫變更、新訂或擴大及非都市土地使用變更編定等方式規劃開發為新社區。

2 九二一地震災後重建的法律制度

在 921 地震造成嚴重傷害後，總統於同年 9 月 25 日發佈了緊急命令，作為災害救助，災民安置、災區重建的工作依據，命令共有 12 條，緊急命令的有效期限至 2000 年 3 月 24 日止，主要是排除現行法令會影響到救災及重建進行的部份，並於 1999 年 10 月 22 日訂定緊急命令執行要點，作為緊急命令詳細規範。

另為使重建工作順利且具效率，行政院於民國 88 年 11 月 9 日公佈「災後重建計畫工作綱領」，搭配行政院於 11 月 25 日通過、並於 2000 年 2 月 3 日由總統發佈的「921 震災重建暫行條例」，作為緊急命令延續的特別法，重建條例架構分為六章，分別是總則、災區社區重建、租稅與融資配合措施、行政程序之執行與簡化、重建經費籌措、附則，條文共有七十五條，並以九二一震災災後重建推動委員會為重建條例的負責推動及協調機關。

由於 921 震災發生前，台灣的災害防救相關法令係以地方省、市為主的天然災害善後處理辦法；為使九二一震災的在後重建能順利且迅速的推動，921 震災重建暫行條例的頒布實施，始得以突破現行法令限制，展現行政效率，並著重在後續產業復興、城鄉重建等工作 [65]。細究九二一大地震後實際制定的法令，係以總統發布的緊急命令，做為緊急應變救援及初期重建工作推動的依據，而實際涵蓋重建階段的主要法令則為 921 震災重建暫行條例，並據以訂定重建事務推動所需的實施工具，包含作業要點、作業辦法、作業規定、作業須知等，使災後重建的必要作業，得以做快速且有效的因應。

3 九二一地震災後重建的土地政策

台灣是個自由民主的法治國家，土地產權亦屬私有化，長年以來的繼承或未明確清理所造成的複雜產權關係，使得地震發生後要進行重建時，成了非常麻煩的難題；其中涉及的土地產權類型包含共有土地、祭祀公業土地、夾雜公有土地等課題；面對這些複雜的土地產權狀況，若在重建進行時，必須依循現有法令及流程辦理，則因程序繁雜，甚至無法有效處理，因此「921 震災重建暫行條例」針對產權複雜的重建基地，特在第二章第一節「地籍與土地處理」，以第六至十四條，提出處理因應的方案 [66]，以解決這棘手的問題。

除了針對處理民間災後重建而採行的便利措施外，對於以取得重建用地而遂行的重建手段，則大致落實於「新社區開發」及「以地易地」兩種政策模

---

65 謝志誠、林萬億、傅從喜，安全的家園、堅強的社區 - 天然災害後的重建手冊，國立台灣大學出版，2012 年 12 月，p.39-p.61。

66 921 震災重建暫行條例（2000 年 2 月 3 日至 2006 年 2 月 4 日）第 6 至 14 條。

式 [67]。茲簡要說明如下：

(1) 新社區開發政策

九二一地震發生後，政府為了安置受災區域的居民開發新社區，選定公營事業土地時，根據921震災重建暫行條例第三十三條[68]規定：「應先協議購價，協議不成得實施徵收，」此外，政府選定私有土地做為安置受災戶開發新社區，該土地所有權人同意讓售者，得依照公營事業土地補償標準價購，並免徵土地增值稅。其次，第三十四條之一規定：「政府為安置受災戶以土地重劃或區段徵收方式開發新社區時，應於計畫區內依實際需要集中劃設安置受災戶所需土地範圍，」若原土地所有權人分配的土地低於應分配的土地，政府須依開發後評議地價補償。此係兼顧土地取得的可行性，亦不影響土地所有權人的合法權益。為加速重建的推動效能，授權地方政府，在取得安置災民所需的土地可以協議價購、實質徵收、土地重劃和區段徵收的方式，決定最適當且最有效率的取得方式。此外，重建條例裡亦明文規定了協議價購和實施徵收的對象、實施原則、補償標準，藉以明確化重建土地的取得機制，而採行土地重劃和區段徵收的部分，則根據原有的「平均地權條例」、「土地徵收條例」、「農村社區土地重劃條例」等法規實施。

新社區開發政策提供了多種的重建土地取得管道，多數是利用重建開發政策推動之初所提出的「協議價購」及「實施徵收」，但也不是所有土地取得過程都非常順利。以爭議最多的斗六市嘉東新社區開發計畫[69]為例，該計畫係在增訂921震災重建暫行條列第三十四條之一前提出，係為配合雲林縣斗六市921震災災後重建綱要計畫擬定之「斗六嘉東地區特定區計畫」，然而開發方式從最初採跨區區段徵收斗六市茄苳腳農場、中山國寶大樓、觀邸大樓及祥瑞大樓四個地區，繼而改以協議價購或實施徵收台糖公司土地或區段徵收私有土地，最後採協議的方式向台糖公司和農田水利會價購，才順利取得土地並推動後續重建工作。

---

67 謝志誠、林萬億、傅從喜，安全的家園、堅強的社區 - 天然災害後的重建手冊，國立台灣大學出版，2012年12月，p.169-p.187。
68 921震災重建暫行條例（2000年2月3日至2006年2月4日）第33、34條。
69 921重建推動委員會，九二一震災災後重建實錄，台灣省政府出版，2006年12月。

總計，九二一震災後，以推動新社區開發推動重建的個案，其土地取得的手段，都採協議價購與實施徵收兩項（參見表20），此亦顯見土地重劃與區段徵收的複雜性與困難性，無法應對緊急獲取土地的要求。

(2) 以地易地政策

行政院提出以地易地構想來解決斷層帶土地重建問題，並於「921震災重建暫行條例」中明定，依據第三十三條（政府選定公營事業土地實施以地易地，應先協議購價不成再實施徵收，並於取得用地後再辦理土地區分擬定或變更）、第三十六條（原已建築使用的私有建築用地變更為非建築用地，且災後未獲配國民住宅或其它政府興建住宅者，可申請鄰近公有非公用建築用地辦理交換）、第三十七條（震損公寓大廈有居民死亡，於震災發生起四年內其基地無法以市地重劃、區段徵收、都市更新或其他方式辦理重建，且未獲配國宅或其它政府興建住宅，該基地所有權人可用國私有土地交換作業規定申請用地交換）等之規定，進行以地易地的相關作業。

表20 新社區開發區位、土地來源、取得方式及面積

土地取得方式	新社區	面積（公頃）	土地來源
協議價購	南投市茄苳新社區	7.28	國宅用地
	東勢鎮東勢新社區	1.40	國宅用地
	中寮鄉大丘園新社區	0.395	南投縣有土地（農村土地重劃抵費地）
	草屯鎮紅瑤新社區	0.1632	南投縣有土地（農村土地重劃抵費地）
	水里鄉鉅工新社區	0.2	國有土地（國有財產局、林務局、台灣大學）
	大里市大里菸試所	1.0264	國有土地（台灣省菸酒公賣局）
	石岡縣新石新社區	2.08	國有土地（國防部）
	斗六市嘉冬新社區	10.13	台糖和農田水利會土地
實施徵收	埔里鎮北梅新社區	3.40	台糖土地
	埔里鎮南光新社區A	0.3035	台糖土地
	竹山鎮柯子坑新社區	1.58	台糖土地
	太平市德隆新社區	2.05	台糖土地

資料來源 黃秀政等，921震災災後重建實錄，五南出版，2005

4 九二一地震災後重建資金政策

921 地震造成了 10 萬多戶的房屋毀損，30 多萬居民需要被安置，重建所需大量資金，必須以特別措施因應，才不至於影響國家正常事務的推動。因此《921 重建暫行條例》中特別確定經費來源如下[70]：

第六十八條　各級政府機關為辦理災後重建計畫，所需經費得報經行政院核定後，在各該機關原列預算範圍內調整支應，不受預算法第六十二條及第六十三條規定之限制。

第六十九條　緊急命令規定在新台幣八百億元（合美金二十五億六千兩百萬元）限額內發行公債或借款及其支用，得繼續適用至 2000 年 12 月 31 日，不受預算法及公共債務法之限制。但仍應補辦手續。

第七十條　行政院為配合災區重建，應設置社區重建更新基金，為下列各款之運用：

（一）補助災區社區開發、更新規劃設計費。

（二）撥貸辦理災區社區開發、更新地區內土地徵收及地上物拆遷補償。

（三）撥貸辦理災區社區開發、更新地區開發興建。

（四）投資社區開發、更新有關重要事業或計畫。

（五）補助災區個別建築物重建規劃設計費。

（六）重建推動委員會所需之經費。

（七）生活重建相關事項。

（八）文化資產之修復。

（九）低收入戶創業融資貸款之利息補貼。

（十）因震災致建築物毀損提起民事訴訟之鑑定費用。

（十一）社區重建更新基金之來源，為國庫撥款、民間捐贈及其他經行政院核定撥入之款項。

社區重建更新基金之收支、保管及運用，由行政院定之。

　　行政院災後重建推動委員會發布的災後重建計畫工作綱領亦分別就「公共建設計畫」、「產業重建計畫」、「生活重建計畫」與「社區重建計畫」四

---

70 引述自 921 重建暫行條例（2000 年 2 月公布）。

項計畫，提出經費的主要來源。該經費大致分為政府各機關經費預算編列，和民間團體捐輸兩大類別。其中，政府機關經費來源可以分成三種：(1) 中央政府編列年度和特別預算：1270 億台幣（約合美金 40 億元），(2) 中央政府各部門提供優惠免息及低利貸款補助：1000 億台幣（約合美金 32 億元），(3) 政府機關設立捐款專戶：220 億台幣（約合美金 7 億元）；另民間團體捐輸則至 2004 年統計共達 120 億台幣（約合美金 3.8 億元）[71]。

5 九二一地震災後補助措施及特殊援助

由於重建工作歷時長久，除重建政策及建置組織體系之外，過程之中提供相關補助、或引進民間及其他非官方特殊援助，亦在重建過程中發揮重要作用。茲就政府援助及民間救助，彙整災後復原階段的多面向措施如下：

（一）政府援助 [72]

1. 對災區的認養

中央部會及九二一震災中未受災損嚴重的各縣市，在災後直接認養災區的各鄉鎮，並協助其重建。其中，由於南投、台中地區的災情最為嚴重，九二一震災後，即委由三位政務委員擔任各區總指揮，分別整合及協調南投縣、台中縣、台中市的救災工作，每個鄉鎮則指定一位次長負責，由中央部會直接認養重災區的各鄉鎮，例如交通部負責漁池鄉、農委會認養集集鎮、內政部認養草屯鎮，形成一個有效率的重建指揮網路。

2. 對房屋受損的補助

（1）全倒及半倒戶之補助

九二一震災後，為了對受災戶建築物損害提供補助，而建立全倒與半倒的補償標準。其中，認定住屋全倒者，現住生活戶（不包含單身戶）不論是否

---

71 921 重建推動委員會，九二一震災災後重建實錄，台灣省政府出版，2006 年 12 月。
72 921 重建推動委員會，九二一震災災後重建實錄，台灣省政府出版，2006 年 12 月。

設籍，由政府每戶發給 20 萬元，總計發放 50,652 戶，約發放 101 億元（約合美金 3 億元）；住屋半倒者，由政府每戶發給 10 萬元，總計有 53,615 戶，約發放 53 億元（約合美金 1.6 億元）。然而該補助方案在執行時，因錯用災後建築物安全緊急鑑定採行紅、黃、綠單的初步鑑定結果，亦造成災後重建初期的混亂及復原重建專業判別的干擾。

(2) 受災戶之租金補貼

政府為緊急妥善安置九二一地震所造成房屋全倒及半倒的受災戶，採取臨時住宅（組合屋）配住、申購國宅（原售價七折優惠）及補助房屋租金等三擇一安置政策，使受災戶重新以家庭為出發點，展開家園重建工作，其中有關發放房屋租金規定如下：

①第一年租金發放

依據「九二一大地震安置受災戶租金發放作業要點」規定，以自有產權之房屋全、半倒者，不論其經濟條件，其戶內人口每人每月補助 3000 元（合美金 92 元），無人口數限制（包括實際居住非戶籍人口），採一次發放一年租金。總計核發 316,096 人，支用約 112 億元（約合美金 3.47 億元）。

②第二年租金發放

為使第二年租金發放能普遍惠及重建尚未完成之全、半倒戶，針對礙於事實困難致無法取得租賃證明之受災戶，在政策上提供改善受災戶居住生活環境補助配套措施。其額度以原補助租金最高金額 12 萬元之半數（6 萬元，約合美金 1859 元）核發。總計核發 4,196 戶，核撥金額約 2.6 億元（約合美金 8 百萬元）。

3. 政府設置之組合屋

九二一震災後，各級政府於重建區總共興建 112 處、合計 5,854 戶的臨時住宅（組合屋），第一階段為安置全倒及半倒受災戶，第二階段如有空餘住屋，則安置低收入戶、有身心障礙者之家庭、原住民家庭及其他經縣市社政

主管機關調查評估屬緊急個案或確有居住之需要者。

4. 對傷亡的補助

(1) 死亡慰助

對於受災死亡者（因災致死或因災重傷於災害發生後 30 日內死亡）發給其家屬 100 萬元（合美金 3 萬元）慰助金，失蹤者比照辦理，合計發放死亡者 2,424 人、失蹤 50 人，共發放約 24.7 億元（約合美金 0.76 億元）。

(2) 重傷慰助

重傷者，每人發給 20 萬元（合美金 6000 元），共發放 754 人，合計發放 1.5 億元（約合美金 464 萬元）。

5. 政府善用捐助投入於弱勢之補助方案

政府為協助弱勢戶修繕震損房屋及改善住宅環境，因此辦理低收入戶、中低收入老人及身心障礙者住宅修繕補助，每次最高補助 10 萬元（約合美金 3000 元），三年內不得重新申請，總計補助 418 戶（低收入戶 183 戶，中低收入戶 169 戶、身心障礙戶 66 戶），共支用 1 億 1,223 萬 6000 元（約合美金 340 萬元）。

6. 其他社會救助措施

(1) 以工代賑：以災區重建工程的工作，引入當地人力作為復原之力量。

(2) 臨時工作津貼：於災區重建初期，以輔助性質為民眾投入就業之補助。

(3) 就業重建大軍：預防災後結構性之產業沒落，建立災區足夠產業能量。

(4) 永續就業工程：以未來產業經營為思考，獎勵投入災後的產業方向。

(5) 多元就業開發方案：針對民間自發性質的產業發展，提供多元補助管道，

以穩定重建初期之生活所需,幫助民間全力投入產業之重建。

(二)民間救助[73]

1. 災區物資、救助金發放及臨時安置[74]

以慈濟功德會為例,在九二一地震發生之時,率先有組織地進入災區提供用水、餐飲及物資之援助;進而以關懷災區之倖存者,成立義工救助站,發給災民每戶五千元(約合美金 154 元)或一萬元(約合美金 308 元)的慰問金,讓災民得以臨時運用。同時積極協助建置臨時屋或組合屋,提供避難民眾基本的日常生活用品,包含毛毯、環保碗筷、生活包等,協助政府分擔災民生活安置等問題,其他組織如紅十字會及其他宗教團體,亦就前述類似的救助工作,共同投注心力。

2. 古蹟修復

九二一地震後,具有專業背景的團隊,亦投入極具價值的貢獻;以鹿港龍山寺為例,該寺建築受損情況嚴重,包括:山門構架變形、木柱位移、屋頂傾斜,五門殿、戲台及拜殿木柱位移,正殿屋脊及燕尾斷裂、山牆龜裂傾斜,後殿牆壁坍塌。由於龍山寺是珍貴的國定古蹟,且為民間信仰中心,是具有極嚴格的修復規範。有鑑於民間企業的熱誠,經多方研議協調下,決議由民間團體寶成國際集團旗下「裕元教育基金會」負責完全籌措修繕經費,而修復工程及施工監造則回歸由政府主管機關負責審定整體修復計畫,並由龍山寺管委會與政府一同授權裕元基金會組成「鹿港龍山寺修復工程委員會」,負責後續修復工程之執行。政府與民間團體歷時 7 年終究完成九二一震災古蹟修復之首案,也成為災後公私協力之重建典範(參見 P.161 照片)。

---

73 謝志誠、林萬億、傅從喜,安全的家園、堅強的社區 - 天然災害後的重建手冊,國立台灣大學出版,p.337-p.358。

74 馮燕、黃瓊億(2010 年 9 月)。台灣非營利組織災變應對平台模式之發展 - 從 921 震災到莫拉克風災 / 社區發展季刊(131)。
André Laliberté(2009 年 3 月)。宗教慈善與災害重建:以 921 賑災為例。民俗曲藝期刊(163)。

鹿港龍山寺，維持著道光年間建築風格的山
門。

戲台上方，興建於道光十一年（1831 年）、
郭新林於民國 53 年（1964 年）彩繪的八卦
藻井。

與五門殿結合的戲台，是全國最為獨特、最具有傳統藝
術價值的廟內戲台。

第四章

九二一震災災後居住與住宅重建

在九二一震災中受損的住宅，根據全國民間災後重建聯盟於
2014 年 7 月 29 日更新的統計資料顯示，全台房屋損壞狀況
共計全倒 52,270 戶、半倒 54,380 戶，總計 106,650 戶受震
災影響；其中南投縣、台中縣和台中市三縣市是當時受災最
嚴重的地區。由於受災地區建築物損害嚴重，為使災民能夠
盡快恢復生活機能，政府結合民間的力量，在震災後即著手
進行相關災民安置的作業，並因應災區實際需要，推出多樣
的住宅重建配套措施。

基本上，在緊急命令頒佈後，迅即推出災後重建工作綱領及
九二一震災重建暫行條例，繼而制定九二一地震重建區住宅
政策與實施方案，作為政府推動災後住宅重建的法制架構與
執行機制。在住宅重建政策推動上，係以「行政院九二一
震災災後重建推動委員會」為主要專責機構，半民間組織
「九二一震災重建基金會」則妥善運用震災捐款而推出多項
協助民間住宅重建的計畫。

本章先就台灣在九二一震災之後所面臨的居住課題進行彙
整，繼而探討相關安置措施、住宅重建政策、重建理念、重
建策略和重建模式，並輔以實際案例說明各類型住宅重建的
過程。

第一節 九二一震災衍生的居住課題

　　九二一地震造成嚴重災情後，在初期避難生活，即衍生眾多問題；繼而，鑑於擬定後續重建政策的需要，必須在重建初期先對災情進行調查、分析，藉以整理出影響重建的課題。進而從災區清理、產權、法令，乃至於實質建設推動，都在住宅重建上出現了許多複雜且繁瑣的問題。

1 災後立即的居住問題

　　根據行政院九二一震災災後重建推動委員會於 2006 年所發行「921 地震住宅重建回顧」的資料所載[75]，九二一地震發生後除立即造成建築物嚴重受損外，災後約兩週內仍頻繁發生餘震，使災區民眾基於安全考量及恐懼心理等因素，面臨無家可歸或不敢於原屋居住的情況；因此，眾多災民以空曠安全地區如公園、人行道、學校操場、停車場等公共設施避難。如何妥為安排收容場所，以供民眾搭設緊急避難帳篷或停車等，成為災後立即面對的重要課題。而在該避難收容場所中，可飲用或生活用水、飲食、就寢、衛生、醫療的數量與品質如何確保，以及災區混亂中可能衍生的治安問題如何解決，都是因應災後立即居住所衍生的問題。

　　直到地震發生約 2 周後，餘震漸漸減少、建築物未損壞的民眾陸續返回原居住處所才逐漸恢復往常的生活。對於建築物受損者，由於需進行修繕或重建工作，在此期間，臨時居住有重大而迫切的需求。由於災區條件不一、可供出租之空屋數量不同、受災戶經濟條件不一等因素，故衍生出不同的安置需求與安置措施。

2 住宅重建的課題

---

75 參考：行政院九二一震災災後重建推動委員會，921 地震住宅重建回顧，P7，2006

在解決災後的緊急避難與臨時安置等問題後，開始步入艱困的災後重建工作。面對百廢待舉的居住環境，在推動重建工作上也面臨了許多問題；對此，行政院九二一震災災後重建推動委員會頒布了「九二一地震重建區住宅政策與實施方案」，作為支持災後住宅重建的法源。而在落實此政策與實施方案上，則係以災情調查為依據，彙整列舉了 13 項九二一震災住宅重建上所面臨的課題 [76]，茲說明如下：

(1) 地籍經界問題：

地震產生了土地界址及地籍經界的偏移、界址相對位置變形，地籍圖和現地有所出入，使得原地重建或是遷移他地新建都產生障礙。

(2) 土地產權問題：

共有土地會有共有人無法尋得或達成重建共識的問題；祭祀公業土地依現行法令規定，會產生如何再登記為原祭祀公業所有的問題；所有人因震災而死亡的不動產，若尚未登記繼承，則會影響該土地的重建；佃農使用地主的農舍或是使用地主土地興建農舍，經地震毀損後會有無權興建的問題；私人佔用台拓地、林班地、保安林地、實驗用林地等，當震災造成了房舍的倒塌毀損，會有取得土地使用同意書困難的問題；公寓大廈或是集合住宅毀損後，要進行重建或修補，都要有一定比例的所有權人同意，造成了重建的困難。

(3) 都市化地區所遭遇問題：

都市化地區會因違反都市計畫使用分區管制的議題，或是因地震造成樁位偏移、都市計畫圖扭曲而不適用，以及都市計畫區禁限建的衍生問題、以及辦理都市更新重建時，因為居民的意見整合困難而衍生的問題。

(4) 非都市土地所遭遇問題：

主要是對於「非都市計畫土地開發審議規範」，在重建區產生是否必須對

---

76 參考「九二一地震重建區住宅政策與實施方案」(2001 年 5 月 3 日)，第貳章—問題分析之內容。

應現況，而須採因地制宜的問題。

(5) 重建資金及貸款問題：

在重建資金的取得上，會有受災戶無力償還貸款、沒有房屋或房屋滅失故缺乏建物所有權而不能向銀行貸款，或是個人信用不良而無法貸款等問題。

(6) 震損集合住宅判定爭議及修補問題：

集合住宅的產權、設備等為共有，但地震造成的損害不一，會使得修復的行政程序、區分所有權等問題衍生，且集合住宅的修補需要經過長時間的溝通，在完成後還要解決受災戶返回原地居住的信心與傷痛的克服。

(7) 個別住宅重建問題：

在原地重建上，會碰到相關產權或是土地的使用權限制而無法順利重建的問題。

(8) 臨時住宅輔導問題：

部分受災戶受到災損後尚未申請重建或改建，而自行先以臨時住宅像是鐵皮屋或簡易鋼架等安置者，為免衍生環境的負面影響或破壞生活環境品質，需要加以輔導管理，並做安全評估。

(9) 農村聚落重建問題：

山坡地保育區的建築執照取得手續相當繁雜，也會碰到土地是否可合法興建建物，及公地放領時不予放領重建用地，使受災戶無法申請建照及優惠貸款等問題。

(10) 原住民聚落重建問題：

世居原住民沒有建築物的所有權狀，造成無法申請重建貸款，且山坡地保育區的建照申請手續繁雜，或是因為原先建物使用非建築用地而無法申請建照，亦有重建所需的費用原住民無能力負擔，及難以找到完整基地適宜遷村等問題。

(11) 土石流危險區住戶安置問題：

地震造成的山崩、土石流，對於該敏感地區，安全建地少且取得不易。

(12) 位於斷層帶受災戶安置問題：

位在斷層帶受災戶若經評估後不適合於原地重建，需要另尋建築用地異地重建，是否有合適的鄰近公有非公用土地可做交換也是個問題。

(13) 一般住戶及低收入、老弱殘障、單身無依等弱勢族群安置問題：

原先居住於地質脆弱、土壤液化及有土石流危險的區域，無法原地重建，經濟許可的受災戶補助其購買其他地區住宅或是國宅，經濟較差的受災戶則暫時安置在組合屋中，待政府協助其重建住宅，失依的弱勢族群則需要更多的照顧。

綜合以上 13 項問題，可歸納出九二一震災住宅重建的課題，包括緊急安置、土地或建物產權、損壞判定、重建經費、地理條件改變以及法規適用性等面向。為了對應災後立即的居住問題與住宅重建面臨的課題，政府結合民間力量，於災後初期推動安置措施。進而在確保災民基本生活所需暫時無虞後，依循法規架構推動災後重建。

第二節 九二一震災災後安置措施

　　九二一地震發生後，時任總統李登輝發布緊急命令，其中規範了災後緊急安置的指導原則。具體政策上，政府以「臨時住宅興建計畫」為依據，推動九二一震災災後安置作業。而考慮災民個別差異衍生不同的安置需求，政府先後推出「興建組合屋（臨時住宅）」、「補助房屋租金」和「七折出售國民住宅」三種安置措施，供災民選擇[77]。在安置政策推動後，隨著災民生活逐漸穩定，在推動重建工作的同時，政府也逐步進行臨時住宅退場的作業。

　　從時序上回顧災後安置措施，首先是政府於災後初期協調提供空曠安全的地點設立臨時收容所，供民眾搭帳篷作為臨時避難用途，並進一步於 1999 年 9 月 26 日公佈「臨時住宅興建計畫」。而後為顧及災民安置之個別差異、運用民間空屋及快速安定災民等理由，先後於 9 月 30 日發布「九二一大地震安置受災戶租金發放作業要點」、10 月 5 日發布「九二一震災住屋全倒、半倒之受災戶承購國民住宅作業規定」，以滿足災民之多元需求。

1 臨時住宅的興建

　　在興建組合屋（臨時住宅）上，政府於 1999 年 9 月 26 日公佈「臨時住宅興建計畫（第一期）」，經過初步需求調查後清查出 13 處可供興建之基地，共可興建組合屋 5320 戶。在第一期組合屋工程共 1840 戶發包後，政府調整每單位住宅面積從 8.8 坪提高為 12 坪。然而因日本政府與民間機構相繼捐贈組合屋興建，為了有效利用災後重建資源，政府於 1999 年 10 月初將由政府主導興建的第一期組合屋工程的戶數調整為 499 戶。

　　根據九二一震災災後重建推動委員會所統計臨時住宅的興建數量，可以看到政府與民間攜手合作，於災區各縣市的 112 處共計興建 5854 戶組合屋。民間合作對象包括慈濟功德會等 16 個民間宗教慈善團體，以及大陸工程公司等 8 個民間企業與機構，另有 14 處、1003 戶是由日本政府捐贈。在整體臨

---

77 謝志誠，九二一大地震災後「三擇一」安置政策之回顧，P1-P3

時住宅的興建數量上，以南投縣於 81 處共興建 4031 戶為最大宗，其次為台中縣於 23 處共興建 1481 戶，其餘則在台中市、苗栗縣、雲林縣和嘉義縣共八處興建了 342 戶（參見表 21）。在臨時住宅用地方面，112 處中有 55 處位於私有地，其餘則位於公有土地、學校用地、軍方用地、國營事業用地等土地上。

表 21 九二一震災發生後各縣市組合屋興建數

縣市興建數	南投縣	台中縣	台中市	雲林縣	苗栗縣	嘉義縣	總計
處數	81	23	3	1	3	1	112
戶數	4031	1481	218	14	103	7	5854

資料來源：九二一震災住宅重建進度總結報告

2 臨時住宅的實施 [78]

　　九二一震災之災後安置政策，以「先安置後拆除」為原則。在此原則下，臨時住宅住戶得到相關優惠和補助，包括非營業用之民生用水與用電的費用減免優惠、臨時住宅用地租金補助、重建戶申請用電線路費用減免優惠等。另包括補助臨時住宅社區每戶每月 500 元行政管理經費、為期一年，但須由社區自組管理委員會統籌管理使用，不得轉發給個別住戶。此外，內政部於 2002 年 11 月 19 日另行函頒「國民住宅作為平價住宅安置九二一震災重建區組合屋弱勢戶作業要點」，以有效照顧臨時住宅弱勢戶之生活。

　　關於臨時住宅的申請入住資格，根據行政院九二一震災災後重建推動委員會於 1999 年 10 月之「九二一受災戶使用臨時住宅分配作業要點」的規定，凡災區房屋全倒、半倒或經專業技師小組鑑定為危險房屋並不堪使用者，可依內政部申請表提出申請，再由各轄區之地方政府（鄉、鎮、市、區公所）彙整後參加分配，原則上可居住一年。而在初步分配安置後的剩餘臨時住宅，則根據行政院九二一震災災後重建推動委員會於 1999 年 12 月訂定之「剩餘臨時住宅配住實施要點」，放寬進住資格，以容納弱勢戶或特殊原因之個案者使用，時間自簽約進住時間起算一年為原則。

---

78 行政院內政部，九二一震災住宅重建進度總結報告，P 貳 -2- 貳 -4，2006 年 3 月

然而，政府與民間機構為滿足災民需求而爭相捐贈組合屋的興建，卻造成供過於求的現象。根據謝志誠在「九二一大地震災後『三擇一』安置政策之回顧」文中，參考中國時報於 1999 年 10 月 22 日的報導所做的說明，「1999 年 11 月 29 日之統計數據顯示，已計畫興建之組合屋共 5,106 戶，完工者有 2,989 戶，申請進住者共 3,883 戶，然實際進住者卻僅有 2,235 戶」，由此可見組合屋在規劃與實際需求的落差。為解決組合屋供給過剩的問題，政府繼而在 1999 年 12 月 1 日進行「剩餘組合屋再分配」的作業，以「有效運用剩餘組合屋及適時發揮社會救助功能」。

關於臨時住宅之分配進住時間，根據九二一震災重建暫行條例第 23 條第一項的規定，原則上為至少 1 年、至多 4 年。將使用時間訂定較短的原因，是因為這些組合屋多為臨時性建築，其居住品質與永久建築相比仍有落差；再加上臨時住宅興建基地的周遭環境和公共設施等，往往因為其僅屬臨時居住使用的性質，故未有整體規劃，因此，這些組合屋仍須及早拆除、不適於永久居住。但根據該重建條例第 23 條第三項的規定，居住於臨時住宅之災區居民未能完成住宅重建、重購或另有安置者，不得強制施行拆除其臨時住宅或遷移。也就是說，為了符合「先安置後拆除」的原則，臨時住宅的居住使用雖然以短期為主，但實際上仍須考慮受災居民之重建狀況進行評估，以維持災民必要的生活穩定性。

3 其他安置措施

為了針對災民不同需求而提供多元安置措施，政府在推出「興建組合屋（臨時住宅）」之後，又先後提出「補助房屋租金」和「七折出售國民住宅」兩項措施[79]，茲分別說明於下。

基於兼顧災民之個別需求、運用民間之空屋等考量，1999 年 9 月 30 日，政府函頒「九二一大地震安置受災戶租金發放作業要點」，該要點說明租金補助以「災前實際居住之自有房屋經鄉（鎮、市）公所評估為全、半倒之受災戶」為對象，發給房屋所有權人之戶口內實際居住人口，每人每月 3000 元

---

79 謝志誠，九二一大地震災後「三擇一」安置政策之回顧，P9-P11

之租金補助、一次核發一年期。所需經費除受災戶位於台北市之外，其餘皆由中央政府全額支付。

而後，基於快速安定災民所需，政府又於 1999 年 10 月 5 日公佈「九二一震災住屋全倒、半倒之受災戶承購國民住宅作業規定」。該規定說明：由直轄市、縣（市）政府提供待售及即將推出之國民住宅，以核定公告出售價格之七折，供「自有房屋全倒、半倒，本人（或繼承人）及配偶均無其他自有住宅者」申購。但受災戶申購並核配國民住宅後，不得再申領政府租金補助，且須繳還自承購當日起所剩月份之補貼租金；另外，原核配有組合屋者也須於獲得核配國民住宅後遷出。

在組合屋、補助租金與出售國民住宅三項安置措施推動之後，除了上述的組合屋供過於求的問題之外，三項安置政策之間產生相互排擠、組合屋暫住期限也因「九二一震災重建暫行條例」立法而展延，原申請房屋租金補助者也要求政府比照組合屋暫住期限再補助三年房屋租金。前述種種因素，使得政府持續對安置政策提出修正措施，也就是針對「剩餘組合屋再分配」及「延長發放租金一年」等政策進行調整，具體措施包括：將剩餘組合屋之分配對象擴及全、半倒住宅之承租戶，以及其他屬於社會福利或救助體系應行照顧之個案，並延長補助房屋租金一年 [80]。

4 臨時住宅的退場 [81]

配合住宅重建政策的推動，當永久性住宅重建完成（請參照第四章第一節第 4 小節所提到的七種重建模式），這些臨時性組合屋應當功成身退；但因尚有無能力進行重建的弱勢戶，經調查多屬經濟困難、土地協調有問題，或是生活能力負擔較重等，仍需接受政府安置照顧者。因此，依前述的弱勢戶安置計畫，由政府提供待售之國民住宅來優先安置弱勢戶。也配合在第四章第一節第 4 小節所提到的七種重建模式，在無國宅地區進行新社區開發和興建平價住宅，並協調財團法人九二一重建基金會提供在集合住宅都市更新案

---

80 謝志誠，九二一大地震災後「三擇一」安置政策之回顧，P9-P11
81 行政院內政部，九二一震災住宅重建進度總結報告，P 貳 -4- 貳 -7，2006 年 3 月

中的剩餘空屋等方式，全面解決臨時性組合屋拆除前必須協助組合屋住戶的課題。

當臨時住宅中的住戶的住宅重建或修繕完成、或不符續住資格時，經由地方政府輔導搬離後，騰空的臨時住宅組合屋由地方政府訂定整併與拆除計畫。原則上已完全騰空者、空屋率達 50% 以上之社區優先進行拆除作業；其拆除程序，必須先與原合作或捐贈組合屋者確定其回收意願，以決定組合屋拆卸後之材料的處理方式。對於拆卸後的材料如果原捐贈單位無回收意願，但評估可再利用的材料，則優先轉交給有意使用的地方政府，剩餘無再利用可能的部份，才會被當作廢棄物清理。

另外，為促進災區就業機會，根據九二一震災重建暫行條例第 25 條第一項[82] 之規定，在進行災區臨時住宅組合屋之搭建和拆除工程中，政府嚴格要求施工廠商應僱用該工程所需員工人數三分之一以上之災區居民。

全台的組合屋之居住年限，依照九二一震災重建暫行條例的規定是到 2006 年 2 月 4 日為止。各地政府多在 2005 年陸續擬定拆遷安置計畫，並於 2006 年農曆春節前（1 月）或春節後（2 月）進行拆除，該年 3 月完成整地恢復原狀。截至 2006 年 2 月 4 日為止，共有 88 處已完全拆除、8 處部分拆除；共 5283 間空屋已拆除，未拆除的 571 間中有 357 間已騰空、剩餘的 214 間仍安置 205 戶。各縣市截至 2006 年 2 月 4 日為止的組合屋仍有 571 戶未拆除（參見表 22）。

整體而言，在九二一震災後，政府著眼於盡快協助災民回歸正常生活，並能投入災後重建，因此積極進行災後居民安置措施。雖然國內人士的愛心讓臨時住宅數量供過於求，政府也適時提出修正措施放寬入住條件，使災區有限資源得以有效運用。另外在災民安置生活中，也融入心靈重建及產業重建的協助，讓災民得以走出傷痛。回顧九二一大地震，災後安置措施確實對應了災後迫切的居住需求，並充分支援災民盡快回歸正常生活，因而能順利推

---

82 九二一震災重建暫行條例第 25 條第一項原文：機關辦理未達公告金額之災後重建工程採購，其採公開徵求方式辦理者，應優先由震災前已於重建工程所在地縣市完成登記之廠商承包。但原住民地區優先由原住民廠商承包為原則。機關辦理災後重建工程採購之得標廠商，應將僱用該工程所需員工人數三分之一以上之災區居民定為契約內容，並送行政院勞工委員會備查。但得標廠商經以合理勞動條件在當地公立就業服務機構辦理招募者，不在此限。

動後續的重建工作。

表 22 九二一震災臨時住宅組合屋興建、拆除及安置統計表（統計至 2006 年 2 月 4 日）

	原始興建（處）	全部拆除（處）	部分拆除（處）	原始興建（間）	已拆除（間）	未拆除		安置戶數（戶）
						未使用空屋（間）	使用中（間）	
南投縣	81	71	5	4031	3783	192	56	56
台中市	3	3	0	218	218	0	0	0
雲林縣	1	0	0	14	0	14	0	0
台中縣	23	12	3	1481	1202	150	129	120
苗栗縣	3	2	0	103	80	0	23	23
嘉義縣	1	0	0	7	0	1	6	6
全台總計	112	88	8	5854	5283	357	214	205

資料來源：九二一震災住宅重建進度總結報告

第三節　九二一震災住宅重建的政策與推動措施

　　九二一震災災後重建由「行政院九二一震災災後重建推動委員會」（以下簡稱九二一重建會）作為專責統籌的政府部門，這是隸屬於行政院、依「行政院九二一震災重建暫行條例」成立的臨時性部門。「九二一震災重建基金會」（以下簡稱九二一基金會）則是行政院為了妥善運用「行政院九二一賑災專戶」之捐款而與民間共同成立的基金管理機構。

　　對應到住宅重建上，九二一重建會依循政府災後重建法制架構，落實九二一震災災後重建工作綱領、九二一震災重建暫行條例、九二一地震重建區住宅政策與實施方案的推動，並在重建貸款、建照核發、安全鑑定、修復補強、土地重劃等相關政策的推動上，都有明確的績效。而九二一基金會則推出「築巢專案」等策略，做為協助民間推動住宅重建的相關計畫。

1 住宅重建政策與實施方案

　　九二一重建會依照九二一震災災後重建工作綱領的指標，並延續九二一震災重建暫行條例的規範，委請內政部營建署研擬的「九二一地震重建區住宅政策與實施方案」，確立了重建理念、重建政策、重建策略與重建模式，是當時住宅重建的主要依據。其中，除了提出災後住宅重建所面臨的問題，也確立了住宅重建理念（包含三項總目標、六項目標與十四項標的），從而制定七項重建政策與十項推動策略，最終提出七項重建實施方案與十一項配合措施，以供不同情況與需求的受災戶參考選用。以下依「九二一地震重建區住宅政策與實施方案」[83]的內容，分別說明如下。

83　參考謝志誠在「九二一地震重建區住宅政策與實施方案」中參考彙整行政院九二一震災災後重建推動委員會於 2001 年 5 月 3 日核定的內容，整理出三項總目標、六大目標與十四項標的、七大重建政策、十項重建策略及七項實施方案。

(1) 九二一震災重建區住宅重建理念

在「九二一地震重建區住宅政策與實施方案」中，首先確立三項住宅重建的總目標為「全面解決各類受災戶居住問題」、「恢復重建區景觀風貌」以及「提升居住環境品質」，並以此作為九二一震災災後住宅重建的最終理念。

其中，「全面解決各類受災戶居住問題」意指協助受災戶的臨時居住和重建中可能面臨的各種問題，透過各項緊急處置措施，確保人民生命財產安全。「恢復重建區景觀風貌」和「提升居住環境品質」則希望以重建作為改善居民生活、營造重建區特色等，建造防災抗震、機能完善的優質環境。此外，重建的總目標也強調政府及民間資源的統合，在重建人力、經費、技術等方面能夠公私協力來推動救災、安置與重建工作。

在確立上述三項總目標之後，「九二一地震重建區住宅政策與實施方案」繼續提出六項目標及十四項標的，茲分述如下：

①以受災戶需求、解決問題為導向，推動重建工作。

標的一：建置災損統計及受災戶重建意願調查資料庫。

標的二：推動協助受災戶進行重建的各項措施，提供受災戶輔導與諮詢。

②統合政府及民間資源，加速重建家園。

標的一：籌措重建經費，合理分配運用，有效執行預算。

標的二：鼓勵民間參與重建，建立民眾、專家、企業及政府合作團隊。

③健全震損住宅重建輔導及爭議處理機制，協助受災戶修繕補強或重建。

標的一：建立震損住宅安全鑑定重大爭議最終鑑定機制。

標的二：補助震損住宅修繕補強或拆除費用以減輕受災戶負擔。

標的三：協助加強震損住宅修繕補強的工程品質。

④以簡化及獎勵措施，協助及輔導個別住宅重建。

標的一：透過經費補助及技術諮詢，協助個別住宅重建。

標的二：輔導個別住宅修建改建，申辦建築許可。

⑤以政府及專業團體輔導、受災戶參與方式，辦理整體重建。

標的一：政府補助規劃設計、公共設施及景觀改善費用，專業團體輔導，受災戶主導推動重建。

標的二：受災密集、亟需重建的農村聚落、原住民聚落，優先列入重建規劃地區。

標的三：辦理整體重建示範社區觀摩展示，加強重建宣導工作。

⑥以輔導重建、協助購置及開發新社區等方式，解決不同能力受災戶居住問題。

標的一：以提供專案貸款、國民住宅折價出售及原購屋貸款協議承受方式，協助受災戶重建、購置國（住）宅。

標的二：開發新社區，興建一般住宅與平價住宅，以供受災戶承購、低收入戶承租及安置弱勢受災戶，解決居住問題。

　　總結九二一震災的住宅重建理念，最重要的實踐是：針對不同需求提供多元重建模式，以及統合官方與民間資源共同進行重建。也就是說，從災後初期的損害調查與分析，確立出重建的問題，繼而根據不同的重建條件與需求，歸納出個別重建模式。對於個別重建模式有其對應的相關重建策略，而各種重建模式所面臨的共同問題（例如重建經費籌措、行政流程繁瑣等）也有其對應的政策。受災民眾則可根據自己的狀況和意願，選擇適當的模式進行重建；是以，為了回應複雜重建問題而提出多元重建的理念，也成為台灣

九二一震災住宅重建的一大特色。

(2) 九二一震災重建區重建政策與策略

在彙整災區住宅重建問題，並考量住宅重建理念後，「九二一地震重建區住宅政策與實施方案」確立了七大重建政策，以作為制定重建策略之方向，此七大政策為：

①確實掌握受災戶重建意願，積極完成重建工作。

②加速完成地籍清理及都市計畫檢討變更，促進重建區土地規劃利用。

③編列重建特別預算，設置重建更新基金，籌措重建經費，提供金融優惠措施，減輕受災戶重建負擔。

④健全震損住宅判定爭議處理及修復補強機制，提供經費補助及法令技術諮詢，輔導集合住宅住戶順利達成重建方式共識。

⑤簡化行政程序，提供獎勵補助，協助個別住宅重建。

⑥制定整體重建實施計畫，完成集合住宅與聚落重建更新工作，滿足重建區住宅需求。

⑦修增訂《九二一震災重建暫行條例》及重建相關子法，健全重建法令制度。

根據上述七大重建政策，「九二一地震重建區住宅政策與實施方案」又制定十項實際推動策略，包括：

①全面調查受災戶住宅及社區重建需求

由中央政府補助台中縣、台中市、南投縣、彰化縣、雲林縣、苗栗縣及台北縣等地方縣市政府辦理全面性調查工作，並協助委託學術專業機構建置資

料庫、統計分析重建需求導向。

②實施地籍檢測及重測，釐正地籍及土地產權資料

審酌土地實際變形或位移程度、地籍圖資保存現況、地區發展等因素，據以擬定是否辦理地籍圖檢測及重測等工作。並由中央政府協調運用政府機關及民間測量單位之相關人力、成立工作小組、擬定工作計畫，並且修改地籍、地權相關法規。

③恢復重建區都市機能及產業活動

藉由災後重建的契機，同時促進都市計畫土地合理規劃與使用，並配合公共設施開闢來提升都市機能及安全、引進都市產業活動、重塑重建區都市景觀風貌。

④寬籌重建經費，提供各類金融補貼措施

政府編列重建特別預算、提供專案貸款及信用保證來協助籌措重建經費、購屋貸款或利息補貼，也協調金融機構承受受災戶之原貸款問題。

⑤建立震損集合住宅判定爭議處理及修復補強機制

政府委託專業機構進行災損判定、修復補強等工作，並成立爭議處理組織和機制，以及推動技術諮詢輔導措施。如判定需重建，則協助輔導建築物區分所有權之處理，和申請建築執照等。

⑥訂定個別住宅重建獎勵措施及標準圖說，簡化請照程序

具體包括訂定簡化程序相關法令、補助重建規劃設計費用、提供標準圖說供民眾參考，另外也透過補助來鼓勵住戶單獨設置汙水處理設施。

⑦成立輔導組織，提供重建問題諮詢服務

協調公會針對個別住宅和集合住宅之重建，分別成立重建服務團，進行重

建輔導、不動產諮詢服務等工作。

⑧以補助獎勵及程序簡化等優惠措施，鼓勵受災戶重建

具體包括重建規劃設計費、景觀改善等設施的費用補助，重建區的地價稅、房屋稅、土地增值稅及契稅等減免，建築管理及都市更新相關作業程序的簡化，以及針對都市更新辦理重建者提供容積獎勵。

⑨開發新社區安置受災戶

在評估受災戶意願與需求後，進行新社區開發之評估與重建推動，訂定相關作業規範，並協調運用民間資源進行開發。

⑩ 選定各類型重建示範社區辦理重建工作展示

包括依原建築條件重建的集合住宅、依都市更新進行重建之集合住宅、農村聚落重建、原住民聚落重建、新社區開發等類型，各自選擇二至三處重建點作為示範計畫，辦理展示及宣導。

(3) 九二一震災重建區住宅實施方案與配合措施

在前述十項實際推動策略的基礎下，依照受災地區環境條件的差異，如都市化地區或鄉村地區、是否為土石流潛勢地區，以及是否為個別住宅所有權人進行的改建，並考量重建地區的特性，而訂定適合的執行方式。並進一步提出都市更新、震損集合住宅修復補強拆除重建、個別住宅重建、農村聚落重建、原住民聚落重建、新社區開發及土石流遷村等七項實施方案（參見圖36）。

基本上，運用「九二一地震重建區住宅政策與實施方案」，在推動住宅重建上，係將全台九二一大地震的住宅重建區分為社區整體重建，和未納入整體重建之個別住宅重建兩大類。在社區整體重建中，如果重建個案位於都市計畫區內，且在現地進行重建，則劃定為「都市更新區」，進行後續的更新重建；如在都市計畫區內，另行覓地進行住宅重建，則採「新社區開發」的

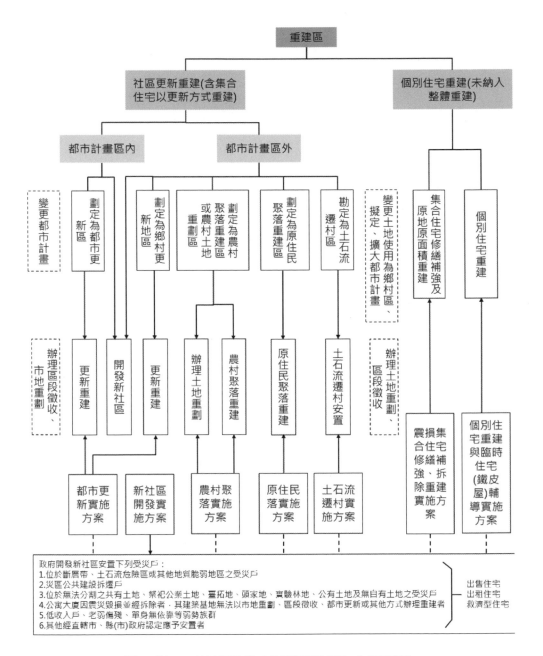

圖 36 「九二一地震重建區住宅政策與實施方案」內容示意圖
資料來源：整理自九二一震災住宅重建進度總結報告，P 伍 -3

方式進行住宅重建；對於位在都市計畫區外的住宅重建，則根據各基地條件及主要安置對象的差異，而劃定為「鄉村重建區」、「農村聚落重建區」與「原住民聚落重建區」三類。另針對原住宅位於土石流潛勢地區者，則指定「土石流潛勢區」，藉以遷移受災戶移居較適當居住與安全的地區。在個別住宅重建中，係根據受災建築物的受損狀況，區分為「個別住宅重建」和「集合住宅修繕補強」兩類型。上述各項劃定重建區類別，則可分別對應到七項重建實施方案，供受災戶根據自身條件與需求選擇適當的重建模式。

對於上述七項重建實施方案的主要作業內容，則分別說明如下。

1. 都市更新實施方案：

輔導集合式住宅依都市更新程序辦理重建，並補助辦理更新的相關專業服務費用；政府更進一步降低辦理更新計畫的啟動門檻，提供專業諮詢，並作個案輔導；更以較有效率的方式，解決基地內產權不完整，或無法取得區分所有權人完整同意的問題。

2. 震損集合住宅修復補強、拆除及重建實施方案：

協助解決震損集合住宅爭議，提供震損集合住宅修復補強、重建建築法令及技術諮詢，補助辦理震損集合住宅公共設施修復補強及地下層拆除經費。

3. 個別住宅重建與臨時住宅（鐵皮屋）輔導實施方案：

簡化個別住宅重建申請手續，提供住宅重建標準圖說，補助規劃設計費用及設置建築物污水處理設施。

4. 農村聚落重建實施方案：

推動農村社區土地重劃，包括第一期計畫辦理的「南投縣草屯鎮過坑社區」等五處、第二期計畫辦理的「南投縣集集鎮隘寮里共和社區」等七處，及「台中縣東勢鎮大茅埔社區」。推動農村聚落重建，以非都市土地農村聚落為辦理範圍，原計畫辦理七十四處，隨之新增三十五處。

5. 原住民聚落重建實施方案。

原住民聚落重建包括六個部落遷住及十七個部落就地整建。

6. 新社區開發實施方案：

依據「九二一震災重建新社區開發地區勘選作業程序」及「九二一震災社區重建新社區開發審核及經費撥付作業流程」，進行適合新社區開發土地清查評估作業，除確定優先辦理的「南投縣埔里鎮北梅新社區（蜈蚣里遷村案）」、「南投縣南投市茄苳新社區」、「台中縣東勢鎮東勢新社區」及「雲林縣斗六市嘉東新社區」外，其餘各新社區土地均配合土地清查工作列入新社區開發土地評比，以儲備住宅供給能量，凡經地方政府調查確有實際需求者，即予以開發。另外，清查重建區內待售國民住宅，適合作為出租住宅及救濟性住宅者，用以安置無能力購置住宅或承租住宅的受災戶。

7. 土石流遷村實施方案：

土石流遷村可分為集體遷村安置及個別安置。集體遷村及安置，由地方政府選定適當區位的公有非公用土地或公營事業土地或私地、以市地重劃或區段徵收方式取得土地，開發新社區興建平價住宅以租或售方式安置受災戶。個別安置則針對土石流危險區的零星受災戶以協助其運用各項優惠貸款個別購、建（國）住宅或協助受災戶與政府交換土地的方式予以安置。在集體遷村或個別安置前，對有危險應立即疏散的受災戶，則以空置的臨時住宅予以安置。

針對上述七項實施方案，「九二一地震重建區住宅政策與實施方案」並訂定以下 11 項配合措施，來協助實施方案的推動進行實質作業：

1. 辦理重建區受災戶社區及住宅重建需求調查。

2. 實施地籍圖檢測及重測等地籍清理作業。

3. 釐整土地產權。

4. 補助重建區縣市政府辦理都市計畫圖重製及都市計畫檢討變更。

5. 建立社區重建更新基金運作機制。

6. 提供重建家園融資貸款及協議承受受災戶原貸款。

7. 臨時安置住宅（組合屋）土地的處理。

8. 提供政府直接興建國宅供受災戶選購。

9. 增加受災戶就業機會提高受災戶重建貸款還款能力。

10. 徵集替代役社區營造役男投入重建區重建工作。

11. 增修訂《九二一震災重建暫行條例》及重建相關法令。

至此，對於災後住宅重建的法制化與實施工具的完備，有了較完整的基礎，受災地區的地方政府與受災民眾，得以據以推動後續的家園重建工作。

2 九二一基金會的住宅重建策略

九二一震災的重建過程中，九二一重建會主要以「九二一震災重建暫行條例」為依據，推動各項住宅重建政策；九二一基金會則以「築巢專案」，協助民間推動住宅重建的相關計畫。重建政策的推動過程中，九二一震災重建暫行條例多次因應災區重建實際需求而進行修法調整；「築巢專案」則針對都市更新中面臨的多項困難，而推出「臨門方案」予以強化。

九二一基金會之「築巢專案」於 2000 年 9 月 6 日經該基金會第一屆第五次董監事聯席會討論通過，該專案是由「協助受災集合住宅更新重建方案」、「協助受損集合住宅擬定修繕補強計畫書方案」、「九二一災區家屋再造方案」以及「九二一災區 333 融資造屋方案」四項子方案所組成。其後又陸續在築巢專案的架構下推出多項協助住宅重建的策略，包括 2001 年 4 月 12 日的「臨門方案」、2001 年 8 月 31 日的「補助受損集合住宅修繕補強方案」。

各項計畫也在實際推動後配合重建實際需求進行調整，例如 2004 年 2 月 13 日「臨門方案」計畫內容修改，並推出「達陣方案」等，各項方案分別有其因應需要的主要內容。

政府在「九二一地震重建區住宅政策與實施方案」中提出七項重建方案，民眾雖然能根據自己實際需求選擇適合的方案，然而，在實際推動時仍有諸多問題。以受損集合住宅為例，雖可循「都市更新實施方案」或「震損集合住宅修復補強、拆除及重建實施方案」進行重建。然而，九二一震災發生時，都市更新相關法規才剛推出（「都市更新條例」於 1998 年 11 月 11 日公佈，相關施行細則於 1999 年 3 月後陸續公佈），當時都市更新的專業人士不足、民眾陌生、地方政府主管機關亦無實施經驗，故造成循都市更新模式進行重建的受災戶，在推動上面對了許多的困難。

為了協助受災戶順利推動重建作業，九二一基金會推出「協助受災集合住宅更新重建方案」，以受損嚴重、需進行重建的集合住宅受災戶為對象，協助居民了解都市更新的基礎知識，使其得以依法定程序進行都更重建。具體做法包括舉辦都市更新講習課與座談會，出版「九二一災後社區更新重建手冊」等措施；對於受損狀況較不嚴重，可藉由適當修繕補強來恢復建物應有強度的集合住宅，由於當時政府相關預算等部分尚未明確，因此九二一基金會先以「協助受損集合住宅擬定修繕補強計畫書方案」，協助住戶擬定修繕補強計畫書，作為後續實質修繕補強之依據。具體包括委請公正、客觀且具備營造專業之單位擔任媒介，受理集合住宅住戶自主提出申請、協助提出申請的住戶找到適當單位進行相關調查、研擬修繕補強計畫書等。

另一方面，針對自有住宅全倒、或因具土石流風險而需遷村的受災戶，其中若有因經濟弱勢、難以自主完成住宅重建者，九二一基金會提出「九二一災區家屋再造方案」和「九二一災區 333 融資造屋方案」協助之。在實際推動上，九二一基金會首先請地方政府以 1999 年下半年及 2000 年度核列（含補列）低收入戶名單為基準，經比對九二一震災全倒戶名冊後，確認需提供協助的弱勢受災戶。其中若屬擁有自有土地、或能找到可建築用地者，則循「九二一災區家屋再造方案」的途徑，由九二一基金會委請專業單位在其土

地上進行重建，並協助受災戶進行從設計、請照到施工、監造，最後完成產權過戶等完整程序。

　　若無法擁有可建築用地者，則循「九二一災區 333 融資造屋方案」的途徑，配合政府「新社區開發實施方案」的政策。由九二一基金會提撥專款，無息融資給地方政府作為購地與興建平價住宅之周轉金，再由地方政府尋覓合適土地興建平價住宅，出售給符合條件的受災戶。而該方案內容中「333」的名稱，則係取自當時核定專款的金額 333,000,000 元 [84]。其中「333 融資造屋方案」的補助對象主要是災區縣（市）政府、鄉（鎮、市）公所，或是這些地方政府單位運用管理震災捐款而成立之基金會，與「家屋再造方案」直接補助受災戶的模式有所不同。

　　關於集合住宅重建與修繕補強的部分，在九二一基金會推出「築巢專案」後，獲得民間熱烈響應。根據該基金會的結案報告記載，於 2000 年 9 月 6 日推出的「協助受災集合住宅更新重建方案」，到了 2001 年 3 月已有 50 處之集合住宅加入更新重建之行列 [85]；同時推出的「協助受損集合住宅擬定修繕補強計畫書方案」，至 2001 年 4 月 4 日為止共有 40 棟集合住宅加入 [86]。然而在後續推動上，政府對於修繕補強的經費補貼有限，除了可能對將施工或施工中的集合住宅造成影響，對於已修繕完成的也不補貼，實無法滿足受災戶的實際需求；為此，九二一基金會又在政府補貼方案之外，延續協助擬定計畫書的部分，於 2001 年 8 月 31 日推出「補助受損集合住宅辦理修繕補強方案」來提供更多補貼。而有些集合住宅的受損情況在認定其需拆除重建或僅須修繕補強上具有爭議，當這些集合住宅循「九二一震災重建暫行條例」尋求政府進行鑑定申請後，已錯過向九二一基金會申請補助的時間。因此九二一基金會續於 2002 年 6 月 6 日推出「協助受損集合住宅擬定修繕補強計畫書方案（二）」，並協助共計 9 個集合住宅社區擬定修繕補強計畫書。

　　至於循都市更新模式進行重建的集合住宅則面臨更多的問題，除了仍有部

84　參考：財團法人九二一震災重建基金會，〈築巢專案系列 89-10 九二一災區 333 融資造屋方案〉，財團法人九二一震災重建基金會結案報告─住宅重建計畫系列，P1，2009 年 4 月 30 日

85　參考：財團法人九二一震災重建基金會，〈回家的路─住宅重建計畫系列〉，財團法人九二一震災重建基金會結案報告─住宅重建計畫系列，P18，2009 年 4 月 30 日

86　參考：財團法人九二一震災重建基金會，〈築巢專案系列 89-08 協助受損集合住宅擬定修繕補強計畫書方案〉，財團法人九二一震災重建基金會結案報告─住宅重建計畫系列，P2，2009 年 4 月 30 日

分受災戶猶豫是否同意參與都市更新，對於不願或無法參與都市更新者，該部分的重建與補償費用也難以取得，而影響整體重建推動所需經費。雖然仍能依法向銀行申請都市更新貸款，但銀行對於重建後償還貸款能力也有疑慮，包括分配剩餘的空屋如何處理、建物處分後的款項是否足以清償貸款等問題，而影響銀行核撥貸款的意願。因此九二一基金會於 2001 年 4 月 12 日推出「臨門方案」，對於已有大多數受災戶同意都更、卻面臨上述問題的集合住宅重建案做「臨門一腳」的協助。具體而言，「臨門方案」在符合「『同意參與都市更新事業計畫與權利變換計畫，比例達更新單元範圍內土地及建築物所有權人 75% 以上、且土地總面積及建築物總樓地板面積 75% 以上者』或『比例達更新單元範圍內產權總值 75% 以上者』等申請條件後，由其依法成立之都市更新會，於更新事業計畫與權利變換計畫審議公告後，檢具申請文件，申請九二一基金會協助『價購更新單元範圍內不願或不能參與權利變換計畫，而由都市更新會取得之不動產產權』及『代繳更新單元範圍內願意參與權利變換計畫，但無法配合工程進行如期繳納之重建自備款』」[87]。簡單來說，九二一基金會的「臨門方案」設定了 75% 以上的同意門檻，以協助取得不同意戶的產權，或代繳施工期間的部分費用。

　　然而最初在「臨門方案」的 75% 同意門檻公佈之後，仍對於實際推動都市更新重建的助益有限。因此九二一基金會後續邀集相關單位進行研商後，決議將同意門檻從 75% 調降為 50%；並且也提供重建融資，其中 80% 無息貸款，20% 以年利率 1%、最多計息 6 個月。兩個方案於 2002 年 1 月 17 日經該基金會第一屆第十二次董監事聯席會決議通過。而大幅調降了同意門檻，不僅已達「九二一震災重建暫行條例」的法定底限，也藉此更釐清了各受災戶的重建意願，避免猶豫不決的情形，也成功促成無意願者出讓產權、自行於他處重建，有意願者則提供無息融資，也減少了其與銀行協商貸款的麻煩。

　　最後，對於需進行重建但尚未開始著手進行的集合住宅社區，九二一基金會於 2004 年 2 月 13 日推出「達陣方案」，「鼓勵尚未重建且原土地及合法建築物所有權人依『都市更新條例』及其相關規定成立都市更新新會、實施都市更新事業，於其基地範圍內規劃適量之土地及建物位置，獨立申請重

---

87 參考：財團法人九二一震災重建基金會，〈築巢專案系列 90-04 臨門方案〉，財團法人九二一震災重建基金會結案報告─住宅重建計畫系列，P1-P2，2009 年 4 月 30 日

建協助或將其基地範圍規劃為待開發區段，交換選配『臨門方案』取得之土地及建築物。難以獨立申請重建或分配之集合住宅社區，則鼓勵重建區直轄市、縣（市）主管機關依法將相鄰或不相鄰未能有效進行重建之集合住宅，合併劃定為更新單元，實施都市更新事業，以解決尚未有效進行重建之集合住宅受災戶家園重建及土地產權問題，並有效消化『臨門方案』所價購之產權」[88]。

　　整體而言，九二一基金會所推出的「築巢專案」，對於協助集合住宅推動重建，不論是拆除重建或是修繕補強，都有莫大助益，相關措施也配合民眾實際需求或面臨的問題而持續務實地修改。根據全台集合住宅重建所發放建築執照統計，共計 93 處 4014 戶中，有 64 處 3307 戶係藉由參加臨門方案，來推動都市更新重建。而歸納九二一基金會所推出的策略內容，其推動住宅重建的措施大多以提供經費補貼、優惠貸款或融資等為主。再者則是協助民間與專業營造單位的媒合，進行擬定集合住宅修繕補強計畫書，或是協助擁有可建築用地者從設計、施工、請照到入住的完整建築程序。

　　檢視九二一基金會自成立以來所推出的諸多協助住宅重建策略，包括其在2000 年 6 月 19 日改組前所推出的「補助受災地區個別建築物規劃設計費用計畫」與「提撥專款辦理震災災民重建家園貸款信用保證業務計畫」兩個協助推動措施，以及「築巢專案」中依序推出的「協助受災集合住宅更新重建方案」、「協助受損集合住宅擬定修繕補強計畫書方案」、「九二一災區家屋再造方案」、「九二一災區 333 融資造屋方案」、「臨門方案」、「補助受損集合住宅修繕補強方案」、「達陣方案」等。根據九二一基金會結案報告的記載，歷年來所推動的前述所言措施，使用經費總計為 9,349,356,747 元，佔重建計畫使用經費之 64.85%[89]。是以九二一基金會在政府的住宅重建「原則」與「政策」間，補足具體性之「策略」的定位，並且妥善運用各界善款，以發揮其最大效用來協助民間推動住宅重建的成效，實質肯定。

---

88 參考：財團法人九二一震災重建基金會，<築巢專案系列 93-01 達陣方案＞，財團法人九二一震災重建基金會結案報告—住宅重建計畫系列，P1，2009 年 4 月 30 日
89 參考：財團法人九二一震災重建基金會，<回家的路—住宅重建計畫系列＞，財團法人九二一震災重建基金會結案報告—住宅重建計畫系列，P20，2009 年 4 月 30 日

日期	九二一重建會之重要政策	九二一基金會之重要政策
1999.09.21	九二一地震發生	
1999.09.25	「緊急命令」起始	
1999.10.13		「財團法人九二一震災重建基金會」正式成立
1999.11.16	公布「災後重建工作綱領」	
2000.02.03	公布「九二一震災重建暫行條例」	
2000.03.24	緊急命令終止	
2000.06.01	「行政院九二一震災災後重建推動委員會」正式成立	
2000.06.19		九二一基金會成員局部改組
2000.09.06		推出「築巢專案」-「協助受災集合住宅更新重建方案」、「協助受損集合住宅擬定修繕補強計畫方案」、「九二一災區家屋再造方案」、「九二一災區333融資造屋方案」
2000.11.29	「九二一震災重建暫行條例」一修公布：降低重建比例門檻	
2000.12.12	補行追加減預算1999-2000	
2001.01.04	2001總預算	
2001.03.07	訂定「九二一地震重建區住宅政策與實施方案」	
2001.04.12	基金預算一期：辦理撥貸社區更新基金、建築物安全鑑定小組設置與運作	
		推出「築巢專案」-「臨門方案」
2001.08.31		推出「築巢專案」-「補助受損集合住宅修繕補強方案」
2001.10.17	「九二一震災重建暫行條例」二修公布	
2001.12.06	基金預算二期：補助半倒集合式住宅修繕計畫	
2002.01.17		「協助受災集合住宅更新重建方案」一修、「臨門方案」一修
2002.03.28		「九二一災區333融資造屋方案」一修
2002.06.06		推出「協助受損集合住宅擬定修繕補強計畫書方案（二）」「九二一災區家屋再造方案」一修
2002.11.15	政府預算支社區更新基金三十億元委託九二一基金會執行	
2003.02.07	「九二一震災重建暫行條例」三修公布：同意政府興建之住宅可以以出租、先租後售或救濟性住宅方式來安置受災戶	
2003.04.12		「協助受災集合住宅更新重建方案」二修、「臨門方案」二修
2003.06.19		「協助受災集合住宅更新重建方案」三修
2004.02.13		「臨門方案」三修
2004.12.02		「九二一災區家屋再造方案」二修
2005.02.04	「九二一震災重建暫行條例」延長一年	
2006.02.04	「九二一震災重建暫行條例」實施期滿廢止，九二一重建會結束	
2008.06.30		階段性任務完成、九二一基金會解散

圖 37 九二一重建會與九二一基金會住宅重建政策推動時間序列表
資料來源：參考王俊凱於 2006 年 [90] 之文中資料重新繪製

---

90 本圖參考以下資料做列表整理：王俊凱，「震變與突圍」—財團法人九二一震災重建基金會與政府住宅重建策略之比較，政治大學商學院經營管理碩士學程非營利事業組商學碩士論文，P64、P73、P75、P80，2006 年 7 月

回朔九二一住宅重建推動過程：從 1999 年 9 月 21 日震災發生後，總統於 9 月 25 日頒布緊急命令，10 月 13 日隨即成立財團法人九二一重建基金會，快速展開各項復原重建的工作。而住宅重建的積極配套，則於 2000 年 9 月 6 日推出築巢專案等多項方案後，陸續啟動。施行期間，並隨時因應所面對的課題，逐步修訂方案的實施內容，或進一步增訂、提出相關的配套措施。2001 年 4 月 12 日提出的臨門方案，及同年 8 月 31 日提出的補助受損集合住宅修繕補強方案，就是強化住宅重建推動的重要工具。在延長一年的九二一重建暫行條例於 2006 年 2 月 4 日屆滿後，九二一重建會結束運作；2008 年 6 月 30 日，九二一基金會也在完成眾多政策目標後正式解散（參見圖 37），至此九二一災後重建的階段任務終於告一段落。

第四節 九二一震災住宅重建模式

「九二一地震重建區住宅政策與實施方案」根據目標、政策及策略，而針對實施對象的差異，訂定了都市更新、震損集合住宅修復補強拆除重建、個別住宅重建、農村聚落重建、原住民聚落重建、新社區開發及土石流遷村的七項實施方案。在實際推動上，則各自發展出不同的重建模式。本文依據九二一震災災後重建實錄的內容，針對災後重建實際完成的案例，就個別住宅、集合住宅、老街重建、政府新社區開發、民間新社區開發、農村聚落和原住民聚落等住宅類型之重建過程，分別說明其重建經緯。

1 個別住宅重建 [91]

在災後進行個別住宅重建的案例中，災民對於資金籌措、土地取得和行政程序繁瑣，是主要面臨的問題。政府也根據這三個問題，採取相關的對應政策來協助個別住宅重建的進行。

在資金籌措方面，針對受災戶提供中央銀行利息補貼、重建家園貸款或提供信用保證基金擔保，以協助較無貸款能力或未來償債較困難的民眾。在土地取得方面，如果涉及佔用公有地或因共有土地無法取得完整產權證明，以至於無法申請貸款或核發執照，在安置階段多以鐵皮臨時住宅暫時應急，至於確認重建土地無法順利取得時，則以承租現有國宅或承購新社區住宅的方式，配套處理。

關於行政程序繁瑣的部分，政府針對容易產生法令競合的事項，提供多項行政程序簡化和補助。程序簡化部分，主要是排除原相關法令要求的作業程序，包括：由「緊急命令」及「九二一震災重建暫行條例」得以簡化的行政程序，包括免受或減少都市計畫法、區域計畫法、環境影響評估法、水土保持法、建築法、土地法及國有財產法等有關規定之限制，使核發建築執照與使用執照、水土保持、環境影響評估、原地原貌重建、指定建築線和畸零地

---

91 參考：黃秀政，九二一震災災後重建實錄，第六篇第八章第一節，P1317-P1323，2005 年 7 月

問題的解決等，都有明確的簡化及因應。在個別住宅重建的補助項目則包括：建築物重建的規劃設計費、建築物污水處理設施、個別住宅景觀改善等所需費用。

同時，內政部也委託建築師公會，成立個別建築物重建服務團以協助受災民眾。更針對偏遠地區之住宅重建申請作業簡化，而將相關行政單位分散所造成的繁瑣與不便，整合成立單一窗口以統合相關部門統一協助受災民眾，以方便辦理住宅重建的相關行政作業程序。

關於個別住宅重建的情形，根據統計，住宅損壞屬個別住宅全倒的住宅單元門牌戶數計 27,392 戶；然而，運用個別住宅重建的相關方案進行重建的個案，截至 2006 年 2 月 4 日止，已領得建造執照並申請建築貸款獲准者共計 36,179 戶，其中已領得使用執照並獲得貸款者共計 27,240 戶。總結此重建歷程，採個別住宅重建戶數之總數，超過個別住宅全倒的受災戶數；究其原因，主要是原屬合院式住宅的受災戶，在進行重建時，常以同一門牌號，區分為多戶個別辦理重建；此外，原集合住宅的受災戶，除部分住戶另行購屋外，亦有轉為申請個別住宅重建的個案；原屬半倒戶的受災戶，也在自行拆除後，採個別住宅重建。

2 集合住宅重建（都市更新）[92]

在集合住宅的重建上，受到其土地及建築物之產權為住戶共同持分、住戶經濟能力不同、及社區意識薄弱等因素影響，導致推動重建過程中，存在諸多的困難。再加上集合住宅中，常存在著建物產權留有疑義或繼承程序不完備等狀況，造成重建時無法符合原法令規定，也就是無法取得所有產權所有人的同意。在災後集合住宅重建的過程中，也會遇到因部分住戶死亡或其他產權因素而影響重建推動的狀況。綜上諸多在啟動集合住宅都市更新重建時會面臨的問題，都亟須政府協助處理。

台灣的都市更新條例，對於核定的更新事業計畫，可以排除改建時必須依

---

92 參考：黃秀政，九二一震災災後重建實錄，第六篇第八章第二節，P1324-P1331，2005 年 7 月

建築法取得百分之百產權所有人的同意，始得進行改建的規定。亦即對於多戶數之集合住宅或經劃定為更新單元內之複數個別住宅，在經過全體所有權人一定比例以上之同意後，得排除少數不同意戶進行重建。對於九二一震災後急需完成住宅重建，以盡速恢復正常生活的迫切性來說，應用都市更新進行重建，成為集合住宅重建之最佳方式。緣此，九二一地震災後重建中，集合住宅之重建大多循都市更新的方式進行，而九二一震災重建暫行條例，也對於災後集合住宅重建多數決之同意門檻調整放寬，並簡化實施的程序。

一般來說，都市更新包括「劃定更新地區或單元」、「都市更新事業概要」、「都市更新事業計畫」及「都市更新權利變換計畫」等四個部分，以九二一集合住宅重建來說，首先則是由受災戶申請發起設置都市更新會，繼而提出都市更新事業計畫及權利變換計畫，經過縣市政府核定並公告實施後，即可據以請領建造執照及申請重建動工。

然而，縱使都市更新模式得以排除少數不參與戶而強制執行，暫行條例也放寬法定多數決的同意門檻，而使集合住宅更容易啟動都市更新重建。但在推動上仍會衍生諸多困難，而需要住戶、政府和民間團體三方共同協力。

在政府方面，除了積極配合災後重建迫切性而進行修法，放寬多數決的同意門檻外，也簡化行政程序、縮短申請及審議流程（如免辦理公開展覽等），並且編列預算協助執行，以獎勵及補助等措施來鼓勵住戶參與都市更新。在民間團體方面，則有九二一震災重建基金會從民間捐款中編列預算推出「築巢專案」與相關子方案，一方面出資協助更新會購買不願參與重建住戶的產權，另一方面又提供參與重建住戶百分之百的無息重建經費的融資。其跳脫銀行貸款限制而貸予受災戶足額的重建經費，實是集合住宅重建得以順利推動的重要關鍵。然而重建過程中，成功推動的最重要關鍵則是住戶本身；尤其，如何透過各式聚會、活動來保持住戶間緊密聯繫，以凝聚、強化社區意識，進而得以順利籌組都市更新會，並辦理後續相關重建事務，更是重建過程能夠順利進行的重要關鍵。

此外，政府對於災區的集合住宅，也提供安全鑑定之補助，以協助住戶判斷所持有的集合住宅是否需要重建。截至 2006 年 2 月底，計有 44 棟震損集

合住宅提出申請，44 案均已審結作成決議結案，其中 5 案決議拆除重建，24 案決議可修繕補強，不受理的則有 15 案。

關於集合住宅的重建情形，另可依照建築物的損壞狀況，分別針對全倒和半倒的重建案例來說明。截至 2006 年 2 月底為止，重建區全倒之震損集合住宅需重建者計 162 棟（含 5 層樓以下，但不含 1 棟經最終鑑定為可修繕補強），其中以原地原貌重建方式辦理者 44 棟、已完工 39 棟（602 戶）；以都市更新方式辦理者 95 棟、已完工 50 棟（3520 戶）；以地易地或安置於新社區者 5 棟；仍待大樓住戶成立正式重建組織，以整合重建意願共識者 18 棟。

總體而言，經判定為半倒之集合住宅重建的成效：不包括判定半倒後，已拆除或申請拆除重建之案件者共計 145 棟（17,661 戶），其中有 44 棟（6,209 戶）參加修繕專案接受政府補助必要性公共設施工程費，當中 1 棟（16 戶）屬無法取得所有區分所有權人過半數同意的案例。截至 2006 年 2 月底為止，100 棟（11,436 戶）自行修繕的集合住宅，皆已完成。而參加修繕專案接受政府補助必要性公共設施工程費的部分，44 棟中有 39 棟（5,455 戶）完成修繕、施工中 1 棟（36 戶）、逾期限未發包而棄權者有 1 棟（188 戶），尚在審查中者有 3 棟（530 戶）。

3 老街重建 [93]

災後重建所指「老街」，係位於各鄉鎮發展較早的核心街區，在九二一震災前多為當地商業較集中發展的街區。因此，震災的破壞也對當地產業發展造成極大的影響。本文根據「九二一震災災後重建實錄」之相關資料，進行整理與分類，並以南投縣中寮鄉「永平老街」、國姓鄉「國姓老街」、台中市東勢區「東勢老街」的重建為例，進行概要說明。

中寮永平老街在九二一大地震中，受災戶共計 157 戶，在 2006 年 2 月 4 日時，重建進度已達 80.2％；其中，25 戶完成修繕、94 戶完成重建。另有 13 戶循都市更新模式重建，其中正在籌措經費者 5 戶，尚在都更程序中者 3 戶。

---

93 參考：黃秀政，九二一震災災後重建實錄，第六篇第八章第三節，P1331-P1334，2005 年 7 月

除了 7 戶當時現況為鐵皮屋，不擬改建之外，其餘 33 戶包括另購住宅、另有其他住宅或籌措經費中等因素，因而尚未改建或不擬改建。

國姓老街的受災戶共計 139 戶，截至民國 2006 年 2 月 4 日止，重建安置率為 93.5％，已有 35 戶完成修繕、45 戶完成原地重建。其餘除了 12 戶當時現況為鐵皮屋，不擬改建之外，有 49 戶因另購住宅、另有其他住宅、遭法院查封、籌措經費中等因素，尚未改建或不擬改建。

對於老街重建的進行，除了前述對於建築物的重建或修繕，有非常高的重建達成率外，在「災後重建計畫工作綱領」中的產業重建計畫下，經濟部商業司更積極組織專業團隊，輔導地方政府針對地方特色產業與商圈進行重塑與活化，上述南投縣中寮與國姓兩處老街即據以推動老街形象商圈的重建，並藉以活化災區的商業活動與振興產業。此外，在硬體建設上，除了上述住宅重建之外，也透過都市計畫變更等手段調整公共空間的設置，包括道路、廣場等公共設施的重建或開發等。

東勢老街所在之東勢區東安里本街，原為都市計畫的商業區，重建方式係以都市更新配合開闢公共設施的方式來辦理。重建區內受災戶共計 115 戶，更新區分為整建區和重建區兩種類型，整建區共計 36 戶，重建區共 79 戶。重建區中，除 9 戶自行在原地重建，6 戶因土地面積狹小或因違建等因素無法參與更新外，其餘 70 戶都採取都市更新模式進行重建，其中更包括一處多功能立體停車場之開發。該停車場之用地為都市計畫中之公共設施用地，然進行災後重建時，因地主的改建意願與都市計畫使用分區管制的規定不合，導致無法由原地主在該地進行重建；地方政府遂依都市計畫相關規定，改以都市計畫公共設施用地多目標使用方案，由政府及受災戶共同投資興建多功能立體停車場，並結合商場和住宅 42 戶，用以安置原居住於停車場用地之受災戶（詳見本章第五節 2）。

整體而言，採老街重建者，在震災前多為當地商業發展的中心地帶，因此除了盡速完成住宅重建以恢復居民日常生活外，如何讓當地商業發展得以復甦，也是重建的關鍵。具體而言，為維持應有的地區生活機能與設施，透過都市計畫與都市更新的手段，在維持原有商業及居住機能外，街區中亦留

設開發公共設施的空間，以對應後續防災、提升居住環境品質等需求。而相較於此類住商混合街區的重建，屬單純居住性質的社區重建則回歸到住宅土地、資金來源，以及災後重建的急迫性和弱勢住戶的救濟等課題而依序處理。

4 政府新社區開發 [94]

為解決受災戶原震損建物，無法於原地重建（例如震損建物位於斷層帶、土石流危險區、地質敏感帶、公共設施保留地，或者相關產權難以釐清者）之受災戶的居住問題，發展出由政府（內政部或縣市政府）擔任開發主體，興建一般出售住宅，及平價（出租及救濟）住宅或國宅，以安置有需求之受災戶的重建模式。在配合提供補助相關公共設施興建費用的措施下，得以降低房屋售價或租金，讓受災戶有能力承購或承租該住宅，針對極弱勢之受災戶則提供免費救濟性住宅予以安置。整體而言，政府新社區開發之建築物，分為可供出售之一般住宅（含平價住宅）、出租住宅及社會救濟性住宅等三類。

在政府推動之新社區開發中，興建一般住宅共計 7 處 532 戶，分布於台中、南投等地。上述案件採分期分區方式進行開發，透過補助規劃設計費、技術顧問費、必要性公共設施用地取得與興建費用，以降低興建成本，供受災戶承購。為實際解決安置因土地問題無法完成重建之受災戶，預約申購階段暫不放寬資格限制，並請縣市政府依原規定資格受理申購，直至銷售完畢或住宅完工為止。如有興建剩餘戶數，則放寬資格條件供其他受災戶申購，或做為平價住宅使用及符合國宅資格者申購，其售價依相關計價標準辦理。

針對經濟能力較差而無法購屋之受災戶、暫時居住在組合屋中之低收入戶、老弱殘障及單身之獨居老人，政府則加速辦理興建平價住宅（出租及救濟性），或補助縣市政府購置國宅或都市更新重建分配後的餘屋做為平價住宅，予以安置。依「興建平價住宅加速安置重建區弱勢受災戶計畫」案，第一期計畫中之優先推動案件共計可提供 421 戶，都分布於台中和南投各地。平價住宅興建完成後將撥交地方政府，進行經營管理與維護，除可作為安置

---

94 參考：黃秀政，九二一震災災後重建實錄，第六篇第八章第四節，P1334-P1344，2005 年 7 月

九二一地震弱勢受災戶外，剩餘戶則供縣市政府作為出租住宅或社會福利性住宅，以安置後續其他天然災害中的受災戶。

在開發新社區的用地取得上，政府先清查南投縣及台中縣轄區的適宜土地後，內政部營建署、地政司（含中部辦公室）、重建區縣市政府、鄉鎮公所和地政事務所，再次針對 80 筆土地進行清查及複勘作業，以有效掌握新社區開發儲備用地。而列入新社區開發儲備用地優先順序者，以公有或公營事業土地，業由縣市政府及相關單位提供地籍圖、建管資料、測量圖、而得先行規劃配置者為對象。

最後，營建署新社區開發專案小組，以考量受災戶生活機能、開發成本及急迫性等因素作考量。並儘量運用現有空餘屋，透過協調機制，提供急需房屋之受災戶優先選購。如有不足之處，再考量地緣及受災戶生計等課題，開發適當區位之新社區。每個新社區開發規模不宜過大，且開發前並應考量受災戶之確實需求，以免建設完成後產生滯銷空屋。

實際辦理情形，一般住宅在 2006 年 2 月 4 日前，共計完成興建 7 處 532 戶，每一戶售價位於新台幣 218 萬（南投茄苳）至 331 萬（水里鉅工段）之間。平價住宅共計完成興建 10 處 421 戶，一戶核定租金平均位於每月 1440 元（水里鉅工段，每戶 8 坪）至 7200 元（大里菸類試驗所，每戶 24 坪）之間。開發主體除了兩處為地方政府自辦外，其餘皆為地方政府委託內政部營建署興建，後續住宅安置、配住、管理維護作業皆由地方縣市政府自行辦理。土地取得方式包括撥用、協議價購公有地或公營事業土地，如協議不成則依暫行條例辦理徵收。

5 民間新社區開發 [95]

除了政府主辦的新社區開發外，為滿足重建區之鄉村區、農村聚落及原住民聚落居民重建的意願與需要，也開放民間自辦新社區開發的住宅重建模式。經核定開辦民間新社區開發者，得以非都市土地辦理用地變更的方式，

---

95 參考：黃秀政，九二一震災災後重建實錄，第六篇第八章第五節，P1345-P1351，2005 年 7 月

申請開發許可辦理社區重建。內政部並於 2001 年 1 月 19 日函頒「九二一震災鄉村區重建及審議作業規範」以做為民間開發新社區執行依據。

前開規範第三條「為安置受災戶需要，於非都市土地辦理社區重建，依區域計畫之規定需申請非都市土地使用分區變更及使用地變更編定，除申請面積超過五公頃，依區域計畫法及其相關規定辦理外，其面積在一公頃以上，五公頃以下者，應依本作業規範規定辦理。」的條文，就是有效放寬非都市土地開發安置受災戶社區的用地限制。而該作業規範為了獎勵民間申請，也針對農地興建申請推出相關放寬限制的內容，以及相關行政程序的簡化。但也規範各申請基地在興建住宅之用地總面積中，做為安置受災戶住宅用地面積之比例應不得低於百分之六十的規定，以維持做為安置受災戶使用的初衷。

該作業規範訂頒後，截至 2006 年 2 月 4 日止，依作業規範由縣政府核發開發許可案件計有南投縣許可 17 件，台中縣（今改制為台中市）許可 4 件，彰化縣許可 1 件。各縣（市）民間新社區開發的重建成果總計完成 22 案、共計 1764 戶（參見表 23 所示）。

6 農村聚落重建 [96]

為使震災後農村快速復甦，政府即透過整體規劃協助農村重建。自 1999 年 10 月中旬起，行政院農業委員會水土保持局即針對災區進行農村損害情形調查，其後由曾經辦理富麗農村經驗之專家學者加以指導，並提供重建之經費補助、貸款及農宅設計圖供災民選用。水土保持局依據行政院訂頒之「災後重建計畫工作綱領」及「九二一震災重建暫行條例」，研訂「農村聚落重建作業規範」與「農村聚落住宅興建獎勵補助要點」等相關規定，作為重建計畫執行之準則。藉由整體規劃及建立推動組織架構，整合政府及民間資源、共同參與來推動農村聚落重建。

---

96 參考：黃秀政，九二一震災災後重建實錄，第六篇第八章第六節，P1352-P1360，2005 年 7 月

表 23 民間新社區開發重建案列表

序號	縣市	鄉鎮	地點（案名）	面積（公頃）	戶數	開發單位	核發許可時間
1	南投縣	埔里鎮	牛眠山段 1016 等地號案（家邑社區）	1.8886	75	元凱建設股份有限公司	2002.01.17
2			牛眠山段 1614 等地號（西安新社區）	1.4927	67	忠鼎建設有限公司	2002.08.01
3			愛蘭段 996 等地號案	1.0114	36	屏仕建設股份有限公司	2003.08.08
4			水頭段 977-3 等地號案	1.0808	50	長廣建設開發有限公司	2003.08.12
5			水頭段 977-180 等地號案	2.0416	103	李鳳嬌	2002.05.03
6			水頭段 672 等地號（敦園社區）	1.7952	96	張洪惠雪	2002.05.09
7			牛眠山段 1322 等地號（忠孝社區）	2.4311	99	郭笑霏	2003.03.31
8		中寮鄉	二重溪段 297 等地號案	1.0271	50	詹益寧建築師事務所	2002.06.05
9			仙鹿段 171 等地號（八杞仙社區）	1.0362	44	蘇洪麗珠	2002.08.21
10		國姓鄉	福龜段 360 地號案	1.1806	48	台灣嘉慶興業股份有限公司	2002.08.20
11			水長流段 120-33 等地號（大旗村案）	1.2985	52	大旗村聚落社區重建會	2003.05.15
12		竹山鎮	筍子林段筍子林小段 227 等地號（梅竹山莊）	3.2526	97	千鎮建設開發股份有限公司	2003.05.28
13			富地吉祥社區（豬頭棕段 10 等地號）	1.6452	94	潮洋開發有限公司	2003.08.12
14		南投市	南鄉段 694 等地號案	1.1871	55	楊聰吉	2003.12.04
15			南鄉段 721 等地號	1.9276	63	楊聰吉	2003.12.04
16		水里鄉	郡坑段 13-616 等地號	2.7366	16	張豐富	2003.11.20
17		名間鄉	名松段 557 等地號案	1.26389	64	楊聰吉	2003.12.04
18	台中縣	豐原市	大愛新社區重建開發計畫	4.46801	280		2003.1.21
19		潭子鄉	聚興家園重建開發計畫	4.974	218	翔仁建設公司	2003.4.21
20		大里市	大里草湖	1.5192	69	曾祥嘉	2003.9.16
22	彰化縣	員林鎮	彰化縣員林鎮田中央段田中央小段 53、53-1、84 等地號	1.6053	88	富貴名門重建委員會	2003.12.12

資料來源：九二一震災災後重建報告、內政部九二一震災住宅重建進度總結報告

具體而言，農委會水保局以非都市土地中農村聚落為辦理範圍，經調查受災密集、嚴重、居民配合意願高、且具發展潛力者，優先列入重建規劃地區。農委會水保局亦組織農村聚落重建審議小組，負責重建區規劃報告書圖之審查及農村聚落重建相關事項之審議；同時邀請相關專家學者組成農村聚落重建督導小組，負責督導本計畫之執行與各相關部會間工作之協調整合。各重建聚落居民則組成農村聚落重建推動委員會，協助推動各項重建工作。

　而為了落實由下而上之環境營造機制、激發社區居民的居住環境意識、增強居民重建家園的信心，農委會同時配合國家政策，藉由農村聚落重建的契機而推動農村社區總體營造。

　在規劃作業前，經調查發現之執行困難及應克服的問題包括[97]：政府各部門整合性不足，特別是造成環境生態破壞與地區特色不足的現象；長期社區總體營造人才缺乏，需由政府提供訓練協助；社區缺乏營造經驗，需由專家長時間與民眾溝通；重建區失業率高，需協助重建區居民參與社區工程重建，藉由以工代賑的方式，提供受災地區民眾的就業機會。

　因此，為振興重建區農村再造與活力，九二一重建會與文建會（今文化部）將社區總體營造計畫列入社區營造之聚落重建計畫內，共同推動農村之社區總體營造，以重塑農村聚落之活力。

　關於農村聚落重建相關案例中，大多數都在農委會水保局的協助下，完成聚落公共設施修復與住宅重建。但亦有在災區民眾自我意識的堅定，並結合社區總體營造、生態、景觀、產業等多樣化專業團隊的力量，並在政府重建會及九二一基金會的支持下，造就了創造全新價值的重建典範。其中，南投縣埔里鎮桃米社區，雖是受災嚴重的地區，但在災後充分意識到，必須妥善守護鄉土、維護自然環境生態，才能造就適合環境條件的永續生活社區，桃米社區從維護生態環境出發，是非常值得稱道、實現社區營造的典範案例（詳參本節第 5 小節 5.2）。另外，南投縣魚池鄉澀水社區，由當地居民在震災後團結一致地尋求建立共識，而不急於接受政府提供的快速復舊措施，因而創造出結合產業特色、應用自然環境條件修景的富麗農村社區（詳參本節第 5

---

97 參考：黃秀政，九二一震災災後重建實錄，第六篇第八章第六節，P1356-P1358，2005 年 7 月

小節 5.3）。兩者都是融入社區總體營造農村聚落重建的經典案例。

7 原住民聚落 [98]

在九二一震災中，原住民死亡 29 人、重傷 14 人、輕傷 9 人、失蹤 2 人，房屋全倒 1,072 戶、半倒 1,000 戶，主要災區為南投縣仁愛鄉、信義鄉、苗栗縣泰安鄉、台中縣和平鄉（今台中市和平區）、嘉義縣阿里山鄉等山地鄉，以及苗栗縣南庄鄉、南投縣埔里鎮、魚池鄉（德化社）、台中縣東勢鎮、太平市、大里市及霧峰鄉（今台中市東勢區、太平區、大里區及霧峰區）等平地鄉（鎮）地區。震災後九二一重建會在行政院原住民族委員會、九二一震災重建基金會及相關民間團體的協助下，全力進行救災安置與災後重建的工作。為協助災區原住民進行災後重建，九二一重建會也在其組織下設立原住民地區震災復建小組，做為專責窗口，並以恢復原住民地區社會秩序、重建生產及生活環境、安定居民生活為重建復建的首要目標。

震災後，除了民間團體協助緊急安置、發放慰助金外，政府也提出原住民聚落重建的相關政策及辦法。經國立成功大學辦理苗栗縣泰安鄉、南庄鄉、台中縣和平鄉（今台中市和平區）、南投縣仁愛鄉、信義鄉之聚落災後初步勘查結果，評估共有 23 個村落有就地重建或遷住的迫切需求。行政院原住民族委員會隨即研討「原住民聚落重建計畫作業規範」，並依據各聚落規劃團隊所提出的調查報告書，經由原民會「原住民聚落重建審議小組」辦理審議後，彙整提出「原住民聚落重建計畫」報請行政院核議，並經行政院於 2000 年 5 月 20 日核定辦理。

原住民聚落的具體重建流程，係在災後重建計畫工作綱領的指導下，先依九二一重建暫行條例第二十條的規定，訂定原住民聚落重建作業規範。延續成功大學初步勘查結果所指定須優先辦理的 23 個村落，由各個重建聚落居民自組重建推動委員會，與行政院原住民委員會委託之專業規劃團隊合作，進行重建調查及規劃的工作。各個重建聚落之委員會提出重建規劃報告書，送交原住民聚落重建小組審查通過後，續予擬定原住民聚落重建計畫。在行

---

98 參考：黃秀政，九二一震災災後重建實錄，第六篇第九章，P1361-P1380，2005 年 7 月

政院原住民委員會所組成之原住民聚落重建督導小組的協力下，重建計畫經行政院核定後，由九二一重建會籌組原住民地區震災復建小組，推動聚落重建的工作。而重建計畫的管考，則由九二一重建會負責。（參見圖 38）

在推動災區重建的過程，為求原住民保留區內地自然環境與生態環境不受破壞，更能藉由重建工作的推動，確立其永續發展的價值，重建聚落區內的居民，由原住民聚落重建推動委員會協調簽訂公約，遵守下列事項[99]：

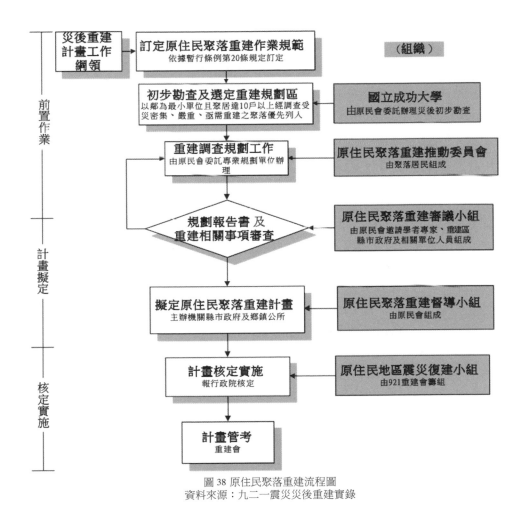

圖 38 原住民聚落重建流程圖
資料來源：九二一震災災後重建實錄

---

99 參考：黃秀政，九二一震災災後重建實錄，第六篇第九章，P1367，2005 年 7 月

在聚落規劃配置圖完成前，不得擅自興建房舍。

聚落遷住用地（含公共設施）由政府價購或交換土地方式取得，俟規劃完成後再依據相關法令規章分配予住戶，至於受分配住戶之原有土地則收歸政府所有。

有關就地整建住戶，興建住宅倘需擴建時，超過原持有之土地部分用地，得由政府按公告地價售予住戶。

重建後之各項公共設施應由鄉公所督同聚落居民組成之社區發展協會負責維護管理。

另外，對於原住民聚落中，特別具有價值及意義的實質性文化或環境資產，亦針對事實需要，擬訂有關聚落內之文化古蹟、歷史文物保存、景觀維護、農村未來發展等相關事項的作業規定。

在重建過程中，特別針對簡化程序、提供專業輔導、資金協助三方面，提供明確的配套。其中，在相關程序簡化上，包括：簡化非都市土地使用用地編定變更程序及授權鄉鎮公所辦理建照核發；在提供專業輔導內容上，包括：推行簡易住宅自力與協力造屋之重建模式、委託設計原住民族之「標準住宅設計圖」等；在資金協助方面，包括：政府與非政府組織補助原住民住宅重建經費及政府提供融資等，因應受災原住民的實際需求，提供對應的措施。

其中，自力與協力造屋之重建模式，是為因應偏遠災區資源缺乏、經濟困難等困境，所提出的創新營造模式。謝英俊建築師至南投縣日月潭德化社（即今伊達邵）設立了「九二一家園重建服務團隊」，並且開發一系列的簡易施工構法，以「以工代賑」的方式帶領當地的邵族居民進行自力造屋與聚落重建。這樣的模式後來也繼續推廣到其他地區興建安置部落，包括苗栗縣泰安鄉、台中縣和平鄉（今台中市和平區）、南投縣仁愛鄉和信義鄉等地；協力造屋模式則更擴大參與對象，除了當地災民與進行專業協助的建築團隊，也招募志工進駐災區參與。協力造屋結合在地部落資源和外界各方資源的投入，採用簡易施工構法而得以讓一般民眾也參與重建。透過在地民眾參與的

過程，除了協助其得以擁有工作機會而謀生，也能藉此凝聚災後日益崩解的社區意識。

　　關於原住民聚落重建相關案例中，遷住部分包括台中縣和平鄉自由村（三叉坑、雙崎、烏石坑部落）、梨山村（松茂部落）及南投縣仁愛鄉互助村（中原口部落）、新生村（上眉原部落）、　發祥村（瑞岩部落）等 7 個部落；整建部份包括苗栗泰安鄉象鼻村（大安部落）、南庄鄉（東江新村部落）、台中縣和平鄉南勢村、達觀村（桃山、竹山部落）、博愛村（谷關、松鶴部落）、梨山村（新佳陽部落）及南投縣仁愛鄉中正村、　互助村（清流部落、中原本部落）、南豐村、新生村（眉原下部落）、信義鄉潭 南村（第 2 至 4 鄰部落）、地利村（第 5 鄰部落）、明德村（三十甲部落）等 [100]。此外，謝英俊建築師投入協助原住民部落進行的自力、協力造屋，亦成為災後重建中的重要措施。其中，針對南投縣邵族部落協力造屋的過程，除考量居民實際生活機能的滿足外，對於部落文化的延續，及必須對應的空間整備等事項，亦深入探討及處理。可謂原住民聚落重建中的典範案例。（詳見本節第 6 小節 6.3）

100 災後重建實錄第六篇：住宅及社區重建，p.124

第五節　九二一震災都市計畫區內的住宅重建

　　行政院九二一震災災後重建委員會針對九二一震災住宅重建的推動，分為「社區整體重建」與「個別重建」兩類型；依所在區域，而區分為都市計畫區內，以及都市計畫區外之重建案。本節以都市計畫區內之重建案為對象，針對其重建概要與代表性案例進行探討，並說明相關重建內容與成效。

1 都市計畫區內住宅重建概要與成效

　　「都市化地區」，泛指一個密集發展的建成地區，亦即通稱為「城市」、「市區」或「市街」的地方；而「都市計畫區」，則是指依都市計畫法訂定都市計畫的地區。亦即都市計畫法第三條「在一定地區內有關都市生活之經濟、交通、衛生、保安、國防、文教、康樂等重要設施，作有計畫之發展，並對土地使用作合理之規劃」所劃定的範圍。也就是說，其發展與土地使用係受發布實施之都市計畫規範的地區。

　　一般而言，城市中常充斥著新舊不一的建築，這些因不同年代興建而的建築，不僅反映各個年代的建築技術、材料與風格等特徵，在土地權屬上也因為繼承、轉售，而出現複雜化的現象。尤有甚者，隨著城市集居的需求而逐漸形成種種密集的建築形態，諸如集合住宅、商辦大樓等，其土地權屬與單一產權型態不同，而此產權共有的建物，在重大災害造成嚴重損壞時，也突顯出災後重建時，必須處理事項的繁瑣與困難。

　　九二一震災災後住宅重建循「個別重建」的模式進行者，取決於原建築基地內之建物與土地所有權人全數同意，即可採行有較高效率的個別重建。然而，城市中常見的種種複合機能或多層建築，其基地的土地與建物的所有權，都是為眾多所有權人所共同持有。因此，在進行整修或拆除時，需要全部所有權人同意方可進行。這些重建案往往因為少數人不同意，而阻礙了整體建

築的整修或是拆除。

　為此，都市更新相關法令的制定，即是在因應城市可持續發展的目標下，為了保障多數人的公眾利益而產生的建築再發展工具。正如都市更新條例第一條所闡明：「為促進都市土地有計畫之再開發利用，復甦都市機能，改善居住環境，增進公共利益」。而都市更新更成為重大災害後急需盡速重建復原城市正常運作的有效工具。

　台灣都市更新的推動，始於 1998 年 11 月 11 日發布實施的「都市更新條例」，該條例規範了更新地區劃定、更新事業之擬定與實施等大方向，然而在 1999 年發生 921 大地震時，尚缺乏操作經驗。在緊急搶救與安置後，邁入重建之路時，雖然如本節第 3 小節 3.1「住宅重建政策與相關法令」與第 4 小節「九二一震災住宅重建模式」所述，政府提供災民相當多元的重建模式，供其依各自不同的受災狀況與重建條件挑選合適的模式。然而仍存在超乎法令規範的問題。以都市計畫區內的住宅重建來說，雖有住戶因土地與建物權屬單純，而得以自行完成個別重建，但更多的是如集合住宅所遇到的狀況，在「權屬共同持分」，因個別住戶不同意、不願意或無能力，而使社區整體難以自行推動原地原貌重建。類似的問題不只是集合住宅，在傳統宗親聚落中也出現由同一個宗族相鄰群居所構成的傳統聚落，其土地經過一代代的繼承、贈與或轉售後，使建築座落土地的產權，分屬許多所有權人共同持有，因而對整合重建造成極大困難。更甚者，如果是在地震中不幸罹難的住戶，又牽涉到其原有土地與建物之權屬、貸款與繼承問題時，都將造成推動重建上更大的麻煩。

　為了解決前述影響重建的問題，並確認「都市更新」將是個相對有效於解決問題、推動災後住宅重建的方式。因此，在 2000 年 2 月 3 日所發布的「九二一震災災後重建暫行條例」中，就明確將都市更新作為都市地區重建方式之一；2000 年 11 月 29 日、2003 年 2 月 7 日兩次針對暫行條例的修法中，也都對與都市更新相關的法令進行增訂與調整 [101]。概略而言，暫行條例考慮災後重建的緊急危難需求、立基於「都市更新條例」的立法精神，而給予相

---

101 與都市更新相關的部分，包括「九二一震災災後重建暫行條例」第 17 條、第 18 條，以及後來增修的第 17-1 條、第 17-2 條等。

關優惠、補助或是程序簡化等，使災民能更加有效地藉由都市更新的途徑完成住宅重建。

除了立法修法之外，政府也根據「九二一地震重建區住宅政策與實施方案」採取許多具體作為，包括：委託公會或專業團體成立輔導組織、委託財團法人都市更新研究發展基金會制定「集合住宅都市重建更新相關作業手冊」、補助社區更新規劃設計之費用、協助提供重建諮詢、協助重建更新地區之公共設施規劃設計、舉辦重建更新講習訓練及示範觀摩、辦理撥貸社區更新重建等七項措施[102]。另外，財團法人九二一震災重建基金會於 2001 年 4 月 12 日推出的「築巢專案—臨門方案」，更協助已達到一定比例的同意門檻之社區都市更新會「臨門一腳」的經費補助，其有效運用社會善款來協助集合住宅社區循都更模式完成重建，對集合住宅重建的助益相當大。

回顧台灣九二一震災的住宅重建，共計 99 處社區循都更模式進行重建，其中有 85 處在 2006 年前重建完成、共計 4498 戶，若加入因故未完工的部分，則總計 5197 戶[103]。綜觀這 99 處循都更模式進行重建的集合住宅社區，共計 95 處是以「擬定權利變換計畫」來實施都市更新；89 處由社區原住戶擔任實施者來推動；67 處獲得九二一震災重建基金會「臨門方案」的補助。另外，有 3 處社區住戶整合順利，而全數同意以「協議合建」來實施都市更新；有 4 處社區是委託建設公司、1 處委託建築經理公司擔任實施者，還有 5 處則是從原先由住戶自組更新會改為委託建設公司。值得一提的是，在台北市文山區木柵一處集合住宅，是由原建設公司在災後逐戶購回產權、由其擔任實施者進行自地自建，重建後再優惠賣回給原住戶，是全台唯一案例。

台灣平時的都市更新多由建設公司擔任實施者，常面對與現住戶和地主溝通的困難。災後重建的都市更新由於受災戶面臨相同的困境，較易說服住戶參與或同意更新事業計畫，因此多由原住戶自組都市更新會來推動。其中，災前已有運作完善的社區組織，在災時能立即擔任聯絡各住戶的單位，在災後不論是對原建商求償或是進行重建，多能有效延續既有組織而發揮效用。尤其如果在災前因社區組織完善，使原住戶間互動頻繁、相處融洽，面對災

102 參考：行政院九二一震災災後重建推動委員會，九二一地震重建區住宅政策與實施方案，P22-25，2001 年 5 月 3 日
103 參考：內政部營建署，家園重生：100 個災後重建的故事 1994-2008，2010 年 7 月

變時更能立刻團結一心，在整合重建意願上有極大助益。另外，如果在社區中有相對熱心的住戶積極尋求重建管道、獲取相關資訊等，也較能在災後百廢待舉的社區中帶領住戶、激發原住戶積極參與共同重建家園的意識，為集合住宅重建帶來好的開始。至於缺乏上述的完善社區組織或熱心住戶的社區，就只能等待政府委託的專業團隊主動提供都市更新重建的相關資訊及協助。

災前社區組織運作完善、社區中有熱心住戶帶領群眾，在都市更新程序中「擬定更新事業計畫」的階段，對於促成更新單元內的土地與建物所有權人同意事業計畫，有很大的助益，有些社區甚至能夠達到100%的同意，這是相當難得的成效。然而，對於所有權人參與重建工程與重建後的單元分配，則存在著眾多課題。其中，有些所有權人因為不願續住原地而在他處購屋；有些因為經濟無法負擔，不論是原屋的舊貸款或是重建的個別負擔；而且隨著重建時間拉長，原住戶參與重建的意願會越來越低。這些接踵而來的種種問題，使得重建過程中，雖然得以在都更程序，排除部分不同意戶而進行重建，但仍須透過擬定權利變換計畫來計算與分配重建後的建物產權，才得以順利完成重建。

在九二一住宅重建的案例中，多數因參與重建的戶數遠少於原戶數。為了避免同意事業計畫比例過低、重建後剩餘的空屋過多等問題，因此幾乎每個社區皆會以「減戶」甚至是「減棟」的方式來規劃。也有些社區保留了部分基地暫緩興建，或是將空地賣給九二一基金會。原住戶參與重建的單元分配後仍多出來的住戶單元，有的社區會請承接重建工程的營造廠購買，或是由社區更新會幹部找親朋好友來買。有些施工品質好的社區，餘屋甚至能在重建完成後銷售一空。有些社區中建物破壞狀況不一，部分輕微受損僅需補強，部分全倒須拆除重建；此類案例雖然得適用「九二一重建暫行條例」在2000年11月29日增訂的第17條之2，而得以將整個社區依損壞情況劃為維護區、重建區等，並得僅計重建區的同意比例。但在重建規劃上，仍會考慮參與重建的戶數進行減戶的調整。而減戶後重建的社區大樓，總容積或總樓地板面積可能與災前差不多，因此戶數變少意味著每戶所擁有的單元面積更多了、住起來更加有餘裕。

前述在九二一住宅都市更新重建中，以「由社區原住戶擔任實施者來推動」占多數，由建設公司擔任者反倒是極少數。比較九二一住宅都市更新重建中「由建設公司擔任實施者來推動」的社區，大多是建設公司擁有原建物的部分產權。值得一提的是從「原住戶自組更新會」的模式轉變為「委託建設公司」的社區，在九二一住宅都市更新重建中共計 5 處，其中一處是因為住戶重建意願不高、但願意處分土地，因此轉而委託建設公司推動都市更新；除此之外，其他四處都是因為原社區內部問題而錯過向財團法人九二一震災重建基金會申請補助的時期，甚至又錯過「九二一震災重建暫行條例」的施行期間（於 2006 年 2 月 4 日廢止）而無法依該條例申請都市更新事業。例如台中市南區「德昌新世界」社區，由於災時死傷慘重、住戶對原建商提起訴訟，為保全證據而保留部分未拆除。起初住戶重建意願不高、難以整合，無法獲得臨門方案補助、錯過達陣方案申請與九二一暫行條例之時限。最後轉而尋求建商擔任實施者，以一般都更程序完成重建，該社區也是台中市第一件適用都市更新條例的更新案。

檢視以都市更新模式進行重建的 99 處集合住宅案例中，有 14 處至 2006 年尚未完成重建。其中，部分社區（如台中市大里區「名人華廈」、「向陽新第社區」、台中市霧峰區「本堂村富豪大廈」）之更新事業計畫與權利變換計畫雖已審查通過發布實施，並領到建築執照，但仍因社區內部紛爭而無法動工；台中市東勢區「龍之居社區」因為一直無法擬定權利變換計畫，規劃的 101 戶住宅大樓仍無法動工。南投縣草屯鎮有三處市郊社區、埔里鎮一處附有多功能立體停車場開發的社區，由於招商過程不順利，也是無法動工。

台中市大里區「中興國宅」社區的原住戶最初也是對於原地重建意願不高，後來相當不容易的動工後，碰上社區更新會、營造廠與規劃團隊對施工過程遇到的問題（包括防水材料變更、檢驗、基地坍塌、工程款計價等）認知不同等，而衍生出糾紛與摩擦，甚至導致三方與財團法人九二一震災重建基金會之間逐漸產生不信任，最終九二一基金會發函要求社區停止動撥來自該基金會的任何重建費用，並經協調未果，使本案重建工程就此中斷[104]。

從台中市大里區「中興國宅」社區的案例，甚至造成財團法人九二一震

---

104 參考：內政部營建署，家園重生：100 個災後重建的故事 1994-2008，2010 年 7 月

災重建基金會因完成階段性任務而解散後，仍有部分問題懸而未解。例如九二一基金會在「中興國宅」停工後，從該社區更新會購得土地與債權，原希望藉由最大土地所有權人的身分協助後續工程。但因為該社區更新會無法籌措不參與後續重建者的補償金，本案又繼續停滯，直至九二一基金會解散後，將本案取得之債權讓與承接的財團法人賑災基金會，而該社區的重建工程仍持續停滯。如何協助社區突破困境完成重建，並以此經驗，強化應有的機制，避免干擾完成重建的狀況，實有賴政府相關部門再做努力。

總之，以都市更新的方式進行集合住宅重建，仍是九二一震災在都市計畫區內的住宅重建中相當重要的一部分。雖然災害後台灣仍普遍缺乏都市更新的相關實務經驗，但在政府制定重建暫行條例的架構、住宅重建政策與實施方案中的具體措施的支持下，輔以財團法人九二一震災重建基金會善用民間捐款而推出多項專案計畫的協助，使集合住宅都市更新的推動藉著九二一災後住宅重建的契機，為台灣帶來相當寶貴的經驗。以下續以九二一災後住宅重建中，具代表性的集合住宅都市更新重建案例，說明其推動重建的經緯。

2 以都市更新重建的重要案例——台中市東勢區東安里本街重建案

2.1 震災前狀況

東勢區位於台中市（2010 年改制前原為台中縣東勢鎮）東側，而本街則是位於東勢最早發展地區中的一條街道，早在 1910~1930 年間，就逐漸發展為繁榮市街；1941 年，統治台灣的日本當局發布東勢「市區改正」都市計畫，於本街旁開拓新街路（今豐勢路），擴大了市街發展的範圍。二次大戰後，豐勢路成為東勢的交通要道，本街一帶則仍保留傳統市街紋理及日據時期建築；本街除了住家以外也聚集著攤商店鋪，供應周邊居民日常生活所需的物資，是東勢的商業核心地帶。

2.2 震災後狀況（1999 年）

　　東勢區在九二一地震中損害嚴重，全區共計 358 人死亡、99 人重傷、5139 戶住宅全倒和 5441 戶住宅半倒，是改制前的台中縣受災最嚴重的地區。而本街一帶，在九二一震災前仍保留傳統市街紋理、建築，然多屬老舊泥磚造建築，因此在九二一地震中，本街的建築物也受到非常嚴重破壞。

2.3 震災後重建過程

　　在東勢鎮推動災後重建的過程，由於舊市街地區，具有服務當地生活機能及支持必要商業活動的需要，加上全區災損嚴重，且涉及複雜的土地產權議題等因素，故以本街為核心，採都市更新的手段，進行災後重建的作業。該案的實施經緯，茲彙整如下：

（一）基本資料 [105]

(1) 基地位置：台中市東勢區豐勢路以東、第五橫街以南、第三橫街以北、北街以西之完整街廓。此外，為了本街計畫道路拓寬及整體發展需要，將鯉魚巷以南、本街西側及現有溝渠以東之部分納入，基地面積：共約 13162 平方公尺（參見規劃設計說明圖）。

(2) 原有戶數：共計 110 戶之開放型社區。

(3) 災後毀損情形：本街兩側老舊泥磚建物全倒，豐勢路、第五橫街建物受損較輕，該部分並已先修復。

(4) 區段劃分：本案將全倒或地主願意配合重建之地區劃為「重建區段」，其餘部分劃為「整建區段」。

(5) 實施者：東勢鎮東安里本街都市更新會。

(6) 規劃單位：事業計畫及整合作業，由財團法人都市更新研究發展基金會

---

105 參考：中華民國建築師公會全國聯合會雜誌社，建築師雜誌，2000 年 10 月（第 26 卷第 10 期），P149-P151

負責；權利變換計畫由緯城土地規劃顧問公司、建築規劃由原成國際工程顧問公司、更新前後鑑價則由宏大不動產鑑定公司、瑞普國際物業公司、大華不動產鑑定公司負責。

（二）災後重建都市更新事業計畫緣起

九二一震災後，財團法人都市更新研究發展基金會協助東勢鎮公所研擬重建綱要計畫，並在計畫擬定期間舉辦地方說明會，提出以都市更新推動災後重建的具體作法。時任東安里里長的劉世泉先生，邀請財團法人都市更新研究發展基金會，協助東安里以都市更新的模式來推動本街的災後重建。本案就在劉里長與部分當地居民的積極發起下，1999 年 12 月 1 日成立重建工作隊，正式展開本街的重建工作。

（三）選擇以都市更新的模式進行重建之原因

檢視東勢鎮東安里本街的受災情形，當地因地籍分割零碎、公私有地夾雜、停車場公共設施保留地未徵收開發、計畫道路拓寬造成畸零地等問題，致使大部分居民無法進行個別重建[106]。另外，本街一帶住商混合的發展型態，使得重建不僅需要考慮居住的需求，也希望能透過重建的契機，提升地區公共設施的服務水準，並建設高品質的購物空間，以復甦市中心之商業機能[107]。採行都市更新的模式來進行重建，除了能對全區進行整體規劃外，也能一併解決重建中面臨的許多複雜問題。茲概要說明選擇以都市更新模式進行重建的原因如下[108]：

(1) 居民意願：東安里本街兩側建物因九二一震災而受損嚴重，急需重建。東安里辦公室於 1999 年 12 月及 2000 年 5 月，進行兩次居民之重建意願調查，獲得83%的居民同意以更新方式進行重建，是故，居民的高度意願，促成了本案以都市更新進行重建。

(2) 公私有土地夾雜：本區內有大量畸零公有地，且與私人土地夾雜，部分

---

106 中華民國建築師公會全國聯合會雜誌社，建築師雜誌，2000 年 10 月（第 26 卷第 10 期），P149-P151
107 內政部營建署，家園重生：100 個災後重建的故事 1994-2008，P196-P203，2010 年 7 月
108 中華民國建築師公會全國聯合會雜誌社，建築師雜誌，2000 年 10 月（第 26 卷第 10 期），P149-P151

私人佔用公有土地導致無法進行重建。本案妥善運用權利變換的作業方式，將公有地整合指配為道路使用，因此順利完成本街都市計畫道路拓寬，且不必徵收私有地。

(3) 地籍分割不整畸零：東安里本街屬於東勢老舊社區，地籍較複雜畸零，部分土地所有權人因畸零地需與鄰地整併始可建築，因此，本案透過權利變換重新整理地籍。

(4) 停車場用地未開闢：本區之停車場用地有三分之一私有地尚未徵收開闢，私有地主也無法就地重建，故以公共設施多目標使用興闢立體停車場，並透過權利變換的方式使私有地主合法取得商店產權。

（四）規劃構想 [109]

九二一地震前，東勢鎮的中街一帶係屬住商混合的地區，故重建的目標確立為，發展適居環境並同時復甦市中心的商業機能，因而提出規劃構想如下：

(1) 加強建物耐震結構

重新檢討結構系統安全性，以達到「強烈地震區」之耐震設計標準。停車場高樓以方正平面設計，店鋪住宅則以連棟結構加強耐震性。

(2) 建立安全防災新社區

①防災避難所：將法定空地集中留設於街廓中間，可作為本區防災避難空間及休閒活動空間，並劃設適當的避難通道。

②緊急維生設備：提供緊急發電設備、通訊設備、寬頻網路系統等。

(3) 商店街振興

本區原為東勢鎮商業中心，近年來逐漸蕭條。當地主要商業活動來自豐勢路及第三橫街上的早市，難以振興重建區的產業。為強化商業活動的串連性，

---

109 中華民國建築師公會全國聯合會雜誌社，建築師雜誌，2000 年 10 月（第 26 卷第 10 期），P149-P151

乃規劃人行動線適當的出入口,將豐勢路及中山路購物人潮引入;並於第五橫街、停車場周邊規劃沿街店鋪住宅,配合整體塑造舒適之商店街,以振興商業發展。

(4) 以多目標使用開闢停車場

位於第三橫街之停車場預定地,以多目標使用方式開闢。地下一樓至三樓做為商店使用、安置現有私地主;四樓以上作為停車場使用,停車場之開闢亦可帶動豐勢路及本街之商業發展。

(5) 地籍界線重整及重新指配位置

(五)重建過程中遭遇的困難

本案在實際推動都市更新過程中,曾面臨眾多層面的問題,茲簡述如下:

(1) 都市更新申請及審議,面臨台中縣政府無辦理更新經驗、缺乏人力,以致影響審查進度,甚至嚴重影響本重建案的進行。尤有甚者,台中縣政府甚至一度擱置此重建案,其擱置本案的理由包括:重建綱要計畫未通過;縣政府相關辦法未通過;無法檢附使用執照、稅籍證明等合法建物證明;以及是否應於營建署研擬之「北興、中寧、東安里都市更新地區都市更新計畫」核定後再核准等。

前述理由中,固有因行政作業未定者,然而對於申請人應檢附相關證明文件部份,由於重建區大部分房屋為建築法實施前即存在之房屋,根本無使用執照;稅籍證明之申請也必須本人前往稅捐單位申請,如果該地主不同意重建,根本無法取得稅籍證明,此都為都市更新時應予協助克服的事項。因此,在相關議題需等待內政部營建署釋函的狀況下,本案曾面臨長期擱置的狀況。在此都市更新案擱置期間,也有部分位於更新範圍內的民眾,因不耐久候多時,遂自行以其他方式重建完成,使得都市更新案,亦須配合調整計畫內容。

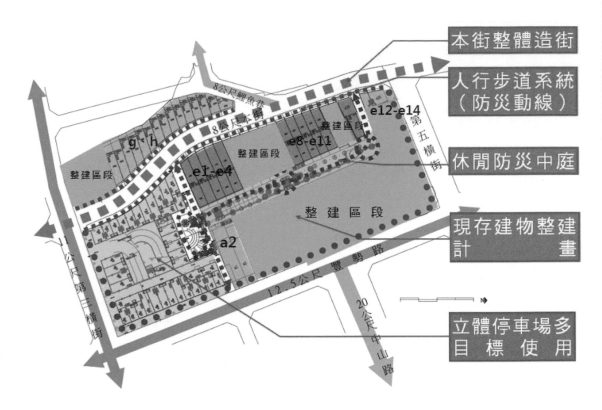

本街整體造街

人行步道系統
（防災動線）

休閒防災中庭

現存建物整建
計　　　　畫

立體停車場多
目 標 使 用

東勢鎮東安里本街都市更新整體規劃設計說明圖（出自財團法人都市更新研究發展基金會）
全案區分為整建、重建區段與立體停車場多目標使用案。並在更新單元內拓寬本街為 8 米道路，且於
單元內闢建防災中庭。

從三橫街與本街交口望向立體停車場多目標使
用建築

更新後的本街街道景觀

從立體停車場頂樓望向更新後的本街街道及週邊景觀

整建及重建區更新後釋出的防災中庭空間

(2) 測量鑑界

重建區為老舊社區，地籍複雜且地籍資料不清，必須向地政機關申請測量鑑界，以作為權利變換之依據。然而，由於地震造成的移位及地籍不符的狀況，亦加深地籍清理與鑑界作業的困難。

(3) 停車場、本街拓寬之費用補助

多目標使用停車場之興建費用高達二億七千萬元，扣除私地主應負擔費用之外尚需一億八千萬元。另本街拓寬之工程費用約五百萬元，此兩筆費用若要由全區地主負擔將造成各戶重建經費過高，因此需要政府相關單位元協助。

(4) 未倒房屋參與重建之優惠貸款問題

更新單元內夾雜有部分未倒房屋，若不參與更新重建則會影響到整體重建之規劃困難，但若是要參與更新又沒有優惠貸款、比災民之待遇還差，因此降低了參與的意願。

(5) 災前攤商與佔用戶之重建分配問題 [110]

本案之都市更新會在協調過程中發現，更新範圍內部分所有權人由於在災前佔用國有地，或是違章建築搭建面積較大，導致更新後可分回的面積低於現況使用面積。此外，災前的攤商只有租賃權，在更新範圍內沒有土地或房屋所有權，而無法以都市更新之權利變換的方式，分配更新後的建築物，甚至還有更多非法攤商根本無法獲得受災補償。

總合上述的問題，所幸在內政部營建署的支持下，東勢鎮公所提出攤商的拆遷安置計畫，把原攤商遷移至三民街新市場預定地，進行安置，才順利平息了攤商的抗爭。而對於佔用國有地與違章建築戶，則在東勢鎮公所主張以公權力拆除之下，才逐步與更新會達成協議。

在重建經費方面，本案積極爭取各項政府災後重建補助與公共設施興闢費

---

110 內政部營建署，家園重生：100 個災後重建的故事 1994-2008，P196-P203，2010 年 7 月

用，例如多目標使用停車場的興闢費用於 2002 年 11 月經行政院九二一重建會同意補助 1.5 億元，以及 2003 年 5 月經九二一基金會核准「臨門方案」的重建融資協助，本案始得以順利推動。

（六）重建成果與重要歷程

本案的商業區部分於 2004 年 1 月 16 日舉辦動工典禮、2005 年 6 月 29 日完工，多目標使用停車場的部分於 2006 年 2 月 22 日動工、2009 年 8 月 17 日取得使用執照。本案推動過程，始自 1999 年 12 月 1 日，由東安里劉世泉里長發起成立東安里重建委員會，至 2009 年 8 月 17 日重建範圍內，都市更新地區的停車場取得使用執照止，重建工作方實施完畢（參見表 24）。

本重建案充分反映出台灣市鎮老舊街區錯綜複雜的都市計畫、土地使用現況、土地產權以及建築和環境品質的綜合性問題。因此，更凸顯在重建過程中，由於當地里長的熱心及持續性的努力，加上專業團隊的投入、重建基金會與政府機關（尤其是營建署）的全力協助卜，得以克服法令、行政程序及重建資金的困難，完成一個能為當地受災民眾接受、解決公共設施興闢、商業機能回復及生活環境改善的重建成果。是可視為災後老街重建的重要案例（參見 P.214 ～ 215 照片）。

表 24 台中市東勢區東安里本街重建重要歷程

1999.12.1	東安里里長發起成立東安里重建委員會
1999.12.18	舉辦都市更新説明會
1999.12.19	開始進行重建意願調查
2000.1.24	第一次規劃草案説明會,決定都市更新單元範圍
2000.1.31	拜訪台中縣政府,討論都市更新相關程序
2000.2.10	社區重建計畫送鎮公所核定、納入東勢鎮重建綱要計畫
2000.3.2	舉辦更新事業概要公聽會
2000.2.10~3.10	委請測量公司進行現況測量
2000.3.28	檢送事業概要及申請籌組更新會之相關資料至台中縣政府
2000.4.5~4.18	進行更新前、後土地及建物估價
2000.4.24	舉行工作會議向居民代表報告權利變換草案
2000.4.29	第三次草案説明會,報告權利變換草案架構及單元分配
2000.4.30	參加全盟災後重建工作團隊座談會、爭取規劃補助費及申請成立全盟重建工作站
2000.5.1	專訪台中縣城鄉計畫課
2000.5.12~7.2	簽訂事業計畫同意書已超過法定門檻數量
2000.6.27.	台中縣政府來函要求 3.28 檢送之申請檔需依據「台中縣政府辦理成立都市更新會及劃設都市更新範圍應檢附檔注意事項」做修正及補充
2000.7.14	更新概要及更新會申請補件
2000.9.21	縣府核准事業概要及籌組都市更新會
2000.11.10	都市更新會申請立案
2000.12.2	都市更新會核准立案
2001.5.7	事業計畫暨權利變換計畫送件審查
2001.10.11	事業計畫暨權利變換計畫送件審議通過
2002.3.14	事業計畫公告實施
2003.5.26	權利變換計畫發布實施
2003.8.19	通過臨門方案審查
2004.2.2	商業區重建工程開工
2004.11.1	停車場工程取得建築執照
2005.6.29	商業區重建工程完工
2006.2.22	停車場工程開工
2009.8.17	停車場取得使用執照

資料來源:家園重生:100 個災後重建的故事 1994-2008,P196-P203

對於都市計畫範圍外的住宅重建過程與代表性案例，可從屬於農村聚落重建案例的南投縣埔里鎮桃米社區與澀水社區，及屬於原住民聚落重建的魚池鄉邵族部落之重建經驗，進一步說明分析。

1 農村聚落重建案例──南投縣埔里鎮桃米社區

結合社區總體營造，並導入生態、產業、景觀及善用國際支援力量，而完成重建工作的桃米社區，是九二一災後重建案例中，非常值得探討的案例。

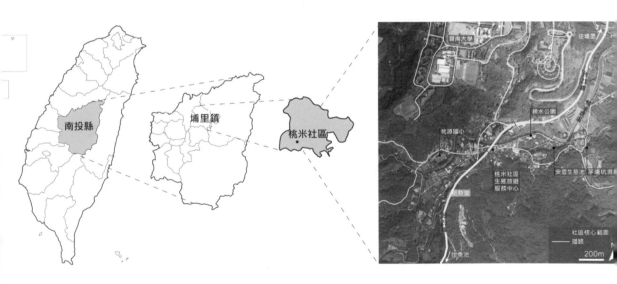

圖 39 本案地理位置
資料來源：台灣科技大學 APAUD 研究室繪製

1.1 震災前概況

(一)位置與環境 [111]

桃米里（桃米社區）位於南投縣埔里鎮中心西南方約 5 公里處，行政區範圍面積為 18 平方公里，為全埔里鎮行政區域中面積第二大的里，位於台 21 線沿線，交通便利。桃米里地貌豐富，海拔高度介於 420 至 771 公尺間，有高山、丘陵、自然濕地、溪流，桃米溪是社區的主要河川，由茅埔坑溪、紙寮坑溪、四果坑溪、中路坑溪及林頭坑溪等五條支流匯集而成。

(二)地名沿革

早期桃米里因溪谷地寬闊平坦而成為稻米出產地，此地也是埔里盆地通往魚池五城的交通要道。由於魚池五城一帶缺乏米糧，居民常翻山越嶺至埔里購買，因交通不便、食用米都以人工肩挑運送。當地乃成為魚池與埔里間的休憩站，當時便被稱為「挑米坑仔」。 日治時期稱做「挑米坑莊」，後改稱為桃米里，行政區域由原有的數個分散的閩、客聚落構成 [112]。

(三)人口結構

依據埔里鎮戶政事務所人口統計資料，至 1999 年 9 月為止，桃米里總人口數為 1284 人，共計有 368 戶，11 鄰，男性 701 人，女性 583 人。

(四)經濟產業

桃米社區於 1970-1980 年代，以麻竹筍相關產業為社區產業主體，有麻竹、桂竹、孟宗竹及綠竹，尤以麻竹的生產佔最大從業人口及面積，竹筍加工品種類繁多，包含筍絲、筍乾、筍片、醬筍等。爾後因收購竹筍的外銷工廠外移，加上進口農產品的競爭，導致竹筍類的農產品價格大跌，竹筍相關產業進而漸漸沒落。

---

111 參考：桃米社區生態旅遊中心網站，網址：http://www.taomi.tw/
112 參考：蔣玉嬋, 建構社區學習體系以推展地方文化產業之研究第三章 - 地方文化產業的文獻探討, 台灣師範大學社會教育學系學位論文 ,p90-94,2006

921 地震前桃米社區仍以農業初級原物料為社區主要經濟收入來源，產物項目雖然繁多，不過規模都不大，其中以麻竹筍、筊白筍以及菇類為大宗。（新故鄉文教基金會，2008）總體而言，在 921 大地震之前，主要從事於一級產業的桃米社區居民的經濟狀況與生活的社區環境品質，普遍不佳。

（五）社區組織

桃米社區於 1997 年成立桃米社區發展協會，當初的成立動機，純粹是以社區組織較容易爭取政府補助，可得到用於社區基礎建設的修繕及活動舉辦的經費。爾後陸續發展，成立社區守望相助隊、長壽俱樂部、媽媽教室、金獅陣、國樂團……等隸屬在社區發展協會下的分組部門。除了社區發展協會外，還有環境促進會、里辦事處以及相關次級組織，但絕大部分僅具聯誼性質，並無實際上的運作，各組織之間亦缺乏橫向的連結及互動。總體而言，在921 地震發生前，社區組織的運作並未形成社區總體營造的共同意識與具體行動。但在當時，社區內部已有一些較為積極的人士重視塑造社區非營利的公共利益，並懂得爭取政府可用資源、且開始思考社區未來轉型的定位 [113]。

1.2 震災後狀況

（一）災損狀況

1999 年 9 月 21 日九二一大地震，造成桃米里 369 戶中有 168 戶全倒、60 戶半倒，受災率高達 62%。雖然無人員傷亡，但是當地房舍大部分是土角厝居多，所以房舍毀損慘重，使人口老化、青壯外移、主產業沒落的而近乎凋敝的桃米社區，更受重創。

（二）人口結構

依據埔里鎮戶政事務所人口統計資料，至 2016 年 12 月為止，桃米里總人口數為 1157 人，共計有 478 戶，11 鄰，男性 627 人，女性 530 人。相較於

---

113 參考：邱淑娟，九二一震災重建區社區參與學習之研究－以南投縣埔里鎮桃米里為例，繽紛桃米 推動桃米生態村學術研討會論文集，P37-P59，2004

九二一震災前，雖然總戶數增加，但總人口仍明顯減少。

（三）核心聚落範圍

桃米社區發展協會自 2008 年透過多次討論農村再生議題，彙整多方意見與地方實際發展狀況，將桃米社區中，東側至青蛙阿婆家，西至種瓜路、水上巷路口，總面積 16.13 公頃的範圍，劃設為核心聚落，原則以滿足社區生活及行政空間、交流空間等為主，並做為帶給遊客第一印象之主要門戶。此外，桃米社區亦依據實際發展狀況，而形成共 37.22 公頃的其它聚落，包含面積約 6.62 公頃的下城聚落、面積約 11.8 公頃的茅埔坑聚落、面積約 1.54 公頃的大坪聚落、面積約 3 公頃草湳聚落、面積約 6.26 公頃的草湳尾聚落及面積約 8 公頃的田份仔聚落。

1.3 災後重建暨社區總體營造之執行（1999-2016）

桃米社區在 1997 年受到社區營造的洗禮後，居民逐步建立鄉土情感，也逐步理解對於社區發展及社區組織的運作模式。在九二一大地震後，桃米社區的居民們以災前社區組織發展的經驗為基礎，得以及早檢討聚落過去的不當發展、發掘社區環境生態的價值、積極尋求社區重建途徑；在匯集多方資源下，開啟各階段的重建工作。而桃米社區持續進行的社區永續發展與經營的成果，成功促成產業發展與住宅重建的統合成果，堪稱九二一災後住宅重建的典範案例。

桃米社區在社區發展災後重建的歷程中，起源於 1997 年成立桃米社區發展協會所奠定的基礎，而在災後至 2000 年間的災後重建初始階段進行調查與準備、2000-2002 年的共同調適營運階段努力爭取資源並強化社區組織運作、2002-2006 年的自主成長階段減低依賴輔導團隊而由社區自我承載營運，並於 2008 年之後正式邁入永續發展與經營（參見圖 40）。

至於桃米社區在重建過程中，重要的歷程與主要的作業方向、內容等重建關鍵事項，則分別說明如下。

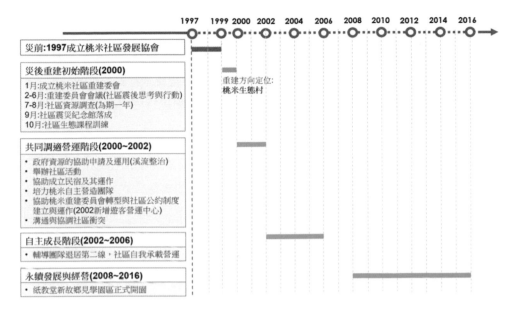

圖 40 桃米社區社區組織運作歷程圖（台灣科技大學 APAUD 研究室彙整製成）

（一）重建關鍵 1. 專業團隊的協助

桃米社區的居民在救災安置告一段落後，開始尋求重建的方法。而行政院為解決災區因經濟活動停滯造成龐大的失業人潮，陸續推出「以工代賑」、「臨時工作津貼」、「就業重建大軍」、「雇用獎勵津貼」、「永續就業工程」、「多元就業開發方案」等六大政策，以降低災區的失業率，穩定災區民眾生活。因此有大量資源湧入災區進行重建，也為社區轉型帶來良好的契機。

桃米里前里長黃金俊先生因在暨南大學以工代賑的機緣，向暨南大學朱伯勳先生（曾任總務處事務組組長）請教桃米社區重建的可能性，朱組長則與當時擔任新故鄉文教基金會執行長的公行系主任江大樹教授進行討論。基金會進而透過召開討論會及舉辦各種活動，促使社區居民能充分瞭解社區重建作法，並藉此吸引居民的注意與關心，以凝聚社區意識，進而激發及擴大居民對社區活動的的關切與自主性參與。進而促成桃米里在災後隔年（2000 年）成立了「社區重建委員會」。

（二）重建關鍵 2. 定位桃米生態村

在社區發展的定位上，居民們曾在初期構思往休閒農業發展，希望帶動農產品、農業加工產品的商業性活動；然而，經詳細檢視桃米社區的農業資源，發現並不適宜依此路線發展，主要是桃米社區缺乏別具特色的農業產品、而且社區老人人口日益增多，實不易發展休閒農業。

新故鄉基金會為將需求與資源進行整合，以順利落實桃米社區的重建工作，進而尋求各領域專家學者的協助與指導。陸續引進淡江大學建築系、蓮華池林業試驗所、中興大學、世新大學觀光系「區域活化運籌團隊」、集集特有生物保育中心（以下簡稱特生中心）、台大農經系、埔里地區大專青年隊、步道協會以及主婦聯盟等學者專家團隊，協助社區進行環境評估與勘察作業，並授予重建相關工作與專業知識與技巧教導，其中以世新大學「區域活化運籌團隊」以及特生中心對於重建工作貢獻最多。

特生中心於 2000 年 7 月到 2001 年 7 月間，在桃米社區一帶進行為期一年的野生物種調查。調查結果呈現，桃米社區有相當多樣性的生物（參見表25）；因經濟衰退與低度的開發，桃米社區的自然環境獲得了休養生息的機會，成就豐富的生態資源。其中尤以高達全台 72% 的豐富蛙類物種，最具環境生態的獨特性及價值。在世新大學「區域活化運籌團隊」、特有生物研究保育中心等單位的協力，並與居民不斷創發願景的過程中，營造的願景由「桃米休閒農村」逐漸轉變成「桃米生態村」[114]。

表 25 桃米里野生物種調查結果

物種	台灣總數	桃米總數	佔全台之比例
蛙類	29	21	72%
蜻蜓	143	45	31%
鳥類	450	72	16%

資料來源：邱淑娟，2003

---

114 參考：邱淑娟，九二一震災重建區社區參與學習之研究－以南投縣埔里鎮桃米里為例，繽紛桃米 推動桃米生態村學術研討會論文集，P37-P59，2004

（三）重建關鍵 3. 眾多支援及經費來源

公私部門對於桃米社區，提供多項的支援措施，其中，對於桃米社區之經費支持，在 2000 年至 2004 年，各界挹注的金額總計達 72,286,098 元。而各項支援措施，除直接提供經費外，也包含輔導作業。相關內容提供單位，彙整概述如下：

(1) 輔導單位：桃米社區的發展過程有非營利組織及專業、學術團體提供的教育訓練，以及政府單位提供經費補助，陸續進行生態池、生態溪流、溪岸原生種綠化等工程。

(2) 企業捐助：開設教育課程、補助社區內電燈與照明設備及贊助完成桃源國小之蜻亭 · 鳥亭公園木構造型傑作。

(3) 贊助單位：新故鄉文教基金會、文建會、勞委會、營建署、農委會、南投縣教師會、重建會、林務局、水保局、飛利浦公司，都對社區提供贊助。

(4) 補助計畫：行政院勞委會「以工代賑計畫」、南投縣社會局「災民職訓計畫」、行政院農委員會集集特有生物研究保育中心「生態觀光示範推動計畫」。

（四）重建關鍵 4. 社區生態教育與運用

桃米社區續以落實環境教育、培養社區生態解說員為目標，實際做法包含初級生態課程、解說認證制度、綠色講座、出版解說資料與手冊等。在行政院農業委員會特有生物研究保育中心協助下，進行田園與生態調查等系列課程，培養在地解說員。2001 年，誕生獲環境教育人員認證之九位解說員，解說領域分別是蛙類、蜻蜓、鳥類生態；2002 年 11 月，另有 8 位植物類解說員亦取得認證。

桃米社區內生態水池旁的造型涼亭與桃米社區
發展協會（工坊）

紙教堂與周邊用餐區的整體景觀

來自神戶、為受災區帶來重生希望的的紙教堂

以「蛙」為造型呼應當地生態特色的社區公共廁所

產業重建的重要成果：桃米社區興起的民宿

桃米社區專業解說員的導覽解說

從此，透過解說員進行社區生態環境導覽，導覽的對象包括來訪旅客以及當地孩童，期盼以教育紮根的力量，讓桃米生態成為奠定桃米社區改造的基石，並使桃米社區逐步邁向「生態村」的社區發展願景。而隨著在震災復興階段，造訪桃米社區的遊客日益增多，桃米社區藉由導覽解說，收取了充足的費用並用以增加公基金，有了充沛且穩定的經費，且桃米社區繼續以生態工法施作許多遊憩設施以及生態池，豐富了桃米社區的生態環境與觀光遊憩品質，因而創造許多商機，也吸引許多青年返鄉工作，而使生態休閒的年產值幾達新台幣 2 千萬。

（五）重建關鍵 5. 社區試營運

從一個傳統的農村，打造成結合有機農業、生態保育以及生態休閒觀光，需要經過很長的孕育時間。桃米里在邀集里內園藝、建築等相關人才，成立「桃米自主營造小組」後，以「生態工法」取代現代鋼筋混凝土的工程，並向大自然與土地學習和諧共生的新概念，逐步打造桃米家園。在政府、企業、學界、在地專業團隊以及營造小組的努力下，共同進行產業、生活環境、自然生態環境的重建工作，同時注入社區發展的精神，找尋永續發展的可能性。

造訪桃米社區的遊客所支付的解說費、住宿費，除了支撐在地經濟發展、增加在地收入外，該費用的 10% 則作為社區公積金，而公積金的 80% 係直接支付服務窗口行政事務支出，另 20% 則作為「桃米生態村環境維護專戶公積金」，為環境永續注入一份具有持續性的活水。

（六）重建關鍵 6. 紙教堂（象徵希望與重生）的到來

新故鄉文教基金會在參與阪神地震十週年活動時，見到即將功成身退並預計拆除的紙教堂，產生將它移建桃米社區的念頭。這個素樸而寧靜的社區在紙教堂進駐後，更一躍成為國內外社區營造的交流平台；紙教堂也落腳在另一個同樣受到地震損害的地方，延續其振奮受災地區人心的使命。

2008 年 1 月，許多民眾來到桃米社區，男女老幼齊心合力將 58 根紙管立起來，最終組成一個橢圓形的半開放空間。這座來自神戶異鄉的「紙教堂」，

乘載著同樣對於震災後的創傷與重建的希望，期許桃米社區與這個島嶼國家的人們，能早日走出震災後的傷痛，進而開展帶給人世間的喜悅之道。

（七）重建關鍵 7. 邁向社區永續營運發展之路

2008 年紙教堂在「新故鄉社區見學園區」，正式對外開放。除了提供餐飲、烘焙、見學遊程服務外，也提供文創及地方農特產的伴手禮；超過 40 單位的廠商、社區組織、個人工作室與桃米社區合作，共同建構一套結合地方產業、振興地方小經濟網絡的創新運作模式。這套模式是立基於桃米社區豐碩的生態資產，並落實於以「綠色」和「知識經濟」等概念為主的產業轉型上，也是「生態、生產、生活」三生一體的在地化實踐。在地駐點的非營利組織則作為地方社群的整合平台，發揮地方群聚效益；作為地方觀光及在地產業的結合，傳承異地文化與人性關懷的紙教堂也為地方經濟帶來新活力。

根據交通部觀光局台灣旅宿網查詢合法旅宿得知，截至 2020 年 7 月在埔里鎮共有 181 間合法民宿，其中 43 間位於桃米里。桃米社區在地震後發展新興的綠色產業（含民宿、露營區、餐飲、解說、生態工法營造、休閒農場、伴手禮、電動自行車租賃、學生宿舍經營等），此一在災後重建時奠定永續發展的基礎，不僅穩定地吸引國內外觀光客造訪，也為當地創造就業機會、改善當地經濟狀況。

2015 年為服務訪客，新故鄉文教基金會、桃米社區發展協會、桃米休閒農業推展協會三個在地組織，共同成立「桃米生態村旅遊服務中心」網站[115]，各組織依各自資源進行盤整、共同討論出專業的分工，再整合服務內容，網站並即時更新桃米生態村最新訊息，希望透過單一窗口提供遊客相關旅遊資訊。這聯合服務窗口亦得到國立暨南國際大學、農委會特有生物研究保育中心與日月潭國家風景區管理處的支援，並與 35 位受過嚴格生態專業培訓並取得認證的生態解說員簽署合作備忘錄，統一接案、遊程安排、費用洽談、解說員分派、客訴處理及公積金收取等工作。

桃米社區的綠色旅遊行程，由三個在地團體以桃米生態村之國際化、品牌

---

115 參考：桃米社區生態旅遊中心網站，網址：http://www.taomi.tw/

化、網路化、與可持續性，作為共同意象與努力的目標。社區居民情感在災後重建的路上持續緊密發展，同時也持續探索來自社區既有生態資源的機會與價值，期盼使台灣鄉村社區的生物多樣性獲得重視。從桃米社區的災後重建經驗，可以看到在鄉村聚落面對天災劇變與農業轉型的過程中，如何以生態的保育、教育、體驗為基礎，結合觀光與產業發展，進而開啟台灣農村發展的新模式。

2 農村聚落重建案例—南投縣魚池鄉大雁村澀水社區

九二一震災後，受災居民在強烈自主意識下，確立了先尋求建立環境價值與未來發展方向的共識後，才導入相關的支援人力與資源進行重建的做法，使澀水社區成功地回復地景，並在適當植栽與修景下，成為一個美麗的聚落，而得以發展農村休閒、餐飲；而妥善復甦原有的製茶產業，更增加具有保存及體驗價值的產業地景，使澀水社區成為災後重建成功案例。

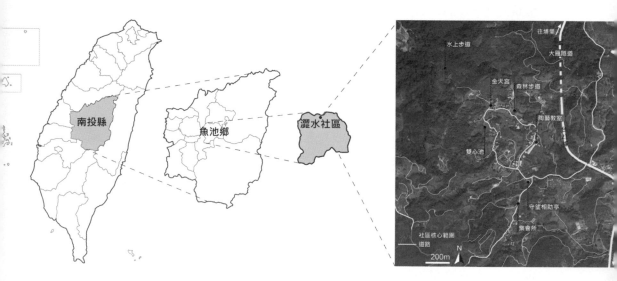

圖 41 本案地理位置
資料來源：台灣科技大學 APAUD 研究室繪製

2.1 震災前概況

澀水社區位於南投縣魚池鄉大雁村，面積 106.89 公頃，海拔高度在 600-700 公尺之間。大雁村東鄰新城村、西臨五城村，北鄰埔里鎮，南鄰中明村，對外交通以省道台 21 線為主。

大雁村原為邵族與布農族原住民狩獵區，早期居民是由泉州、漳州、福建移遷至此的移民，當時漢人移民以租借的方式，每年繳交租金向原住民承租土地使用 [116]。當地在九二一震災前即為典型之農村社區，四周環山，社區人口密度低。主要農產以民生農作物為主，社區內無商業活動也極少外來訪客。

澀水社區地理位置較封閉，且災前就是較為沒落的農村，因此對於災前社區發展狀況之記錄也較少。「澀水」之名的由來，包含三種說法 [117]：其一是當地土壤中氧化鐵含量較多、致使地面流出如鐵鏽班澀澀的水；其二是古時候當地居民相傳，鄰近一處水澀澀的地方較容易吸引動物來飲水，因此以「澀水」稱呼那個較容易捕捉到獵物的地方；其三是現今社區中福德橋一帶，早期居民常需在此涉水而過，故稱之「涉水」。

2.2 震災後狀況（1999 年災後當下）

九二一地震在澀水社區造成嚴重災情，主因為「921 地震前聚落內建築大都是老舊的三合院土角厝，少部分是磚造。在地震時 55 戶人家中 35 戶全倒、6 戶半倒，並造成約八成的舊式建築倒塌。」[118] 雖然建築物的損毀嚴重，所幸原為魚池鄉大雁村七至九鄰的澀水聚落並無人員傷亡。災後為了推動後續的重建，遂於 921 地震後將原聚落定名為「澀水社區」，藉以建立與凝聚共識。

116 南投縣魚池鄉澀水社區發展協會，南投縣魚池鄉澀水社區農村再生計畫核定本 2013.5.20 農委會核定，P14
117 南投縣魚池鄉澀水社區發展協會，南投縣魚池鄉澀水社區農村再生計畫核定本 2013.5.20 農委會核定，P15
118 南投縣魚池鄉澀水社區發展協會，南投縣魚池鄉澀水社區農村再生計畫核定本 2013.5.20 農委會核定，P26

2.3 災後重建的重要歷程

（一）基礎重建（1999 年～ 2001 年）

　　九二一震災雖未造成社區人員傷亡，但如何進行災後重建與定位社區未來發展，卻是一大挑戰。災後，社區居民首先成立大雁村澀水重建委員會工作室，做為討論重建方向的平台，在社區居民建立了普遍的共識後，城鄉新風貌規劃團隊及雲林科技大學協助社區進行重建規劃。2001 年來自行政院農業委員會水土保持局「九二一震災重建特別預算 - 農村聚落重建經費」提撥三千零二十三萬元之補助，才展開以農村聚落重建為主的硬體工程。

　　在進行居民房舍等硬體建設的同時，規劃團隊也藉由田野調查，讓社區居民瞭解社區內豐富的資源及生態。其中傳統燒窯產業的復甦，即澀水窯再生的想法就是一個很重要的方向，而紅茶產業的再現，更成為社區再發展的重要產業動能。2001 年，在「行政院九二一震災災後重建推動委員會」舉辦生態訓練課程之經費補助下，社區居民通過認證考試，取得初級生態解說及調查員之資格，使其得以在社區內進行生態導覽解說，並擔負社區生態調查及環境資源保護的工作。

（二）產業重建及發展（2001 年～ 2005 年）

　　2001 年開始啟動的重建工程，是以社區的基礎設施為主，包含「澀水社區電纜地下化工程」、「環村道路拓寬工程」及「澀水橋改善工程」。這些工程除了注重社區整體的美觀外，同時提升環境品質，而具備便利及安全富麗農村的條件，更堅定了規劃者與社區居民落實高品質重建的決心。

　　在社區重建的硬體工程告一段落，為了落實社區整體的規劃及導向永續發展的方向，因此成立「澀水社區發展協會」。

　　由於災後居民房舍的重建都是藉由貸款供應，因此，如何協助社區居民增加經濟及收入來源，並同時復甦澀水社區傳統產業，成為居民最重視的課題。在歷經無數次的社區會議，社區居民持續進行理念的溝通與意見的討論，終

於達成發展方向的共識，即率先發展陶藝文化及紅茶產業兩大項目。

在陶藝方面，主要以當地特有的陶土製作陶藝品，並發展出專屬當地的「澀水陶」；紅茶產業則對政府提出紅茶廠興建計畫，但經茶葉改良場專業評估後，茶葉廠設置在毗鄰澀水社區的適當地點；因此，澀水社區轉而經營休閒農業，以經營餐廳、民宿、生態社區旅遊為主要發展方向。雖此階段的紅茶廠興建計畫未成功，但居民仍積極振興紅茶產業，以小規模開發的模式發展成精緻的紅茶產業，並以獨特茶香的台茶 8 號（阿薩姆紅茶）、台茶 18 號（紅玉）為生產主力。

2004 年，在水土保持局主導的「大雁聚落重建休閒農業區調查規劃」下，確立了澀水社區發展方針，並在建設良好基礎設施下，讓澀水社區居民同心協力地邁向休閒農村之路。

（三）社區發展及整合（2005 年～ 2009 年）

2005 至 2008 年，澀水社區獲得以水土保持局為主的經費補助約二千零四十萬，導入「鄉村新風貌：營造農村新風貌的計畫」，不僅提升了社區生活品質，也讓澀水社區逐漸受到遊客的青睞，使澀水社區從單純以一級產業的農業生產為主，成功轉變為發展觀光休閒的三級產業。

2009 年，大雁休閒農業區發展協會成立，也獲得由水土保持局為主的補助經費，導入「魚池澀水社區農村再生建設先期規劃」，使澀水社區能夠在由下而上的發展規劃過程中，讓社區本身更能夠清楚瞭解自身定位。由社區本身決定其發展方向、傳承與建立社區文化，並邁向達成建設富更新農村及農村生命力再現的目標。

堅持生態、維護自然進行農村重建的澀水社區。

低密度重建住宅與擋土牆上的住戶共同創作　　以「澀水窯」為名創出的陶藝產業

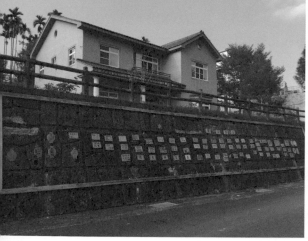

生態農園中的喜悅創造

茶園與農作，依舊可以創出吸睛的自然景觀。

產業重建的成功定位，帶動澀水
社區蓬勃的民宿與觀光休閒。

展現住戶品味、彰顯農村雅士的住戶庭院風格。

在推動重建的時期，「由於社區內缺乏組織經營與財務管理人才，故社區發展協會成立後所接受政府與外界的資源補助雖多，但協會經營與財務收支流向的掌握一直呈現問題，使得協會的運作幾乎停擺，僅靠理事長一人獨撐」[119]，所幸在理事長的堅持下，奠定了澀水社區的再發展基礎。執行重建計畫告一段落後，政府重建經費補助大幅下降，社區僅有來自文建會（今文化部）或魚池鄉公所等小型計畫的經費補助，然而，在社區居民致力於經營社區產業發展，又正值台灣推廣旅遊文化的潮流下，以農村觀光為主的澀水社區仍吸引許多觀光人潮，社區的民宿產業更為蓬勃發展，並且在 2007 年榮獲政府頒授「經典農村」的美譽。

（四）導入農村再生（2009～今）

擁有優越大自然環境的澀水社區，在九二一震災後發展出紅茶與陶藝的產業外，也積極發展民宿，並成為社區重要的產業；此外，透過「農村再生建設先期規劃」完成社區整體環境設施改善的工程，並結合農村及觀光產業發展，終於落實「實踐澀水社區居民心中理想的生活場域：『澀水長流，茶香千里－紅茶、民宿、生態村』」[120] 的目標。社區居民得以在文化傳承及推動環境教育下，建立社區居民與當地自然環境共生的理念，並共同傳承與推廣社區文化。「這些軟硬體的工程以及社區居民對於農村再生的積極參與，澀水社區發展協會擔起後續經營、管理與維護的工作，將澀水社區的自然環境與社區生活緊緊相扣，強化了『澀水四色、緋色飄香、湛藍水漾、勁節墨竹、群山吐翠』，讓澀水社區呈現出真實且優質的農村面貌。」[121]

綜上，澀水社區推動重建的主要歷程，始於災後先行成立大雁村澀水重建委員會工作室，積極協助受災戶辦理居民房舍重建；繼而在災後隔年，成立澀水社區發展協會，著眼於社區基礎建設及凝聚未來發展的共識；隨後，在確立社區重建方向的共同理念後，才陸續導入水土保持局等的資源，並在進

---

119 廖俊松，農村社區治理與社會資本：澀水社區的案例觀察，環境與藝術學刊，第十五期第 40 至第 59 頁，P44，2014 年 4 月
120 南投縣魚池鄉澀水社區發展協會，南投縣魚池鄉澀水社區農村再生計畫核定本 2013.5.20 農委會核定，P70
121 南投縣魚池鄉澀水社區發展協會，南投縣魚池鄉澀水社區農村再生計畫核定本 2013.5.20 農委會核定，P70

行社區重建的過程，同時提升環境品質、復育環境、發展新產業，而得以開創社區更高的產業永續發展的契機（參見表26）。

表 26 澀水社區重建重要歷程彙整表（台灣科技大學 APAUD 研究室彙整製成）

日期	事件	內容
1999.09.21	九二一地震發生	55 戶人家中，35 戶全倒、6 戶半倒，約八成的舊式建築倒塌。
1999.10.28	大雁村澀水重建委員會工作室成立	辦理以居民房舍重建為主的災後重建工作。
2000.11.15	澀水社區發展協會成立	重建社區的基礎生活設施，並建立社區未來發展共識。
2001	水土保持局「九二一震災重建特別預算 - 農村聚落重建經費」	補助金額約三千零二十三萬元，以硬體工程的重建為主。
2004	水土保持局「大雁聚落重建休閒農業區調查規劃」	調查規劃成功指導了澀水社區發展方針並奠定良好的基礎設施。
2005-2008	水土保持局為主的經費補助，導入了「鄉村新風貌 - 營造農村新風貌」	補助金額約二千零四十萬，提升了社區生活品質，並使社區產業從單純一級產業為主，成功轉變發展三級產業。
2009	大雁休閒農業區發展協會、水土保持局「魚池鄉澀水社區農村再生建設先期規劃」	確立社區決定其發展方向，並建立與傳承社區自主形成的文化。

3 原住民聚落重建案例─南投縣魚池鄉邵族部落

　　九二一大地震中，對於原活動於日月潭的原住民部落，造成非常嚴重的衝擊。此非惟家園原損毀之痛，更是部落文化、精神及信仰等的徹底摧毀。由於原住民具有其傳統的部落文化，因此，如何在重建過程中，能進一步對應原住民原有的生活型態與部落文化，而不是只解決受災地區表面上的居住問題，就需要更進一步在充分瞭解部落的傳統與活動需求後，才得以採行適當的重建程序，並提供適當的空間環境。

　　而對於回復邵族部落生活所需的基地，除涉及產權取得的問題外，對於做為日月潭集水區的周邊土地，如何提供做為聚落重建的基地，亦是生態、水利、文化等眾多議題衝突下的一大難題。所幸，災後對於邵族文化的高度尊重與認同，得以在解決避免環境負面衝擊的工程施作條件下，進行邵族部落的重建工作。

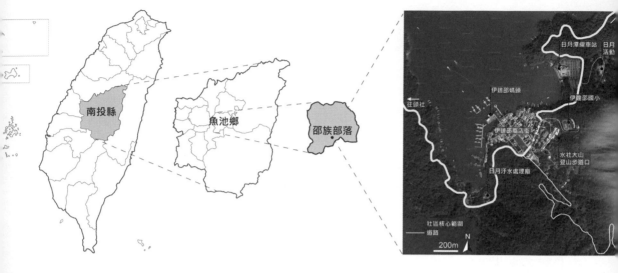

圖 42 本案地理位置
資料來源：台灣科技大學 APAUD 研究室繪製

3.1 震災前狀況

邵族原被劃歸為台灣原住民中的鄒族，族人散佈於南投縣日月村，並無完整聚落，但少部分族人仍維持某部分的傳統祭典活動。「邵族分佈於南投縣魚池鄉及水里鄉，人口約 776 人。大部份邵族人居住於日月潭畔的日月村，少部分原來屬頭社系統的邵族人，則住在水里鄉頂崁村的大平林。相傳邵族的祖先因追逐白鹿而遷至日月潭定居，其部落社會組織是以父系外婚氏族為其文化特徵，受漢文化影響頗深，但其固有的成分依舊存在，每家之客室內側左牆腳所懸掛的祖靈籃，為不見於其他族群的文化特質，頭目平時是部落祭儀的決策者與社會事務的仲裁者，職位通常由長子世襲，最具代表性的音樂是杵歌和杵音。」[122]

在九二一震災之前，邵族就以正名及歸還土地等訴求，於 1999 年 6 月成立「邵族文化發展協會」，期望透過協會整合族人意見，同時回歸傳統文化，例如舉辦邵族母語班、恢復傳統祭典等，並向外界發聲。

---

122 原住民族委員會網站 http://www.apc.gov.tw/portal/index.html- 邵族

3.2 震災後狀況（1999 年災後當下）

九二一大地震發生時，日月村居民約 900 人，其中邵族原住民約 200 人。而災後的受災狀況，邵族精神象徵地拉魯島遭受嚴重損毀，而邵族原住民所有的 45 戶建築物中，幾乎 8 成以上震倒，1999 年 10 月 17 日進行災後現況調查時，損壞的建築物已拆除 11 間。而當地災民除了無房屋可居住，又因觀光業停頓及打零工機會全無，都面臨無收入之生活困境。至於災後立即的安置需求，全日月村的一般居民要求臨時屋安置的只有 10 戶，而邵族人需要安置的住戶則有 45 戶 [123]。

除日月村之外，日月潭周邊的建築物也多數受地震損壞。其中包括數間觀光飯店、商店街、寺廟及民宅等。

3.3 震災後推動復興狀況（1999 年 ~2005 年）

（一）邵族傳統文化的保存與傳承（邵族正名運動）（1999 年 10 月～2001 年 9 月）

九二一震災當時邵族劃歸於鄒族，因經濟及因應日月潭地區觀光需要，邵族民眾受漢族文化的高度同化，年輕一代的邵族族群已無法使用邵族語溝通，致使邵族傳統文化逐漸消逝。九二一震災後，邵族部落接受了來自文建會約三百萬元的補助經費，在保存傳統部落文化的意識下，邵族受災原住民做出「部落的重建應規劃出適合邵族文化保存與延續的專屬空間與生活環境」的決議。

在 1999 年 10 月成立日月潭重建整體發展籌備會後，以台大人類學系胡家瑜教授與地方文史工作者及邵族文化發展協會理事長及族人為主，邵族部落開始以爭取「邵族正名運動」為主的重建工作；同時因日月潭已確定提升為國家級風景區，於是同時擬定的「開創日月潭新風貌整體綱要計畫」，就以邵族文化及湖泊資源兩大項目作為重建主軸。在推派代表赴交通部觀光局聽取日月潭重建簡報、參與討論後，邵族的族人代表也積極提出「正名運動、

---

123 921 災後重建原住民社區營造推動實況與課題之調查，P38

重建基金、邵族與日月潭重建規劃草案、自力造屋計畫、土地研究小組、老照片出版計畫、邵族文化部落重建網絡與編輯說帖手冊，設在地工作站。」等訴求 [124]。

（二）聚落重建（協力造屋）（1999 年 10 月～ 2000 年 3 月）

邵族歷代主要聚集於日月潭附近，因此，災後在積極振興傳統文化的驅使下，邵族提出重返祖居地－「土亭仔」的要求。族人們也會同九二一集體記憶小組及台大人類學系師生，前往日月潭拉魯島祭告祖靈、宣示回歸祖居地，並重建邵族部落的土地主權。當時祖居地「土亭仔」一帶屬於林務局所有的國有地，而希望取回土地主權的邵族，針對這片土地所提出的訴求是：「拒絕商業、觀光設施的硬體重建，而能在此建立自主的『文化部落』。讓族人回到具有歷史意義的祖居地上，延續並傳承歷代在此定居生活所建立的特有文化價值。」

為回應部落的訴求，並落實政府實現優先支援部落住宅的重建，1999 年 10 月謝英俊建築師到達日月潭德化社，規劃邵族安置與重建。其帶領的團隊進駐邵族部落當地，同時委託新竹暐順營造提供第一戶原型屋試作材料一批，進行第一戶原型屋的試作，試作過程同時著手進行工法、材料改良，並僱請邵族族人六～十人參與。

原型屋試作完成後，謝英俊建築師的團隊偕同族人，對於臨時屋的設計、施工方法、編組方式、薪資問題、分配問題進行討論。建造過程中也接受來自中央研究院、新竹市政府、新竹扶輪社及日本友社等捐助工程款，並招募許多義工協助聚落重建。最終於 2000 年 3 月 24 日完成 41 個住宅單元（參見 P.242 ～ 243 照片）。

邵族文化中，完整保存農耕祭儀與文化，是足以列為世界農業文化遺產者。因此，在「2000 年，地震後的第一年，邵族人於文化復育社區復育農耕祭儀，舉辦播種祭。……長老帶著未能盈握的數十顆旱稻穀種，握住孩子的手，將僅存的旱稻穀種分別種下；這是中斷 20 年後，族人第一次真實地播種，祭

---

124 國立台灣史前文化博物館 - 台灣原住民數位博物館計畫 - 邵族，**P48**

典與生活實際相連。」[125] 這個回復邵族文化的宣示，實為邵族災後復興中的一件大事。

3.4 後續發展（2000 年～ 2005 年）

經過族人及各界的努力，2001 年 9 月行政院通過正名，「邵」族正式成為台灣原住民第十族。族人也因為復振運動受媒體的傳播，獲得公部門（教育部、921 重建會、勞委會等）多項文化傳統活動案之補助，陸續舉行多項活動，包括小米播種祭典、豐年祭、傳統工藝（織布、珠串）、中華民國全國教師會之傳統獨木舟製作暨織布研習計畫、漆藝、導覽培訓、母語教學等等，據以宣揚並傳承邵族文化。

總結

邵族社區的重建歷程，除了在災前，邵族原住民就已經有回歸族群正名的要求，而出現明確的部落自主意識外，在災後邵族原住民仍能堅持正名的要求，並逐步推動回歸部落，進而在台大人類學系及諸多文化界人士協助、謝英俊建築師於 1999 年 10 月 29 日投入專業的協助後，在 2000 年 3 月底，完成了 41 個符合部落居民需求，包含 41 個自力造屋住宅單元的聚落；繼而在經歷兩年的努力後，終於在 2001 年 9 月獲得行政院通過正名，「邵」族正式成為台灣原住民的第十族。這個重建過程中，除了因族人與專業者的協力，而完成符合部落文化的生活環境外，更能將邵族文化的精髓呈現於世人眼前。因此，隨後各相關部會陸續在 2003 年投入的眾多資源，也讓邵族部落在實質環境完成重建後，得以繼續就原有族群文化的回復、開創新的技藝、建立部落產業等方向，朝永續部落發展的方向邁進（參見表 27）。

125 社團法人台灣環境資訊協會，保育邵族文化 體驗稻米文化的在地傳承與生命實踐，2005 年 4 月 8 日

在自力重建完成的家屋前進行著傳統祭典

以在地建材及簡約工法建造的邵族協力造屋

與環境並存的邵族部落

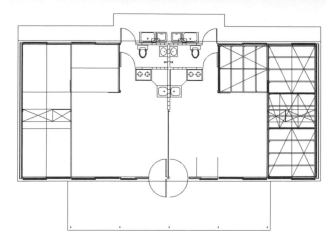

反映出居住單元簡樸的邵族部
落重建住宅平面圖

重建後的邵族部落整體配置

邵族的傳統住宅

（本跨頁圖均為謝英俊
建築師事務所提供）

表 27 邵族部落重建的重要歷程表總結邵族社區的重建歷程

日期	事件	內容
1999.09.21	九二一地震發生	日月潭日月村內邵族有 45 戶，幾乎 8 成以上震倒。
1999.10.	「開創日月潭新風貌整體綱要計畫」	爭取以邵族正名運動為主的重建。
1999.10.29	謝英俊建築師協助住宅重建	完成第一戶原型屋，之後偕同族人整合後續的施作
	中央研究院、新竹市政府、新竹扶輪社等捐助工程款	共捐助金額約一千萬元，
2000.03.24	謝英俊建築師、邵族族人及來自各界義工	完成 41 個住宅單元，邵族人於社區內復育農耕祭儀，舉辦播種祭。
2001.09	行政院通過邵族正名	「邵」族為台灣原住民第十族。
2003	勞委會	補助「邵族母語研習」經費
	教育部	補助「陶藝工坊」經費
	921 重建會	補助「漆藝工坊」經費

終　章

APAUD 研究室與小出、卡比力江研究室，多次經由九二一大地震與汶川大地震災後重建經驗的檢討與分析，嘗試分別整理兩處地震災害的影響範圍、法令制度與災害應變、災後重建的做法，期望藉由開展訊息交流，可以增進彼此的關懷與瞭解，並獲得適當的啟發。

終章彙整兩研究室長久交流之所得，以兩地災後重建的特點，分別概要總結說明之。針對台灣九二一震災的部份，特就災害發生時的緊急應變措施、緊急救援、安置收容與災後復原重建等四階段的實際作業經驗，分析並檢討其優缺點；在汶川大地震的部份，則著眼於城鄉重建與住房重建的經驗，進行統合分析。期望經由本書的整理與經驗分享，能作為後續對於備災、緊急應變及災後重建的作業規範與訂定法令制度的參考，以期在前人經歷悲傷的經驗下，有機會減少或避免未來的傷痛。

第一節 九二一大地震災後重建經驗的分析與檢討

　　1999 年九二一大地震發生時，由於是近年來台灣發生的最大規模天然災害，而且災害波及範圍涵蓋台北縣市、中部各縣市與部分南部縣市，並以台灣地理中心的南投縣受災狀況最為嚴重。當時台灣各階層所受到的驚嚇與衍生出難以克制的錯愕，讓緊急應變階段呈現出眾多混亂與脫序的決策；所幸在全國民眾一心協力，投入救災的作業，讓救援安置工作的進行逐步進入軌道；而中央政府竭力於協助受災地區及受災民眾進行重建，以回復正常生活的努力，的確對於受災地區的生活機能恢復與永續發展，產生相當的貢獻，更造就了災後重建階段，眾多有效的法令、機制與作法。而各級政府的努力、各專業機構、民間組織、企業及全國民眾所投注的心力，都展現出對於苦難者的愛與實踐人溺己溺的胸懷。台灣能夠發展成為這樣一個對受災能產生高度同理與積極協助的社會，是令人感懷、值得珍惜的。回顧九二一大地震發生後，到 2006 年行政院九二一震災災後重建推動委員會裁撤之間，值得檢討借鏡之處，概要分析說明如下。

1 地震發生後之緊急應變階段

　　在 1999 年發生九二一大地震時，除了台北市，台灣各縣市並未完成都市防災空間系統的規劃，因此受災地區的民眾，只能依照本能進行自主性避難、甚至個別地投入救援行動；許多地方政府所屬廳舍亦因震災遭受破壞，造成部分行政機能的癱瘓，中央則因缺乏立即統合性的指揮，而造成對災情整體資訊的收集與判斷的不完備，這些情形都造成後續在進行緊急救援與安置階段上的的困擾。諸如進入災區的救援行動的適當開展與人力、物力、機具的投入方式，因缺乏正確全面性災情的掌控，而難以進行最佳的調度；此外，災區大範圍的民眾自主性、隨機性的避難，亦造成受災地區的管制與管理及災區清理上的困擾；而缺乏統籌管理救援物資接收與發放的作業方式，亦使災區在災後的混亂時期與緊急應變階段，造成救援物資分配不均或干擾救援行動展開的困擾；而缺乏事先規劃的防災空間系統，則造成災區必須花費更

大的力氣，重新建立避難與指揮據點，降低了緊急救援與安置的效能。

在九二一大地震發生後，最大的行政錯誤，在於執政者錯用愛心，而將原本應用於判定災區於震災後建築物的危險程度之緊急鑑定作業中，判定建物災損狀況及堪用程度的紅、黃、綠單，誤用成受災戶補助之劃分標準的全倒、半倒與無損害，因而造成對受災地區在災後可使用建築物總數判定的困難，並影響必須安置人數、戶數的判斷，以及後續在進行重建時，對於災區受損建築物究竟該拆除重建、補強修復或其他使用方式之認定與處置上的困難。

然而，九二一大地震的緊急應變經驗，促成了 2009 年 2 月 10 日內政部發布實施「災害後危險建築物緊急評估辦法」，讓全國相關專業技師得以在災後立即投入災區，協助災後建物受損狀況的緊急判定，在加速完成災後緊急應變準備作業上，可謂健全了法制與應變機制的進步。

2 地震發生後的緊急救援階段

九二一大地震發生後，對於受災嚴重但受災地點零星的台北市縣，雖然啟動救援行動的過程，極其倉促，但都會區的人力、物資仍可快速挹注，並迅即展開緊急救援的行動；因此，留待災後的檢討事項，應屬於如何精進救援能力的課題。而對於遭受重創的台中與南投地區，則帶給我們眾多應加反省檢討的經驗：由於重災地區範圍遼闊、且涵蓋地處偏遠的山區，在災情訊息無法全面掌握、受災地區的地方政府缺乏緊急應變作業能力的狀況下，造成第一時間的極度混亂與救援能量分配不均的情況；其中，許多因為交通路線及通訊線路受損，而中斷對外聯絡的地區，更因災情訊息無法傳遞，而無法立即展開救援。這個慘痛經驗，使得台灣在 2000 年 7 月 19 日由總統公佈施行內含 52 條的災害防救法及內政部續予 2001 廿 8 月 30 日發布災害防救法施行細則，特對於災害的預防、備災、應變、重建等的組織與作業，嘗試建構一套完整的體系，這是台灣開啟面對天然重大災害的新里程。然而，從實際推動的狀況檢視，如果無法統合全面的人力及物資，進行重大災害的備災與因應，則仍將在災害時出現難以有效解決問題的窘境。妥善規劃設立具有必要能力的防救災統合機構，或許是最適當的方向。

此外，在緊急救援期間，領導人及行政首長，除非有鼓舞人心、立即解決問題的能力，否則，若只因為自己的無能與良心不安而頻繁進入災區，除因維安的必要，而衝擊災區人力調度與因應外，對於救援行動亦容易造成干擾；救災經驗告訴我們，越具有決策能力的人員，越有必要在掌握精準且全面資訊的條件下，確立完善可行的政策；如果縱容自己在面對傷痛或激情的情境下，亂下指令或任性承諾，事實上，都將對災害當下的應變，乃至於日後災害防救制度的建立，造成傷害。

3 地震發生後的安置收容作業階段

九二一大地震的受災地區分佈範圍廣大，而且災區的屬性亦多所差異，從都會密集地區、市鎮的街區、城鎮的集合住宅社區、乃至於農村及山林地區，都有受災嚴重的地區。對於災後的緊急安置與後續的中長期安置作業，由於各地狀況殊異，故造成極大的衝擊與挑戰，更造成後續災區空間整頓與清理的困擾。九二一震災驗證了預先制定明確的緊急應變計畫，是有效進行災後安置的必要工作。

回溯震災當時的混亂狀況，受災地區的民眾立即進行自主性避難，民間眾多救援組織、社服與宗教團體，也都在災後立即啟動災區救援或服務的行動，因此，災區隨機地開設各類型援助據點，快速地提供餐食、物資及其他協助，這種超高效能動員的應變體系，固然令人欽佩，但是，民間自發性的行動，竟造成後續無法有效對應救援需求、無法統合救援能量的衝突與排擠。事實上，災後能夠有效率、有系統地啟動各層級的避難收容據點，才是確保災區順利進行救援、安置的最佳手段。然而，災區民眾在缺乏統一指揮、分派，而隨機自主地進行臨時避難與短期間的自主安置，是容易造成災區管理、協助與資訊收集困難的狀況，更衍生後續進行安置作業的困擾。這個慘痛經驗，讓台灣在九二一震災後，全面啟動所有鄉鎮市分別訂定災害防救計畫。而九二一震災發生後，受災地區民眾對所有建築物安全的不信賴，造成相當長時間災民在戶外進行避難生活，這些會造成環境污染與公共安全的狀況，也是後續在考量各階段安置收容作業時，應加檢討的事項。至於中長期收容場

所的指定與整備作業，亦應落實於備災階段，以順暢進行相關作業。

關於做為中長期收容場所的組合屋社區，都不僅止於考慮災民生活基本需求的住宅單元空間，更能預先做好必要的環境保護措施，讓安置生活期間，能夠降低對環境的負面衝擊；此外，政府及民間相關組織對於災區心靈重建與生活重建的推動，讓受災民眾在收容生活期間，亦能藉由社區的共同關懷、宗教活動、心理撫慰與各類型活動的參與，平靜了災後受傷的心靈，這些發揮人性價值的作為，實為台灣人善良本性的光輝。

4 復原重建階段

九二一震災後，公共交通及電力、通訊、基礎設施等公共服務系統的快速恢復，充分展現台灣的國力與行政效能，也對受災地區生活不便的影響，降到最低。而對於受災嚴重的公私有建築物，更就其屬性與必要的機能，分別展開多重方式的重建。其中，對於政府的公共廳舍之重建與修復，在編列九二一重建特別預算後，即在符合永續發展的概念下，迅即順利展開相關復原重建工作。

對於九二一大地震的重建工作，最值得稱道之處，當屬集合舉國之力有效率進行的校園重建、符合地方期待而提供多樣化配套的社區與住宅重建、受災地區有識之士結合各方專業開創出產業重建的具體成果，乃至於民間團體認養的各類型重建等，都具有其重要意義與參考的價值。

然而，在災後重建過程中，由於台灣土地資源不夠充裕，加上災區民眾對於維護既有權益、無法感受環境理想的狀況下，各受災地區幾乎無法在空間結構上，推動任何的改造成果，因此，雖然中央政府在災後重建過程中，以三級都市計畫委員會聯席審查的方式，協助災區進行更有效率的推動重建工作，但是，所有變更都市計畫的內容，都無法具體產出對應天然災害而應加強化的都市防災機能與對應的都市空間。因此，從都市計畫檢視災區重建後的都市空間結構，並沒有因為災害的教訓，而有明顯的提升，充其量只是在都市計畫說明書中，增加了都市防災計畫專章。

或許，九二一大地震對於實質環境的最大影響，在於全面性強化了「建築物耐震設計規範」。在無法提昇都市空間整體安全性的狀況，提高建築物本身的安全性，或許是不得不然的選擇。再者，九二一震災住宅重建的經驗，若能再細加檢討，或許對於地震頻發的台灣，可以累積更多有意義的制度與實施辦法；甚至可以提升現存老舊住宅重建或更新的效能。而目前訂在都市計畫通盤檢討實施辦法與新訂都市計畫中的都市防災專章，若能據以實際檢討其防災力，並實際提升或改善防災力不足的部份，而非僅止於提出空泛只為對應計畫書內被要求的內容，或許也能逐漸強化我國各城鄉的防災力。

第二節 汶川大地震災後重建經驗的分析與檢討

1 汶川地震災後重建城鄉規劃的效果

在中國由上至下的城鄉規劃決策機制下，中央及各級政府迅速地派遣人才前往汶川地震災區制定法定災後重建規劃，並以此實現城鄉重建的一元化構造願景。以此契機，以城鄉規劃法來實現地震災區的城鎮規劃、鄉村規劃、生態規劃等規劃區域的邊界規範化，實現城鄉規劃中基礎設施、公共設施、城鄉住房重建等空間配置的執行法定化。同時，地方政府也擁有了城鎮災後重建規劃的法律依據。隨著一元化的城鄉規劃構造思路的落實，城鄉規劃法將城鎮規劃區域、鄉村規劃區域、生態規劃區域定位為法定規劃範圍。關於區域或市域的城鄉空間規劃的調整，城鄉規劃法等要求規劃工作需要災民、專家等多元物件參與，並實現災害和災後重建資訊的透明化，在規劃制定和實施過程中實現對政府工作的約束效果。區域及市域的基礎設施、公共設施等公益性重建事業中，至少 50% 的重建資金為重建基金或對口援建，緩解了地方政府在災後重建中財政壓力，以應對多數地方政府在震前就面臨的財政困難等問題。對城鎮區域或農村地域災民推行集中轉移安置，根據災民住房選擇制度，施行重建規劃引導，即土地利用管制、空間管制、住房重建開發管制等。以此規劃為引導，將城鎮區域災民安置在安居住房，鄉村區域災民安置在集中安置住房。另一方面，地方政府根據土地所有權和產權置換政策，獲得土地資源自由流通支配權，以開發收益緩和公共重建投資風險。災民將地震前產權（所有權或使用權）資本化後獲得重建住房。根據產權再登記，災民、開發商、政府的產權許可權（物權）受到法定保障。基於城鄉災後的重建規劃引導，既增加了國有城鎮建設用地，又加強了集體土地市場化開發的傾向。圍繞開發利益的最大化，針對實現三大利益主體利益均衡、社會可持續發展、及構建法人化土地市場價格評價體制成為最大的課題。

2 災後重建住房重建課題

2.1 中心城區住房重建

　　中心城區的住房重建根據災民選擇結果分類為政府主導型住房重建和災民自建型住房重建。政府主導型住房重建是以災民意見為立足點，讓舊城區居民轉移安置到舊城區以外周邊生活圈的安居住房。根據永久性住房置換制度向災民提供安居住房，緩解災民在住房重建中面臨的財政困難。同時，政府通過產權置換獲得舊城區開發權，用於中心城區中的空間再生和公共服務設施配備。政府主導型住房重建的開發，對今後公共政策的發展、緩和居民和政府的矛盾、城區經濟社會發展的效果都具有一定促進作用。災民自建型住房重建根據政府的規劃引導和支持政策等，實現空間或建築的規劃建設管制，對舊城區的空間資源的整合做出極大貢獻。進一步根據居民與政府達成的協調意見，實現了緩和多房利益調整，實現了災後重建歷史上首次居民參與的社區重建。居民參與社區重建，對今後中心城區的街區改造有重大作用，對居民參與規劃制度的改善具有重要意義。

2.2 農村地區住房重建

　　農村地區住房重建是根據住房重建開發管制，實現對農村地區合理規劃的建設。中國改革開放以來，以農民住房重建集中開發模式為契機，首次構建集體建設用地市場體制，實現城鄉土地資源的自由市場流通。是時，農民的住房重建財政資金的籌措困難，剩餘住房用地指標的資本化成為農村住房重建財政供應的重要手段。通過農民集中安置和提高農村居住區的建設密度、容積率，提高農民的居住環境水準。對於集合住房、農村文化景觀破壞等重要課題，今後有必要強化農村地區保護和管理。另一方面，伴隨住房重建和現代農業產業戰略實施，農用地規模化利用效果顯著。農村地區住房重建本質是，農民集中居住區建設、汶川災後重建基金和對口援助資金的合理和有效發展。

今後的重點研究課題是為城區重建住房的永續發展策略研究，農村集體經濟組織的產業發展與政府產業扶持的財政負擔如何實現均衡。

結　語

　　為九二一震災、汶川大地震受災的人們祈福。

　　為投入救災、重建的人們致敬。

　　期望災害的傷痛為我們帶來智慧、勇氣與善心。

　　期望人世間祥和太平。

　　期望人世間以愛為共同志業、以靈性成長為個人目標。

　　（全文完）

附　錄

兩岸用詞差異對照及名詞解釋對照表

　　針對城鄉重建規劃及管理的專業用詞用語，如果是台灣與中國都有但詞語具有差異者，以兩者差異用語的對照方式呈現；若屬兩者近似的用語，除列出對照用語外，亦加註雙方各自意涵的說明；若屬一方獨有的語詞，則直接說明其意涵。此對照表的內容，除川大與 APAUD 團隊努力收集整理外，特別感謝北京大學建築與景觀設計學院張天新教授、上海交通大學建築系馬文軍教授協助檢視並修訂此對照表。

中國用詞	說明	台灣用詞	說明
里氏地震規模	Richter Magnitude Scale	芮氏地震規模	
震感		有感地震	
震級	Earthquake Magnitude	地震規模	
面坡震級	Surface Wave Magnituide（Ms）	地震矩規模	
矩震級	Moment Magnitude（Mw）	地震強度	
地震烈度	Seismic Intensity	地震烈度	
应急响应	Emergency Response	緊急應變	
城市防灾规划		都市防災計畫	
住房		住宅	
县城	縣級機關政府所在的鎮	縣治（縣轄市）	縣政府所在地
优化		改善	
板房	臨時性住房	組合屋	
水平		水準	
方针	Policy	政策方向	
集约化		集中化	
居民点用地	鄉村使用「宅基地」	居住用地	對於鄉村地區，有時候稱為「集村」
市域		都市化地區	
加固		鞏固	
战略		策略	

专项规划	中國國務院有關部門、特區的市級以上地方人民政府及其有關部門，對其組織編制的工業、農業、畜牧業、林業、能源、水利、交通、城市建設、旅遊、自然資源開發的有關專項規劃簡稱為專項規劃。	專案計畫	行政院各部會所屬專案計畫
印发	蓋印後發出。	核定發佈實施	
设防烈度		耐震強度	我國在建築技術規則中，訂有「建築物耐震設計規範及解説」。
民主测评	民意調查	民意調查	
群众评议	公眾參與	住民參與（民眾參與）	
村组公示		鄰里告示	
彩票		彩券	
支农惠民	支農惠農政策係中國政府為了支持農業的發展、提高農民的經濟收入和生活水準、推動農村永續發展，而對農業、農民和農村給予的政策支持和優惠。		對農民有利的相關政策。在台灣如： 1949 年實施的三七五減租 1951 年實施的公地放領 1953 年實行的耕者有其田
统借统还	企業集團委託所屬財務公司代理統借統還業務，是指企業集團從金融機構取得統借統還貸款後，由集團所屬財務公司與企業集團或集團內下屬企業簽訂統借統還貸款合同並分撥借款，按支付給金融機構的借款利率向企業集團或集團下屬企業收取用於歸還金融機構借款的利息，再轉付企業集團，由企業集團統一歸還金融機構的業務。		
小区	社區	住宅社區	
商贸网点		商貿網絡	
行政划拨土地	縣級以上人民政府依法批准，在土地使用者繳納補償、安置等費用後，將該幅土地交付其使用，或者將土地使用權無償交付給土地使用者。	公有土地無償撥用	容許撥用的條件、撥用程序與撥用對象，與中國有所不同。
建安成本	房屋建築成本和設備安裝成本的簡稱。	總建造成本	
保障力度	保障的強度		
抗震减灾法	《中華人民共和國防震減災法》是為了防禦和減輕地震災害，保護人民生命和財產安全，促進經濟社會的可持續發展而制定。由第八屆全國人民代表大會常務委員會第二十九次會議於 1997 年 12 月 29 日通過，自 1998 年 3 月 1 日起施行。	災害防救法	我國為健全災害防救體制，強化災害防救功能，以確保人民生命、身體、財產之安全及國土之保全，特制定災害防救法。該法於民國 89 年（2000 年）7 月 19 日公布施行。民國 91、97、99 年各有增刪修定。
强度区域		高風險地區	

控制区域	實施控制的區域	安全管制地區	
城乡一体化	促進城鄉居民生產方式、生活方式和居住方式變化的過程，使城鄉人口、技術、資本、資源等互相融合，互為資源，互為市場，互相服務，逐步達到城鄉之間在經濟、社會、文化、生態上協調發展的過程。	城鄉均衡發展	
抗震设防	抗震設防簡單地說，就是為達到抗震效果，在工程建設時對建築物進行抗震設計並採取抗震措施。	耐震設計	
应急对应体制	應急措施	緊急應變措施	
预案		預備方案	
对口援建	經濟發達或實力較強的一方對經濟不發達或實力較弱的一方實施援助的一種政策性行為。主要類型有：災難援助、經濟援助、醫療援助、教育援助。	重建認養	
地震动参数	地震動參數表徵地震引起的地面運動的物理參數，包括峰值、反應譜和持續時間等。	地震參數	Eartequake Parameters
建制镇	鎮是中國介於縣與村之間，與「鄉」同層次的行政區劃單位，現為鄉級區劃主要類型，常與同層次區劃單位「鄉」一起使用，合稱為「鄉鎮」。為區別村鎮、集鎮或市鎮，常被冠以「行政建制鎮」或「建制鎮」。	鎮	
干旱	旱災	旱災	
洪涝		洪水	
山体崩塌		山崩	
滑坡		坡地滑動	
泥石流		土石流	
地面沉降		地層下陷	
自然村	自然形成的聚落，而不是國家以政治力量劃分的區劃。	天然聚落	
普通商品住房	特指經政府有關部門批准，由房地產開發經營公司開發的，建成後用於市場出售出租的房屋，包括住宅、商業用房以及其他建築物。普通商品房交易無須繳納買賣差額 5% 的增值稅，契稅按 1% 優惠計。各地劃分普通商品住房的標準有所不同，例如上海，普通商品住房需滿足以下條件：（1）住宅社區建築容積率在 1.0 以上；（2）單套建築面積在 140 平方米以下；（3）實際成交價格：低於同級別土地上住房平均交易價格 1.44 倍以下。		我國係自由經濟、土地私有，故對於建設開發的規模、價格，完全遵循市場機制，而不採行任何官方的干預或管理控制。

		祭祀公業	同宗親族延續多年衍生的共有產業
		台拓地	日治時期台灣拓植株式會社所有或經營土地，在中華民國政府接收後成為政府所有。
		頭家地	佃農向大地主承租的土地，或大地主先建屋後出租土地。
片区	有時簡稱片，就是一個區域分成若干的分區。	個別發展區	
最前沿		最前端	
廉租房	指政府以租金補貼或實物配租的方式，向符合城鎮居民最低生活保障標準且住房困難的家庭提供社會保障性質的住房。廉租房的分配形式以租金補貼為主，實物配租和租金減免為輔。	公共住宅 / 社會住宅	政府推出、只租不售。
經濟适用房	經濟適用住房是指根據國家經濟適用住房建設計畫安排建設的住宅。由國家統一下達計畫，用地一般實行行政劃撥的方式，免收土地出讓金，對各種經批准的收費實行減半徵收，出售價格實行政府指導價，按保本微利的原則確定。經濟適用房相對於商品房具有3個顯著特徵：經濟性、保障性、實用性。是具有社會保障性質的商品住宅。	國民住宅（近似）	政府興建推出、用於販賣。
安居房	1.中國共產黨和國家安排貸款和地方自籌資金建設的，面向廣大中低收家庭（特別是對4平方米以下特困戶）提供、且銷售價格低於成本、由政府補貼的非盈利性住房。 2.直接以成本價向城鎮居民中低收入家庭出售的住房，優先出售給無房戶、危房戶和住房困難戶，在同等條件下優先出售給離退休職工、教師中的住房困難戶，不售給高收入家庭。		台灣方面，現今政府比較沒有特別針對弱勢戶提供出售型住宅。安居房的概念較接近過去提供給軍人、教師或公務人員及其眷屬之眷村，或提供給全民較低收入戶選購的國民住宅；或是台北市為了安置因為開闢公共設施的拆遷戶而興建的整建住宅。
居住小区	主要用地功能為居住的多層、高層住宅區。	集合住宅社區	
出台	正式提出；頒佈。	政策發布	
组团	規劃社區的時候，組團便於分區管理，分期開發建設，也可以作為不同類型建築的分隔，比如別墅區，高層區，多層區。	規劃分區	
土地划拨（划拨或出让土地使用权）	是指經縣級以上人民政府依法批准，在土地使用者繳納補償、安置等費用後，取得的國有土地使用權，或者經縣級以上人民政府依法批准後無償取得的國有土地使用權。	公有土地設定地上權	政府對於其所擁有的公有土地，採用設定地上權的方式使民間獲得土地使用權，在設定期限內民間可在土地上進行開發建設，而政府仍保有土地所有權。

三无人员	指由民政部門收養的無生活來源、無勞動能力、無法定撫養義務人或法定撫養義務人喪失勞動能力而無力撫養的公民。	弱勢族群（近似）	台灣為尊重人權，避免有特殊針對性，因而僅呈顯其謀生能力及社會競爭力的弱勢。
直管公房	指由國家各級房地產管理部門管理的國有房產，還包括計畫經濟時代國有和大集體企事業單位自建的福利房。	單位配售房	類似早期學校、機關、企業等自行開發興建而售予單位內成員的住宅。
摇号	通過電腦乒乓球搖號機隨機搖號產生結果。	公開抽籤	
圣家族大教堂		聖家堂	
地块资源	指可供開發具使用權的土地	可建築用地（近似）	
小高层	小高層住宅一般指 7 層 -11 層的住宅，平面佈局類似於多層；隨著社會的發展目前很多城市廣義上把 18 層及以下的住宅也稱為小高層住宅	中層集合住宅	
铺面	店鋪、商店	店鋪、店面	
业态	針對特定消費者的特定需求，按照一定的戰略目標，有選擇地運用商品經營結構、店鋪位置、店鋪規模、店鋪形態、價格政策、銷售方式、銷售服務等經營手段，提供銷售和服務的類型化服務形態。	業種業態	
联建、共建	指雙方或多方參與者共同投資、合作參與建設		
挂牌出让	出讓人發佈掛牌公告，按公告規定的期限將擬出讓宗地的交易條件在指定的土地交易場所掛牌公佈，接受競買人的報價申請並更新掛牌價格，根據掛牌期限截止時的出價結果確定土地使用者的行為。	土地標售	根據地籍清理條例：主管機關為了清查權利內容不完整或與現行法令規定不符之土地地籍登記，經釐清權利內容及權屬後，應重新辦理登記；其未能釐清權利內容及權屬者，應予標售或處理。
竞牌（竞标）		競標	
清水房（毛坯房）	剛建好沒有任何裝修及提供設備的房子。	毛胚房	
天棚（天花）		天花板	
刮腻子	刮膩子是指通過填補或者整體處理的方式，清除基層表面高低不平的部分，保持牆面的平整光滑，是基層處理中最重要的步驟。	整體粉光	填補牆面不平的地方
低保家庭	是指因殘疾或疾病符合國家標準，或收入低於市低保標準的居（村）民，享受國家最低生活保障補助的家庭	殘障戶、低收入戶。	
放坝坝电影（露天电影）	多人觀看的戶外電影。	露天電影	

农转非	從從事農業生產的人口轉為非農業生產方式的人口。指中國計畫經濟時代的一種戶籍制度。農，指農業；非，指非農業生產。農轉非的組成人群一般是鄉鎮公務員、工勤人員等。	註銷自耕農	
全框架结构	框架結構是指由梁和柱以鋼筋相連接而成，構成承重體系的結構，即由梁和柱組成框架共同抵抗使用過程中出現的水準荷載和豎向荷載。框架結構的房屋牆體不承重，僅起到圍護和分隔作用，一般用預製的加氣混凝土、膨脹珍珠岩、空心磚或多孔磚、浮石、蛭石、陶粒等輕質板材砌築或裝配而成。	樑柱結構系統	
农民集体土地	中國城市的市區土地都屬國家所有。而農村和城市郊區的土地，則除法律規定應屬國家所有者外，可為農民集體所有的宅基地和自留地、自留山，則為「農民集體土地」。		
城中村	城中村是指農村村落在城市化進程中，由於全部或大部分耕地被徵用，該農村的居民仍在原村落居住而演變成的居民區，亦稱為「都市裡的村莊」。		擴大都市範圍時，納入原有非都市計畫的農業區或保護區土地中，有人口集居的聚落，而形成都市中如同農村聚落般的聚落地區。
单位统建房	由中國國家計委、國家建委、財政部投資、撥款，組織統一建設、管理的，按中國國家投資指標（包括「三材」指標）劃撥使用的住房。	公家宿舍（近似）	
农用地转用		農業區變更	
集体建设用地	集體建設用地，又叫鄉（鎮）村建設用地或農村集體土地建設用地，是指鄉（鎮）村集體經濟組織和農村個人投資或集資，進行各項非農業建設所使用的土地。分為三大類：宅基地、公益性公共設施用地和經營性用地。	非都市土地整體開發基地（近似）	
货币终结（货币补偿）	貨幣補償的方式，即發放補償金。	補償費	
审批（核发）		建照核發	
		臨門方案	九二一震災災後重建中，住宅重建的補助方案之一。
灾民		受災戶	
		國民住宅	由政府提出計畫並興建，提供收入較低並無自有住宅的成年人及家庭購買的住宅。

		請照程序	建築從計畫興建到完工啟用的過程中，有許多需要政府核准才能進行的行為，例如建築許可、施工、啟用等，由政府核准後發給執照；在這過程中對於各項跟政府提出申請許可的行為，可以統稱為「請照程序」。
统筹		統籌	政府部門在其總預算範圍內，根據各項經費的輕重緩急來妥善安排，以避免造成經費過度集中於其中幾項，而排擠其他項目的經費需求。
临时板房（过渡板房）		臨時假設住宅 臨時組合屋	
	中國房屋受損等級分為：倒塌、嚴重受損（可修復）、嚴重受損（不可修復）、中度受損、輕微受損或完好。	全倒、半倒	重大災害後，建築物破壞狀況的分級方式。被判定全倒者將拆除重建；判定半倒者則可進行補強修復。此外，此判定結果亦成為災後建築物補償金（救濟金）發放標準的依據。
村		村、里	台灣行政區劃分中，「市」下設有「區」，區下設有「里」；縣以下則設「鄉」或「鎮」，而鄉以下，設有「村」的行政單位。村和里是台灣最底層的行政單位。
联合国粮农组织	聯合國系統內最早的常設專門機構。其宗旨是提高人民的營養水準和生活標準，改進農產品的生產和分配，改善農村和農民的經濟狀況，促進世界經濟的發展並保證人類免於飢餓。	聯合國糧食及農業組織	
林盘	平原及丘陵地區農家院落和周邊高大喬木、竹林、河流及週邊耕地等自然環境有機融合，形成的農村居住環境形態。 林盤也是四川具有地域特色的聚落型態。		
扇狀地		沖積扇	
农民自留地	屬於農民集體所有，其成員只有使用權，不得出租、轉讓或買賣，也不得擅自用於建房等非農業生產用途。自留地生產的產品歸農民自己支配，國家不征農業稅。		
行政许可	指在法律一般禁止的情況下，行政主體根據行政相對方的申請，經依法審查，通過頒發許可證、執照等形式，賦予或確認行政相對方從事某種活動的法律資格或法律權利的一種具體行政行為。	政府特許核准	

农村公社同盟	較少使用的用語。 廣義為農業公社、遊牧公社、遊獵公社等不同類型社會組織的總稱；狹義專指農業公社。原始社會解體過程中形成的、以地域性和生產資料所有制的二重性為特徵的社會組織形式，即同時存在私有制和公社所有制為特徵的社會組織。狹義專指具有這一特徵的農業公社；廣義還包括具有這一特徵的遊牧公社和遊獵公社。又稱農民公社、毗鄰公社、地域公社、農民村社，簡稱村社。		
集体经济	屬於勞動群眾集體所有、實行共同勞動、在分配方式上以按勞動分配為主體的社會主義經濟組織。在中國，集體經濟是公有制經濟的重要組成部分，分為農村集體經濟與城鎮集體經濟。農村集體經濟實行鄉鎮、行政村、村民小組的三級所有，土地、林木、水利設施等為集體所有，農民蓋房的宅基地為無償劃撥。城鎮集體經濟又分為「大集體」與「小集體」，其中「大集體」企業受政府行業管理部門領導，參照全民所有制企業的管理與員工待遇；「小集體」為自負盈虧自主經營。勞動者集體所有是指按勞動者的人數平均、共同所有。		
台账	原指擺放在台上供人翻閱的帳簿，故名台賬。久而久之，這個名詞就固定下來，實際上就是流水帳。它包括檔、工作計畫、工作彙報。	清冊	
合意	當事人雙方意見一致，亦有稱同意者。	同意	
自救、互救、公救	「自救」，就是發生意外災變事故時，在災區或受災變影響區域的每個工作人員避災和保護自己而採取的措施及方法。 「互救」則是在有效地自救前提下為了妥善地救護他人而採取的措施及方法。		近似我國的自主避難、社區協同避難及救援、政府的救援行動。
产权流通	所謂產權流動是指產權目標物在不同產權主體間的動態轉移。通過產權的流動可以實現企業資產的重新分配和重新組合即產權重組。		

土地整理	土地整理亦稱為「土地整治」、「土地調整」或「土地重劃」。係將零碎高低不平和不規整的土地或被破壞的土地加以整理，使人類在土地利用中不斷建設土地和重新配置土地的過程。是土地管理的重要內容，也是實施土地利用規劃的重要手段。主要內容包括：(1)農村建設用地的整理。包括村莊改造、鄉村工礦企業破壞土地和廢棄農業建設用地的整治墾複、平墳複田等。(2)城鎮建設用地的整理。包括舊城改造、城鎮產業用地置換以及閒置、低效用地的開發與再開發。(3)大型建設項目用地整理。包括工礦、交通、水利等建設直接破壞土地的複墾、線狀工程兩側畸零土地的調整利用以及水庫下游河道土地的整治開發等。(4)農田的整理。包括地塊合併、農田平整、明渠改暗渠、坡地改梯田以及水沖砂壓農田的複墾等。	地籍整理	亦包括市地及農地重劃、整體開發或區段徵收等事業。
增減挂钩（法定用语，如国土部2008年6月颁布了《城乡建设用地增减挂钩管理办法》）	城鎮建設用地增加和農村建設用地減少相掛鉤（簡稱掛鉤）是指依據土地利用總體規劃，將若干擬整理複墾為耕地的農村建設用地地塊（即拆舊地塊）和擬用於城鎮建設的地塊（即建新地塊）等面積共同組成建新拆舊專案區（簡稱專案區），通過建新拆舊和土地整理複墾等措施，在保證專案區內各類土地面積平衡的基礎上，最終實現建設用地總量不增加，耕地面積不減少、品質不降低，城鄉用地佈局更合理的目標。		近似我國擴大都市計畫區的範圍與減少非都市土地範圍之間的整體考量。
拆院、并院（法定用语）	指，依據土地利用總體規劃，將擬複墾、整理為耕地的集體建設用地（即拆舊地塊）和擬用於城鎮建設的地塊（即建新地塊）共同組成拆舊建新專案區，通過拆舊建新和土地複墾、整理、最終實現項目區內建設用地總量不增加，耕地面積不減少，品質不降低，用地佈局更合理的土地整理工作。通過「拆院並院」，改善農村生態環境，提高農民生活品質；從空間上優化土地結構，緩解用地矛盾，有效提高土地利用水準，促進土地節約集約利用。		近似「集村」的政策
「四荒」土地	「四荒」是荒山、荒溝、荒丘、荒灘（包括荒地、荒沙、荒草和荒水等）的簡稱。		

周转指标	城鎮建設用地增加與農村建設用地減少相掛鈎的周轉指標,是指國家和省為了控制掛鈎規模和週期,批准並下達指示給有關縣(市、區)在一定時期內的一定數量的用地規模。 掛鈎周轉指標專項用於控制項目區內建新地塊的規模,同時作為拆舊地塊整理複墾耕地面積的標準。不得作為年度新增建設用地計畫指標使用。		
乡域	鄉的管轄範圍	鄉轄範圍	
国有土地		國公有土地	
		私有土地	私人擁有產權的土地
公共事业		公營事業	
非建设用地		非建築用地	
		市地重劃	市地重劃是依照都市計畫(中國稱城市規劃)內容,將一定區域內雜亂不規則的地形、地界和零散、不能經濟利用的土地,加以重新整理、交換分合,並興建道路、溝渠、公園等公共設施,使每幅土地大小適宜、形狀方整,然後在保留公共設施用地和部分抵費地(市地重劃後,政府保留一部分土地標價出售,以其所得金額補償土地開發費用,這部分土地成為抵費地)的前提下,將剩餘土地按原有位次分配與原土地所有權人,其經費由土地所有權人負擔的一種市地改良利用方式。
视点(观点)		觀點	
试验地		實驗地	
城乡二元结构	一般是指以社會化生產為主要特點的城市經濟和以小農生產為主要特點的農村經濟並存的經濟結構。城鄉二元結構體制是經濟和社會發展中存在的一個嚴重障礙,主要表現為城鄉之間的戶籍壁壘,兩種不同資源配置制度,以及在城鄉戶籍壁壘基礎上的其他問題。	城鄉差異	近似城鄉不均勻發展而產生城鄉差異。
批准		核准	
建设工程规划许可证		建造執照(建築執照)	
公示		公佈(公告)	
考评制度		考核制度	
违法使用		違規使用	
用途变更制度		變更容許使用項目	
按揭贷款		抵押貸款	

參考文獻

[1] 傅鑅漩、施虹如、蘇元風、張志新 (2020)，2019 年天然災害回顧，「國家災害防救科技中心災害防救電子報」，第 176 期，第 6-10 頁。

[2] 交通部中央氣象局 (2020)，氣象災害與防災，天然災害災防問答集，。

[3] 內政部 (2019)，一起走過攜手向前：921 震災 20 週年紀念專書，內政部。

[4] 郭瑞坤、邵珮君等 (2012)，大規模災難災後重建社區營造機制之研究，行政院研究發展考核委員會報告。

[5] 陳正改 (2012)，2011 年全球重大天然災害回顧，科學研習，第 51 卷，第 7 期，第 31-35 頁。

[6] 陳正改 (2012)，台灣防災策略的剖析，消防月刊，7 月號，第 60-65 頁。

[7] 許晃雄、陳正達、盧孟明、陳永明、周佳、吳宜昭等 (2011)，台灣氣候變遷科學報告 2011，科技部：台灣氣候變遷推估資訊與調適知識平台計畫。

[8] 陳婓瑜 (2007)，台灣地區重大天然災害—災損統計篇，國研科技，第 13 期，第 20-22 頁。

[9] 王世堅 (2010)，常見的災害性天氣，科學研習，第 49 卷，第 2 期，第 2-16 頁。

[10] 李泳龍 (2010)，大規模震災災前都市重建計畫之規劃，內政部建築研究所委託研究報告。

[11] 許文科 (2004)，概述我國天然巨災風險，保險大道，第 61 期，第 19-23 頁。

[12] 邵佩君 (2003)，台灣集集地震與日本阪神地震之住宅重建政策之比較與評價，台灣地區民政與公安機構建築研究所委託研究報告。

[13] 李威儀、何明錦 (1999)，台北市實質環境防災機能之研究，國家科學委員會專題研究計畫成果報告。

[14] 內政部 (2006)，九二一震災住宅重建進度總結報告，台北：國家圖書館。

[15] 行政院災後重建推動委員會 (1999)，災後重建計畫工作綱領。

[16] 行政院莫拉克颱風災後重建推動委員會 (2010)，莫拉克颱風災滿半年重建成果報告。

[17] 行政院九二一震災災後重建推動委員會 (2006)，921 地震住宅重建回顧。

[18] 黃秀政、陳靜瑜、段錦浩、方富民、陳連勝、林昭遠、劉昌文、黃淑芩、孟祥瀚等 (2005)，九二一震災災後重建實錄，五南圖書出版。

[19] 謝志誠 (2010)，集合住宅自力更新重建之民間經驗，社區發展季刊，第 131 期。

[20] 台北市政府 (2017)，震災創新作為，災害防救業務訪評資料。

[21] 行政院 (2019)，108 年災害防救白皮書，災害防救辦公室。

[22] 行政院 (2018)，107 年災害防救白皮書，災害防救辦公室。

[23] 行政院 (2017)，106 年災害防救白皮書，災害防救辦公室。

[24] 行政院 (2016)，105 年災害防救白皮書，災害防救辦公室。

[25] 行政院 (2015)，104 年災害防救白皮書，災害防救辦公室。

[26] 行政院 (2014)，103 年災害防救白皮書，災害防救辦公室。

[27] 行政院 (2013)，102 年災害防救白皮書，災害防救辦公室。

[28] 行政院 (2012)，101 年災害防救白皮書，災害防救辦公室。

[29] 行政院 (2011)，100 年災害防救白皮書，災害防救辦公室。

[30] 何明錦、李威儀 (2000)，都市計畫防災規劃手冊彙編，內政部建築研究所。

[31] 何明錦、李威儀 (1998)，從都市防災系統檢討實質空間之防災功能：（一）防救災交通動線系統及防救災據點，內政部建築研究所。

[32] 李威儀、錢學陶、李咸亨 (1997)，台北市都市計畫防災系統之規劃，台北市政府都市發展局。

[33] 李威儀、何明錦 (1999)，台北市實質環境防災機能之研究，內政部建築研究所。

[34] 李威儀 (2001)，台北市市中心區防救災據點與路徑之檢討與空間規劃，台北市政府都市發展局。

[35] 何明錦、李威儀、楊龍士 (2002)，台中市都市防災空間系統規劃，內政部建築研究所。

[36] 李威儀、丁育群（2003），都市防災及災後應變研究計畫 子計畫一：都市防災規劃手冊研修及辦理中日交流研討會，中華民國都市計畫學會，內政部建築研究所委託研究報告。

[37] 李威儀等 (2008)，台北市內湖區都市防災空間系統規劃，地理資訊系統季刊 2 卷 2 期，第 23 – 32 頁。

[38] 何明錦、黃定國 (1997)，都市計畫防災規劃作業之研究，內政部建築研究所。

[39] 陳建忠、黃定國、黃志弘 (1999)，都市計畫通盤檢討有關防災規劃作業程式及設計準則之研究，內政部建築研究所。

[40] 陳湘琴 (2005)，日治至戰後時期台灣都市細部規劃法制的功能與特性之變遷歷程 (1895-1976)，都市與計畫期刊，第 32 卷，第 3 期，第 253-275 頁

[41] 李威儀、陳志勇、簡妤珊、許慈君 (2008)，台北市內湖區都市防災空間系統規劃，地理資訊系統季刊，2(2)，第 23-32 頁。

[42] 李維森 (2007)，災害防救體系，科學發展期刊，第 410 期，第 59-62 頁。

[43] 陳湘琴 (2005)，日治至戰後時期台灣都市細部規劃法制的功能與特性之變遷歷程 (1895-1976)，都市與計畫期刊，32(3)，第 253 -275 頁。

[44] 李筱峰、林呈蓉（2008），台灣史，華立圖書股份有限公司。

[45] 黃文曲等 (2006)，921 震災重建經驗（上）（初版），國史館台灣文獻館出版，。

[46] 消防署 (2005)，台灣防災2004亞洲消防首長協會第23屆年會署長防災專題演講，消防月刊，No.1。

[47] 行政院內政部營建署 (2001)，九二一地震重建區住宅政策與實施方案，2001 年 3 月 7 日訂定。

[48] 謝志誠 (2000)，921 災後重建 Q&A：修訂版，全國民間災後重建聯盟出版。

[49] 謝志誠、林萬億、傅從喜，安全的家園、堅強的社區 - 天然災害後的重建手冊 (2012)，國立台灣大學出版。

[50] 教育部 (2001)，921 災後校園重建報告，教育部出版。

[51] 行政院經濟建設委員 (2000)，產業重建計畫。

[52] 行政院 (2000)，行政院九二一震災災後重建推動委員會暫行組織規程，2000 年 12 月 18 日修正。

[53] 教育部、行政院研究發展考核委員會檔案管理局 (2009)，以蛻為進 · 希望重現－ 921 地震 10 週年重要檔案選輯，五南出版。

[54] 行政院 (2000)，九二一震災重建暫行條例，2000 年 2 月 3 日訂定。

[55] 謝志誠 (2008)，台灣 921 大地震災後新社區開發政策之回顧，九二一震災重建基金會。

[56] 馮燕、黃瓊億 (2010)，台灣非營利組織災變應對平台模式之發展 - 從 921 震災到莫拉克風災，社區發展季刊，第 131 期。

[57] André Laliberté (2009)，宗教慈善與災害重建：以 921 賑災為例，民俗曲藝期刊（163）。

[58] 卡比力江 . 吾買爾、施毅 (2015)，汶川地震城鎮基礎設施災後恢復重建專案管理，四川大學出版社。

[59] 謝志誠 (2009)，九二一大地震災後「三擇一」安置政策之回顧，921&88 數位典藏 - 經驗交流，http://www.taiwan921.lib.ntu.edu.tw/3.html。

[60] 行政院九二一震災災後重建推動委員會（2001 年 5 月 3 日核定），九二一地震重建區住宅政策與實施方案，921&88 數位典藏 -- 政府檔案，http://www.taiwan921.lib.ntu.edu.tw/8.html。

[61] 財團法人九二一震災重建基金會 (2009)，築巢專案系列 89-10 九二一災區 333 融資造屋方案，財團法人九二一震災重建基金會結案報告—住宅重建計畫系列。

[62] 財團法人九二一震災重建基金會 (2009)，回家的路－住宅重建計畫系列，財團法人九二一震災重建基金會結案報告—住宅重建計畫系列。

[63] 財團法人九二一震災重建基金會 (2009)，築巢專案系列 89-08 協助受損集合住宅擬定修繕補強計畫書方案，財團法人九二一震災重建基金會結案報告—住宅重建計畫系列。

[64] 財團法人九二一震災重建基金會 (2009)，築巢專案系列 90-04 臨門方案，財團法人九二一震災重建基金會結案報告—住宅重建計畫系列。

[65] 財團法人九二一震災重建基金會 (2009)，築巢專案系列 93-01 達陣方案，財團法人九二一震災重建基金會結案報告—住宅重建計畫系列。

[66] 王俊凱 (2006)，「震變與突圍」─財團法人九二一震災重建基金會與政府住宅重建策略之比較，政治大學商學院經營管理碩士學程非營利事業組商學碩士論文。

[67] 中華民國行政院內政部 (2006)，九二一震災住宅重建進度總結報告，第貳 -1~ 貳 -7 頁。

[68] 建築師雜誌 (2000)，中華民國建築師公會全國聯合會雜誌社，第 26 卷，第 10 期，第 149-151 頁

[69] 行政院九二一震災災後重建推動委員會 (2001)，九二一地震重建區住宅政策與實施方案。

[70] 內政部營建署 (2010)，家園重生：100 個災後重建的故事 1994-2008。

[71] 黃秀政、林昭遠、劉昌文（2005），九二一震災災後重建實錄 第六篇 住宅及社區重建，五南圖書出版。

[72] 余宣雲、高郁婷、徐雅婷、郭安妮 (2015)，桃米生態社區永續發展之探討，國立金門大學。

[73] 王志鵬 (2008)，桃米生態社區發展成功經營因子之探討，靜宜大學管理碩士在職專班碩士論文。

[74] 何東輯 (2004)，桃米里鳥類解說手冊，財團法人新故鄉文教基金會。

[75] 邱美蘭 (2004)，桃米里蜻蛉類解說手冊，財團法人新故鄉文教基金會。

[76] 廖家展 (2005)，綠色桃米，財團法人新故鄉文教基金會。

[77] 曾秀桃 (2006)，桃米生態報，桃米自然保育及生態旅遊協會。

[78] 廖永坤 (2007)，桃米生態村的未來青蛙知道，桃米自然保育及生態旅遊協會。

[79] 廖永坤 (2007)，綠色山谷 - 草楠常見植物選介，桃米自然保育及生態旅遊協會。

[80] 廖家展 (2008)，愛與互助，財團法人新故鄉文教基金會。

[81] 盧思嶽 (2006)，社區營造研習教材 (公民組織篇)，內政部。

[82] 邱淑娟 (2004)，九二一震災重建區社區參與學習之研究－以南投縣埔里鎮桃米里為例，繽紛桃米 -- 推動桃米生態村學術研討會論文集，第 37-59 頁。

[83] 財團法人九二一震災重建基金會 (2000)，南投縣埔里鎮災後重建綱要計畫，「重建之夢－社區重建之綱要計畫」，第 10-12 頁。

[84] 曾旭正 (2013)，台灣的社區營造台灣的社區營造 (新版)：新社會、新文化、新人，遠足文化。

[85] 江大樹、張力亞 (2008)，社區營造中組織信任的機制建構：以桃米生態村 例，東吳政治學報 26 卷 1 期，第 87 － 142 頁

[86] 廖嘉展、張力亞 (2009)，「在地長期培力」在災後重建的省思意義： 以新故鄉文教基金會培力桃米生態村為例桃米生態村簡介，財團法人新故鄉文教基金會「府際關係研究通訊」第七期，第 8-14 頁。

[87] 廖俊松 (2014)，農村社區治理與社會資本：澀水社區的案例觀察，「環境與藝術學刊」，第 15 期，第 40-59 頁。

[88] 南投縣魚池鄉澀水社區發展協會（2013），南投縣魚池鄉澀水社區農村再生計畫核定本，南投縣農業處審查核定。

[89] 關華山、張雅玟、張育睿（2005），921 災後重建原住民社區營造推動實況與課題之調查，行政院國家科學委員會專題研究計畫成果報告，東海大學建築研究所執行。

[90] 國立台灣史前文化博物館（2020），認識台灣原住民 > 概說與分佈 > 地理分佈 > 邵族，台灣原住民數位博物館網站，https://www.dmtip.gov.tw/web/page/detail?l1=2&l2=33&l3=400&l4=414，2020 年 8 月 30 日

[91] 內政部消防署（2020），1958~2019 年台灣地區天然災害損失統計表，內政部消防署全球資訊網站，https://www.nfa.gov.tw/cht/index.php?code=list&ids=233，2020 年 4 月 1 日。

[92] 國家通訊傳播委員會（2020），災防告警系統（PWS）介紹，https://www.ncc.gov.tw/chinese/news_detail.aspx?site_content_sn=5250&cate=0&keyword=&is_history=0&pages=0&sn_f=42858，2016 年 3 月 13 日

[93] 南投縣政府都市計畫便民資訊查詢系統（2016），http://up.nantou.gov.tw/index，2017 年，7 月 3 日。

[94] 財團法人九二一重建基金會網站（2017），http://www.taiwan921.lib.ntu.edu.tw/921_10/arch02-05.html，2017 年 11 月 1 日。

[95] 921 網路博物館（2018），http://921.gov.tw/rec_doc/Display_A004_B002.html.，2018 年 1 月 31 日

[96] 原住民族委員會網站（2018），http://www.apc.gov.tw/portal/index.html- 邵族，2018 年 2 月 28 日。

[97] Centre for Research on the Epidemiology of Disasters, CRED (2020), CRED Crunch 58 - Disaster Year in Review 2019,"EM-DAT: The OFDA/CRED International Disaster Database".

[98] Asian Development Bank (2013), The Rise of Natural Disasters in Asia and the Pacific-Learning from ADB's Experience, 1-9.

國家圖書館出版品預行編目 (CIP) 資料

城鄉重建規劃與管理：從九二一震災開始的災後應變
方案與復原重建做法 / 李威儀編著；小出治，卡比
力江．吾買爾著. -- 初版. -- 臺北市：商周出版：
家庭傳媒城邦分公司發行, 2020.09
　面；　公分
ISBN 978-986-477-917-8(平裝)

1. 災後重建 2. 地震

575.1　　　　　　　　　　　　　　　109013433

城鄉重建規劃與管理：從九二一震災開始的災後應變方案與復原重建做法

編　著　者　李威儀
共同著作人　小出 治、卡比力江．吾買爾
編　輯　委　員　江南志、張紘聞、陳雅君、方廼中、邱鈺庭、廖婉君、陳鴻檳

發　行　人　何飛鵬
法　律　顧　問　元禾法律事務所　王子文律師
出　　　版　商周出版　台北市 104 民生東路二段 141 號 9 樓
　　　　　　　電話：(02) 25007008　傳真：(02)25007759
　　　　　　　E-mail：bwp.service@cite.com.tw
發　　　行　英屬蓋曼群島商家庭傳媒股份有限公司城邦分公司
　　　　　　　台北市中山區民生東路二段 141 號 2 樓
　　　　　　　書虫客服服務專線：02-25007718　02-25007719
　　　　　　　24 小時傳真服務：02-25001990　02-25001991
　　　　　　　服務時間：週一至週五 9:30-12:00　13:30-17:00
　　　　　　　劃撥帳號：19863813　戶名：書虫股份有限公司
　　　　　　　讀者服務信箱 E-mail：service@readingclub.com.tw
香港發行所　城邦（香港）出版集團有限公司　香港灣仔駱克道 193 號東超商業中心 1 樓
　　　　　　　E-mail：hkcite@biznetvigator.com　電話：(852)25086231　傳真：(852)25789337
馬新發行所　城邦（馬新）出版集團 Cite (M) Sdn Bhd
　　　　　　　41, Jalan Radin Anum, Bandar Baru Sri Petaling, 57000 Kuala Lumpur, Malaysia.
　　　　　　　Tel: (603) 90578822　Fax: (603) 90576622　Email: cite@cite.com.my

封　面　設　計　李東記
印　　　刷　卡樂彩色製版印刷有限公司
總　經　銷　聯合發行股份有限公司　新北市 231 新店區寶橋路 235 巷 6 弄 6 號 2 樓
　　　　　　　電話：(02) 2917-8022　傳真：(02) 2911-0053

■ 2020 年 9 月 21 日初版　　　城邦讀書花園　　　Printed in Taiwan
　　　　　　　　　　　　　　www.cite.com.tw
定價 500 元

其他照片提供：莊建德建築師、仲觀聯合建築師事務所、謝英俊建築師事務所、集集國小。
其他文稿提供：第一章第一節第 5 小節、第一章第 2 節第 2 小節、終章第二節，為四川大學原稿。